Patrick Bringley

All die Schönheit dieser Welt

PATRICK BRINGLEY

ALL DIE SCHÖNHEIT DIESER WELT

Wie mir die Kunst dabei half, meine Trauer zu überwinden

Aus dem Amerikanischen von Jochen Winter

allegria

Besuchen Sie uns im Internet:
www.ullstein.de

Wir verpflichten uns zu Nachhaltigkeit
- Papiere aus nachhaltiger Waldwirtschaft und anderen kontrollierten Quellen
- Druckfarben auf pflanzlicher Basis
- ullstein.de/nachhaltigkeit

Die Originalausgabe erschien 2023 unter dem Titel
ALL THE BEAUTY IN THE WORLD
The Metropolitan Museum of Art and me
im Verlag Simon & Schuster, New York.

MIX
Papier
FSC FSC® C014496

Allegria ist ein Verlag der Ullstein Buchverlage

ISBN 978-3-7934-2432-1

Covergestaltung: Wolfgang Staisch, ZERO MEDIA GmbH
Lektorat: Barbara Krause

Gesetzt aus der ITC Berkeley Oldstyle Std
Satz und Repro: LVD GmbH, Berlin
Druck und Bindearbeiten: GGP Media GmbH, Pößneck

Für Tom

ταλαίφρων

INHALT

NOTIZ DES AUTORS

Dieses Buch beruht auf wahren Ereignissen während meiner zehnjährigen Tätigkeit als Museumswärter im Metropolitan Museum of Art. Um einzelne Episoden zu beschreiben, die die Bandbreite meiner Erfahrungen widerspiegeln, habe ich manche Begebenheiten aus verschiedenen Tagen zusammengefasst. Die Namen der Museumsmitarbeiter wurden geändert.

Der Anhang enthält genauere Informationen über jedes im Text besprochene Kunstwerk, ebenso weiterführende Hinweise, um die Objekte in den jeweiligen Abteilungen zu finden oder hochaufgelöste Abbildungen zu Hause zu betrachten.

1.

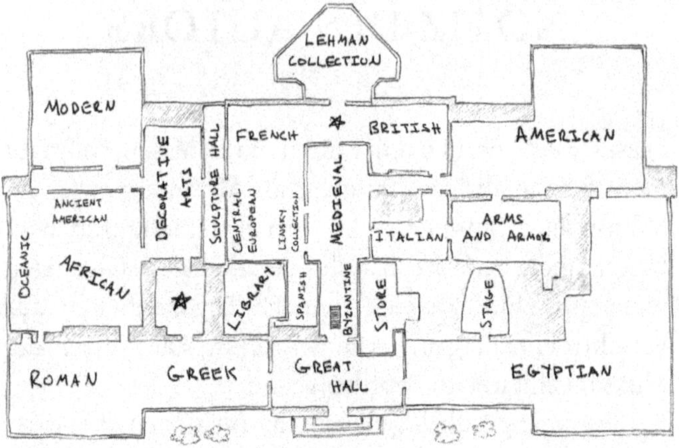

2.

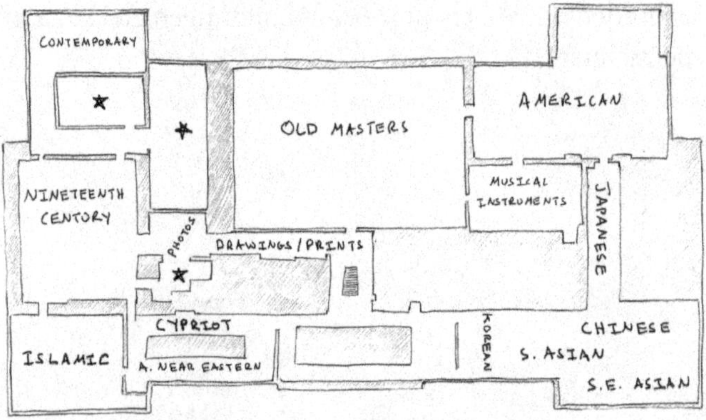

★ SPECIAL EXHIBITION

1

DIE GROSSE TREPPE

Im Tiefgeschoss des Metropolitan Museum of Modern Art, unterhalb des Seitenflügels mit Waffen und Rüstungen und vor dem Disponentenbüro der Wärter, sind leere Kisten jederlei Form und Größe gestapelt. Sie sind teils hoch und kastenartig, teils breit und flach wie Gemälde, doch gleichermaßen beeindruckend – solide aus rohem Holz gezimmert, aufs Beste geeignet, seltene Kunstschätze oder exotische Tiere zu befördern. Am Morgen meines ersten Arbeitstages in Uniform stehe ich neben diesen robusten, pittoresken Behältnissen und frage mich, wie sich meine eigene Aufgabe im Museum anfühlen wird. Momentan bin ich zu sehr von meiner neuen Umgebung in Anspruch genommen, um überhaupt etwas zu fühlen.

Eine Frau nähert sich mir, eine Wärterin namens Aada, von der ich mich einweisen lassen soll. Groß gewachsen, strohhaarig und abrupt in ihren Bewegungen wirkt und agiert sie wie ein Zauberbesen. Sie begrüßt mich mit einem fremdländischen Akzent (Finnisch?), wischt Schuppen von den Schultern meines dunkelblauen Anzugs, mustert missbilligend dessen schlechten Sitz und führt mich unversehens durch einen betonierten Gang, wo Warnzeichen angebracht sind: *Kunstwerken im Transit Platz machen*. Auf einem Transportwagen gleitet ein Kelch an uns vorüber. Über eine abgenutzte Treppe steigen wir in den zweiten Stock und kommen an einer Scherenhebebühne vorbei (die dazu dient, Gemälde aufzuhängen und Glühbirnen auszuwechseln, wie ich erfahre). Neben einem ihrer Räder liegt eine gefaltete *Daily News*, daneben eine Ausgabe mit Eselsohren von Hermann Hesses *Siddharta* sowie ein Papp-Kaffeebecher. »Siff!«, faucht Aada. »Bewahren Sie persönliche Sachen in Ihrem Spind auf.« Sie drückt den Bügel einer unauffälligen Metalltür nach unten, und Farben leuchten auf, erinnern an jene in *Der Zauberer von Oz*, als wir El Grecos phantasmagorischer Landschaft *Blick auf Toledo* gegenübertreten. Keine Zeit, um zu staunen. In Aadas Tempo sausen die Gemälde vorbei wie die Seiten eines Daumenkinos. Jahrhunderte laufen rückwärts, vorwärts, die Themen schwanken zwischen dem Heiligen und dem Profanen, Spanien verwandelt sich in Frankreich, in die Niederlande, in Italien. Vor Raffaels *Madonna und Kind inthronisiert mit Heiligen*, fast zweieinhalb Meter hoch, halten wir inne.

»Das ist unser erster Posten, der C-Posten«, verkündet Aada. »Bis zehn Uhr werden wir hier stehen. Dann stehen wir dort. Um elf an unserem A-Posten da unten. Wir werden ein bisschen wandern, auf und ab gehen, aber hier, mein Freund, werden wir uns aufhalten. Danach besorgen wir uns einen Kaffee. Vermutlich ist das hier Ihr Hauptbereich, die Gemälde alter Meister?« Ja, ich dächte schon, erwidere ich. »Dann haben Sie Glück«, fährt sie fort. »Irgendwann werden Sie auch in anderen Bereichen postiert sein – ein Tag Altes Ägypten, am nächsten Jackson Pollock, aber in den ersten Monaten werden die Disponenten Sie hier postieren – und danach, hm, etwa sechzig Prozent Ihrer Tage. Wenn Sie hier sind« – sie stampft zweimal auf –, »Holzboden, angenehm für die Füße. Sie können sich das vielleicht nicht vorstellen, mein Freund, aber glauben Sie mir: Ein Zwölf-Stunden-Tag auf Holz ist wie ein Acht-Stunden-Tag auf Marmor. Ein Acht-Stunden-Tag auf Holz ist ein Klacks. *Pfft*, Ihre Füße werden kaum wehtun.«

Offenbar befinden wir uns in der Abteilung der Hochrenaissance. An jeder Wand hängen prachtvolle Gemälde an dünnen Kupferdrähten. Der Raum – etwa zwölf mal sechs Meter, mit seinen doppeltbreiten Ausgängen, die in drei Richtungen führen – beeindruckt ebenfalls. Der Boden ist so weich, wie Aada versprochen hatte, die Decke hoch, mit Oberlichtern, unterstützt von Spots, die verschiedene strategische Winkel ausleuchten. Nahe der Raummitte steht eine einzelne Bank, auf der ein zurückgelassener Plan in chinesischer Sprache liegt. Dahinter deuten zwei lose herabhängende Drähte auf eine klar umrissene Leerstelle an der Wand.

Aada nimmt darauf Bezug. »Sie sehen den unterschriebenen Zettel«, sagt sie und geht zu dem einzigen Beweisstück, dass dies kein schockierender Tatort ist. »Hier hing Mr. Francesco Granacci, aber der Restaurator hat ihn für eine Reinigung abgenommen. Er könnte auch verliehen worden sein, im Büro des Kurators untersucht oder im Fotostudio abgelichtet werden. Wer weiß? Aber es wird ein Zettel da sein, und den werden Sie bemerken.«

Wir schreiten an einem schienbeinhohen Gummiseil

entlang, das uns einen Meter von den Gemälden trennt, und betreten die nächste Galerie. Hier scheint Botticelli der berühmte Name zu sein. Daran schließt sich eine dritte, kleinere Galerie an, beherrscht von weiteren florentinischen Malern. Das ist unser Bereich bis zehn Uhr, bevor wir in die drei angrenzenden Galerien wechseln werden. »Leben und Eigentum schützen – in dieser Reihenfolge«, erklärt Aada weiter und beginnt, mich in ihrem gleichförmigen Stakkato-Tonfall zu belehren. »Das ist ein unkomplizierter Job, junger Mann, aber wir dürfen auch keine Dummköpfe sein. Wir halten die Augen offen. Wir schauen uns um. Wie Vogelscheuchen verhindern wir Unfug und Ärger. Kleinere Zwischenfälle erledigen wir selbst. Bei größeren Zwischenfällen verständigen wir die Einsatzzentrale und befolgen die Vorschriften, die Sie während Ihrer Schulung gelernt haben. Wir sind nicht die Polizei, außer wenn irgendwelche Idioten uns dazu zwingen, was Gott sei Dank nicht oft vorkommt. Und da es die erste Schicht am Morgen ist, gibt es einige Dinge zu tun …«

Zurückgekehrt in die Galerie mit Raffaels Werken, stellt sich Aada auf die Zehenspitzen, um einen Schlüssel in ein Schloss zu stecken und so die Glastür zu einem öffentlichen Treppenhaus zu öffnen. Nach vollbrachter Tat steigt sie lässig über ein Gummiseil – für den Beobachter eine bestürzende Übertretung – und geht unter einem schweren Goldrahmen in die Hocke. »Die Lichter«, sagt sie und zeigt auf die Schalter in der Fußleiste. »Normalerweise hat die Spätschicht – also die Nachtschicht – sie ausgeschaltet, aber falls nicht …« Sie drückt ein halbes Dutzend Schalter gleichzeitig, worauf wir uns in einem langen dunklen Tunnel befinden und die Renaissancegemälde an den Wänden sich in silbrig schimmernde Labyrinthe verwandeln. Als sie die Schalter umlegt, gehen mit unerwartet lauten *Ka-Chunks* in den Sälen nacheinander die Lichter wieder an.

Das Publikum tröpfelt ab 9.35 Uhr herein. Unsere erste Besucherin ist – nach ihrer Mappe unterm Arm zu urteilen – eine Kunststudentin, die nicht fassen kann, hier tatsächlich völlig allein zu sein. (Vielleicht zu Recht, denn Aada und ich zählen für sie nicht.) Es folgt eine französische Familie, alle mit den gleichen Baseballkappen der New York Mets (die sie wahrscheinlich für jene der Yankees halten, bei Touristen sonst eher beliebt), und Aadas Augen verengen sich. »Unsere Besucher sind größtenteils reizend«, bekennt sie, »aber diese Bilder sind sehr alt und anfällig, und Leute können total dumm sein. Gestern habe ich im Amerikanischen Flügel gearbeitet, und den ganzen Tag wollten Eltern ihre Kinder auf die drei Bronzebären setzen! Können Sie sich das vorstellen? Bei den alten Meistern ist es viel besser – natürlich nicht so still wie in der Abteilung für Asiatische Kunst, aber ein Kinderspiel im Vergleich zum 19. Jahrhundert. Wo immer wir arbeiten, müssen wir achtgeben auf gedankenlose Individuen. Sehen Sie? Genau dort.« Gegenüber streckt der französische Vater die Hand über die Gummileine, um seine Tochter auf einige raffaelitische Details hinzuweisen. »Monsieur!«, ruft Aada, etwas lauter als nötig. »*S'il vous plaît!* Nicht so nah!«

Nach einer Weile schlendert ein älterer Mann im vertrauten Outfit in den Saal. »Oh gut, das ist Mr. Ali, ein hervorragender Kollege!«, sagt meine Begleiterin über den Wärter.

»Ah, Aada, die Allerbeste!«, erwidert er, ihren Tonfall

übernehmend. Mr. Ali stellt sich als »Beistand« für unser Team (Team 1, Bereich B) vor, der uns weiter zu unserem B-Posten »schiebt«.

Aada stimmt nachdrücklich zu. »Ali, sind Sie im ersten Team?«

»Im zweiten.«

»Sonntag/Montag frei?«

»Freitag/Samstag.«

»Ah, dann machen Sie jetzt Überstunden … Mr. Bringley, Mr. Ali hat heute Morgen etwas früher angefangen als wir, muss aber um halb sechs nach Hause. Er ist nicht so robust wie Sie und ich, keiner aus dem dritten Team, nein, nein, er muss nach Hause zu seiner wunderbaren Frau. An welchen Tagen arbeiten Sie, Mr. Bringley? Richtig, Sie haben's mir schon gesagt: Freitag, Samstag, Sonntag, Dienstag, zwölf Stunden, zwölf Stunden, acht Stunden, acht Stunden. Das ist gut. Die langen Tage werden sich normal anfühlen, und die normalen Tage werden sich kurz anfühlen. Dann haben Sie immer wieder einen Tag frei, an dem Sie Überstunden machen können. Halten Sie sich an das dritte Team, Mr. Bringley. Auf Wiedersehen, Mr. Ali!«

Unser neuer Posten führt uns beide in der Geschichte vor und zurück, schließt italienische Gemälde des 13. und 14. Jahrhunderts mit ein wie auch in der großen angrenzenden Galerie Bilder aus Frankreich zur Zeit der Revolution. Während unserer Erkundungen weist mich Aada gelegentlich auf Kameras und Alarmanlagen hin, die sie zwar als notwendig akzeptiert, im Grunde jedoch missbilligt. Dafür bringt sie menschlichen Arbeitskräften großen Respekt entgegen und listet eine ganze Reihe hilfreicher Personen auf, die in ihren Augen fast ebenso wichtig sind wie die Wärter: die Hausmeister, unsere Brüder und Schwestern in der Gewerkschaft; die Krankenpflegerin, die Excedrin verteilt; der Fahrstuhlführer, hauptberuflich Bauarbeiter, der sich nur einen Tag im Monat freigibt; zwei pensionierte Feuerwehrmänner, die jederzeit an Ort und Stelle sind; Packer, die schwere Kunstgegenstände transportieren; Museumstechniker, die über ein besonderes Fingerspitzengefühl verfügen; Schreiner, Maler und Fräser; Ingenieure, Elektriker und Lichttechniker; außerdem vielerlei Menschen, die man weniger zu Gesicht bekommt, wie etwa Kuratoren, Restauratoren oder Exekutivkräfte.

Das ist alles sehr interessant, aber unweigerlich wird mir bewusst, dass wir in unmittelbarer Nähe von Duccios *Madonna mit Kind* plaudern, entstanden um 1300. Den ganzen Morgen habe ich noch kein Gemälde genauer betrachtet und frage mich nun, ob ich Aadas Aufmerksamkeit auf dieses hier lenken kann, indem ich auf seinen Wert von 45 Millionen Dollar anspiele. Doch es betrübt sie, dass ich etwas so Vulgäres zur Sprache bringe. Sie zieht mich näher an die kleine Tafel und flüstert nur: »Sehen Sie die angesengten, geschwärzten Stellen unten am Rahmen? Brandspuren von Votivkerzen. Ein wunderbares Bild, nicht wahr? Sind das nicht alles großartige Bilder? Ich versuche, die Leute … die Schulkinder, die Touristen … daran zu erinnern, dass dies Meister sind. Sie und ich, wir arbeiten mit Meistern. Duccio. Vermeer. Velázquez. Caravaggio. Verglichen mit was?« Sie blickt hinüber zu den Nachbarn im Amerikanischen Flügel. »Mit einigen Bildern von George Washington? Kommen Sie. Seien wir ernsthaft.«

Vom Ende der Galerie nähert sich Mr. Ali und macht

mit beiden Armen eine scherzhafte Schiebebewegung. Dadurch werden wir aus dem Flügel der alten Meister fast schon hinausgedrängt durch eine Doppelglastür in eine riesige Galerie mit Blick auf die Große Halle des Museums. An diesem belebten Treffpunkt wird Aada durch vielerlei Anfragen immer wieder unterbrochen: Wo sind die Mumien, die Fotografien, die afrikanischen Masken, die »antiken medizinischen Instrumente oder dergleichen«? (Auf diese letzte Frage erwidert sie im Brustton der Überzeugung: »Haben wir nicht.«) Mehr als einmal entschuldigt sie sich bei mir für diese knappe Art des Austauschs und betont, sobald Ruhe einkehre, würden interessantere Fragen auftauchen. Nachdem Aada sachkundig verschiedene Wege zu Degas' Balletttänzerin aufgezeigt hat, tippt sie mich an und macht auf einen gut gekleideten Mann in der Menge aufmerksam: »Ein Kurator in dieser Abteilung, Morgan, oder so ähnlich.« Wir beobachten, wie er, den Blick zu Boden gerichtet, vorbeieilt und im unteren Korridor der alten Meister verschwindet. »Er geht zu seinem Büro«, erklärt mir Aada, »hinter der Tür mit Klingel im Rubens-Saal.« Die Ironie entgeht uns beiden nicht. Wir, die den ganzen Tag direkt vor den Meisterwerken verbringen, sind diejenigen mit den billigen Anzügen.

Es ist fast elf Uhr, und bald werden wir unsere Pause haben. Während eine kleine Gruppe sich um Aada versammelt hat und sie mit Fragen bedrängt, bleibt mir ein Moment, um nach unten in die höhlenartige Große Halle zu spähen. Ein Besucherstrom flutet über die Große Treppe in meine Richtung und stürzt ebenso schnell an mir vorbei, als wäre ich ein halb versunkener Stein der Treppe. Ich erinnere mich, wie oft ich diese Stufen schon

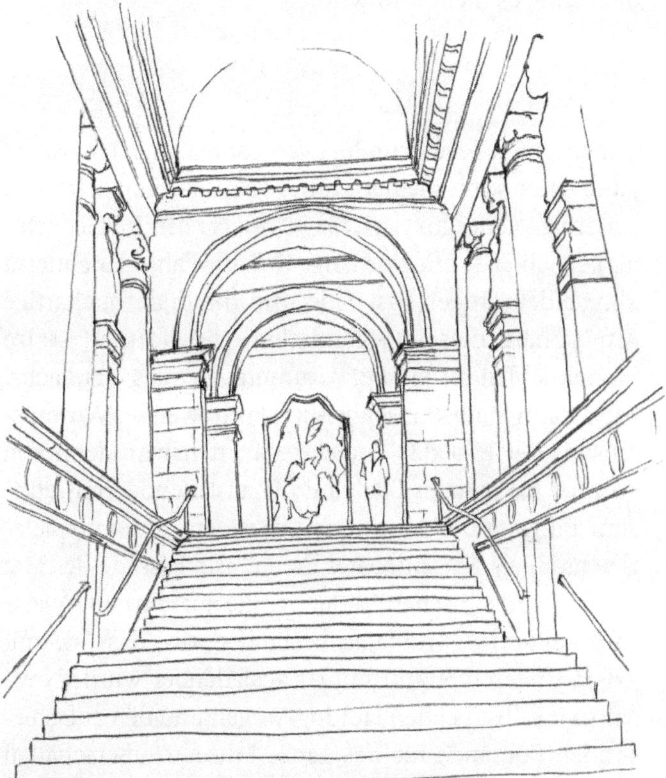

hochgestiegen bin, ohne mich dabei umzudrehen und die ankommende Schar der Kunstliebhaber, Touristen und New Yorker zu beobachten, von denen die meisten das Gefühl haben, ihre Zeit innerhalb dieser Welt im Kleinen werde zu kurz sein. Staunend stelle ich fest, dass die meine es nicht sein wird.

***

Seinen ersten Besuch im Met vergisst man nie. Ich war elf Jahre alt und mit meiner Mutter von unserem Heimatort außerhalb Chicagos nach New York gereist. Im Gedächtnis geblieben ist mir eine lange U-Bahn-Fahrt zur entfernt klingenden Upper East Side und die bilderbuchartige Atmosphäre dieser Gegend: livrierte Pförtner, stolze Wohnhochhäuser, breite, berühmte Avenues – zunächst Park, dann Madison, schließlich Fifth Avenue. Wir müssen uns der East 82nd Street genähert haben, denn von dort fiel mein erster Blick auf die ausladende Freitreppe zum Eingang des Museums, die einem Saxofonspieler gleichsam als Amphitheater diente. Die Fassade des Met mit ihren griechischen Säulen wirkte auf vertraute Weise eindrucksvoll. Die Magie bestand darin, dass sie mit jedem weiteren Schritt immer ausladender wurde, weshalb wir selbst bei den Hotdog-Wagen und den aufschießenden Fontänen nie das ganze Museum überschauen konnten. Sofort begriff ich, dass es sich hier um ein Bauwerk von unfassbarer Breite handelte.

Wir stiegen die Marmorstufen hinauf und überquerten die Schwelle zur Großen Halle. Während Maureen, meine Mutter, sich anstellte, um unsere »empfohlene Spende« zu tätigen (sogar ein 5-Cent-Stück hätte uns Zutritt verschafft), ermunterte sie mich, durch die Eingangshalle zu wandern, offenbar nicht weniger stattlich als die des Grand-Central-Terminals in Manhattan und erfüllt von der gleichen Energie der Menschen, die sich ebenfalls vorbereiteten, irgendwohin aufzubrechen. Durch den Eingang am einen Ende der Halle konnte ich ein wahres Schneegestöber blendend weißer Statuen – vielleicht griechischer Herkunft – ausmachen. Durch jenen auf der anderen Seite war ein sandfarbenes Grabmal gerade noch sichtbar, gewiss der Weg ins Alte Ägypten. Direkt vor mir erhob sich eine breite, majestätische Treppe, die auf eine farbenprächtige Leinwand zulief, so groß und straff gespannt wie ein Segel. Wir befestigten kleine Metallsticker an unseren Krägen, und es schien nur natürlich, dass wir weiter nach oben steigen sollten.

Alles, was ich über Kunst wusste, lernte ich von meinen Eltern. Maureen hatte auf dem College Kunstgeschichte im Nebenfach studiert und weihte meinen Bruder Tom, meine Schwester Mia und mich mit Leidenschaft in sie ein. Mindestens einige Male im Jahr fuhren wir zum Art Institute in Chicago, wo wir fast wie Grabräuber auf Zehenspitzen umhergingen und unsere Lieblingsbilder aussuchten, als würden wir einen Diebstahl planen. Meine Mutter war von Beruf Theaterschauspielerin, und wer die Theaterszene in Chicago kennt, weiß, dass sie weder prahlerisch noch glanzvoll ist, sondern eher arbeitsam und aufrichtig. Als wir einmal zusammen im zentral gelegenen Theater waren, hörte ich ihre Schauspielkollegen sie mit »Mo« anstatt »Maureen« begrüßen, schaute dann zu, wie die Saalbeleuchtung aus- und die Bühnenbeleuchtung anging, und verstand plötzlich, dass es in der Welt genügend Platz für diesen heiligen kleinen

Spielort gab, ungeachtet des hupenden Verkehrs da draußen.

Zu Hause versammelten wir uns in ihrem großen Bett, um die Bilderbücher von Maurice Sendak zu lesen, die für uns anders waren als gewöhnliche Bücher, da sie uns dazu aufforderten, einen Spielort in unseren Köpfen frei zu machen, wo die wilden Kerle voller Schwung ins Leben springen konnten. Mein frühester Eindruck von der Kunst war der, dass sie einer fremden, mondbeschienenen Welt angehörte, und darin spiegelte sich der Einfluss meiner Mutter wider.

Mein Vater war eigensinniger, vermochte mir jedoch ebenfalls seine Lektionen beizubringen. Als Gemeindebanker im südlichen Teil Chicagos tätig, war er ein moderner George Bailey (Protagonist in Frank Capras Film *It's a Wonderful Life*), mit einer instinktiven Verachtung für die Mr. Potters dieser Welt (Henry F. Potter verkörperte in besagtem Film den schurkischen Antagonisten). Um sich am Ende des Tages zu entspannen, hämmerte er stundenlang auf die Tasten des häuslichen Klaviers, das er über alles liebte. Eine Weile hatte er einen Autoaufkleber, auf dem geschrieben stand: *Piano*. Obwohl er das Instrument nie gut beherrschte – er meinte, sein Talent sei kein Talent, sondern Fleiß aus Freude –, spielte er die Musik seiner beiden Idole Bach und Duke Ellington zwar unsicher, aber nicht zaghaft, und sang dabei mit lauter Stimme aus reinem Vergnügen an der Schönheit der Silben: »Da ta DA da doo.« Mein Sinn für den Künstler als unerschrockene Person rührte hauptsächlich von meinem Vater.

An jenem Tag im Met übernahm ich schließlich die Führung und schleuste uns beide in atemberaubendem

Tempo durch die Säle, getrieben von der Vermutung, hinter der nächsten Ecke böte sich ein noch beeindruckenderer Anblick. Seit seiner Eröffnung im Jahr 1880 hat sich das größte Kunstmuseum der Neuen Welt oft wider alle Logik erweitert, wobei weitere Flügel in einer Weise an alte gefügt wurden, dass völlig neue Atmosphären wie aus dem Nichts zu entstehen scheinen. Sie zu durchwandern, besonders wenn man sich wie wir mehrfach verläuft, ist etwa so, als würde man im Traum ein Schloss erkunden – Räume tauchen auf und verschwinden wieder, selbst zweimal besuchte Galerien wirken, aus einem anderen Blickwinkel betrachtet, nur vage vertraut. Im Wirbelwind der Wahrnehmungen erinnere ich mich lediglich an zwei Kunstwerke deutlich, die ich damals zu Gesicht bekam. Nie zuvor hatte ich etwas derart Fantasievolles gesehen wie die Holzschnitzarbeiten der Asmat auf Papua-Neu-

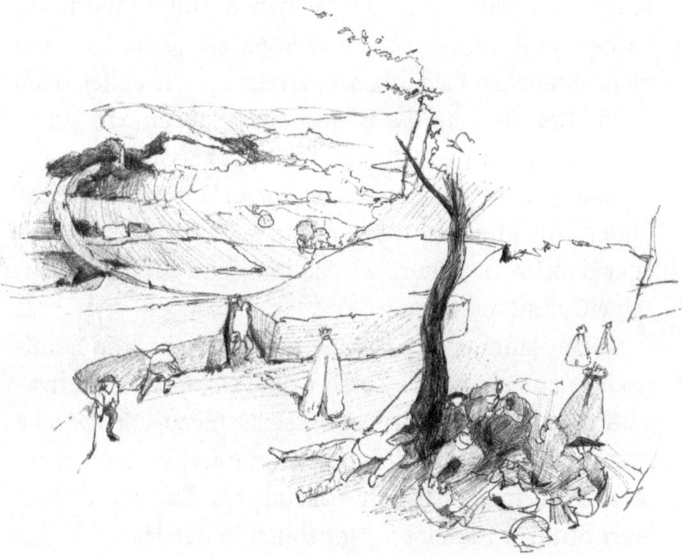

guinea – eine lange Reihe von Totempfählen, ein jeder aus dem Stamm einer einzelnen Sagopalme geschaffen. Mein bevorzugter Pfahl stellte eine Reihe tätowierter Männer dar, die übereinander auf den Schultern standen, bis sich der Penis des obersten Mannes zu einem raffiniert geschnitzten Palmwedel ausdehnte. Damit war offenbar bewiesen, dass die Welt weitaus mehr Möglichkeiten barg, als ich es ihr zugestanden hätte.

Als ich dann den Flügel der alten Meister durchschlenderte, zog mich Pieter Bruegels d. Ä. *Die Kornernte* von 1565 in den Bann. Meine Reaktion auf das großartige Gemälde erscheint mir jetzt von grundlegender Bedeutung für die so eigentümliche Macht der Kunst. Denn ich erlebte die unfassbare Schönheit des Werkes, obwohl ich keine Ahnung hatte, was ich mit ihr anfangen sollte. Ich konnte dieses Gefühl nicht vermitteln, indem ich darüber sprach – es gab nicht viel zu sagen. Was im Gemälde schön war, hatte nichts mit Worten zu tun, sondern mit Farbe – still, unmittelbar und konkret –, und ließ sich nicht einmal in Gedanken übertragen. Von daher blieb meine Reaktion auf das Bild in mir gefangen, ein Vogel, der in meiner Brust flatterte. Und ich wusste nicht, was ich davon halten sollte. Das ist immer schwer herauszufinden. Als künftiger Wärter würde ich unzählige Besucher dabei beobachten, wie sie ihrerseits auf dieses seltsame Gefühl reagieren.

Sieben Jahre später zog ich nach New York, um aufs College zu gehen. Der Zufall wollte es, dass die Herbstausstellung des Met Bruegels Zeichnungen und Drucke zeigte, und wieder stieg ich die Große Treppe nach oben, diesmal in meiner neuen Rolle als blauäugiger, ehrgeiziger Student mit einem Notizbuch in der Hand. Bisher hatte ich stets meinem überaus begabten Bruder an den Fersen gehangen – Tom, zwei Jahre älter als ich, war eine Art Mathe-Genie, wohingegen ich mich als beherzten kleinen Bruder mit großen künstlerischen Träumen sah.

Im ersten Semester schrieb ich mich für den am seriösesten klingenden Kurs im Fachbereich Englische Literatur ein – ein Seminar über John Milton, in dem wir zwölf Wochen lang die zwölf Bücher von *Paradise Lost* (*Das verlorene Paradies*) analysierten. Alle paar Seiten tauchten Verse wie die folgenden auf:

Abashed the devil stood,
And felt how awful goodness is …

Beschämt stand Satan da
Und fühlte recht, wie schrecklich Güte ist …

Solch sprachmächtige Formulierungen hätten uns meiner Meinung nach weitere zwölf Wochen beschäftigen sollen. Große Bücher und große Kunst waren für mich von ungeheurer Bedeutung.

An der Fakultät für Kunstgeschichte belegte ich nur wenige Kurse, aber sie waren vielleicht die aufregendsten von allen. Ich betrat einen Hörsaal, die Lichter erloschen, ein Diaprojektor begann zu surren, und auf der Leinwand zogen Kathedralen, Moscheen, Paläste vorbei, die ganze Größe der ganzen Welt, klick, klick, klick. Oder es ging stiller zu: Eine kleine Kreidezeichnung aus der Renaissance erschien, hundertfach vergrößert, sodass sie auf der erleuchteten Leinwand zitterte wie ein frühes Standfoto.

Gerne würde ich sagen können, dass meine Studien mich demütig gemacht haben, aber ich war wohl noch zu jung dafür. Einer meiner Professoren hatte die Restaurierung der Decke in der Sixtinischen Kapelle mitgeleitet, und mir war, als stünde ich selbst auf einem jener Gerüste – ein bald berühmter Gelehrter, der große, wichtige Projekte verantwortete.

An dem Tag, als ich die Bruegel-Ausstellung besuchte, war ich entschlossen, jedes Wort in mich aufzunehmen, das die Kuratoren auf die kleinen Bildbeschriftungen hatten drucken lassen. Ich fühlte mich bereit, über die verblüffte Reaktion, welche *Die Kornernte* damals in mir ausgelöst hatte, hinauszugelangen, kam sie mir jetzt doch kindisch, ja vielleicht sogar dumm vor. Ich sehnte mich danach, ebenso kultiviert wie differenziert zu sein, und dachte, mithilfe wissenschaftlicher Methodik und zeitgemäßer Terminologie lernen zu können, wie man Kunstwerke richtig beurteilt und dadurch nie in Verlegenheit gerät, was mit ihnen *anzufangen* sei. Fühlte ich den kleinen Vogel, der mit seinen Flügeln in meiner Brust schlug? Natürlich! Aber ich konnte die seltsame Empfindung beruhigen, indem ich meine Gedanken auf die Motive des Gemäldes richtete, dessen Schule oder Stil bestimmte. Dieses Verfahren war ein Mittel, meine Wahrnehmung lautloser Schönheit zu übersteigen und eine Sprache zu finden, die mir ermöglichen mochte, mich in der Wirklichkeit zu bewegen und zu entfalten.

Doch dann erkrankte mein Bruder Tom, und meine Prioritäten änderten sich. Nach dem College bestand die »Wirklichkeit« zwei Jahre und acht Monate lang aus einem Zimmer im Beth Israel Hospital und Toms Einzimmerwohnung im Stadtteil Queens. Sei's drum, dass ich gerade eine glänzende Stelle in einem Wolkenkratzer im Zentrum antrat – es waren jene stilleren Räume, die mich über Schönheit, Anmut und Verlust belehrten, wie wohl auch über den Sinn der Kunst.

Nach Toms Tod im Juni 2008 bewarb ich mich um den einfachsten Job, den ich mir am schönsten mir bekannten Ort vorstellen konnte. Dieses Mal traf ich im Met ein ohne Gedanken daran, weiter voranzukommen. Mein Herz war schwer, mein Herz war gebrochen, und so wollte ich unbedingt eine Weile im Stillstand verharren.

***

Am Nachmittag fasst Aada mich an der Schulter, sagt: »Junger Mann, ich werde Sie jetzt allein lassen. Sie werden hier sein, ich dort«, und verschwindet, wenn ich das richtig sehe, in der Spanischen Abteilung. Natürlich bin ich nicht völlig allein, aber vorbeigehende Fremde empfindet man nicht wirklich als Gesellschaft. Zugleich ist das Museum so weitläufig (mit einer Ausdehnung von etwa 3000 durchschnittlich großen New Yorker Wohnungen), dass ein Saal wie dieser sich nur selten füllt. Einige Minuten stehe ich an meinem C-Posten mit dem Gefühl, die Zeit vergehe so langsam, dass man meinen könnte, sie stehe still. Ich falte die Hände vor meinem Oberkörper, falte sie hinter meinem Rücken. Ich stecke sie in die Hosentaschen. In einem Türdurchgang lehne ich mich zurück, schlendere eine Weile umher, lehne mich bald darauf an eine Wand. Kurzum, ich bin ruhelos, offensichtlich nicht bereit für den abrupten Wechsel, zunächst Aada wie ein Entenküken zu folgen und dann wachsam auf der Stelle zu verharren. Tatsächlich habe ich in den vergangenen Wochen einen Prozess durchlaufen, der mir zum ersten Mal seit Toms Tod den Eindruck vermittelte, mein Leben entwickle sich in eine bestimmte Richtung. Ich reichte meine Bewerbung ein, führte ein Vorstellungsgespräch, absolvierte die Ausbildung. Ich bestand die staatliche Zulassungsprüfung, mir wurden die Fingerabdrücke genommen und vom Schneider in der Bekleidungsstelle des Museums die Maße. Jetzt bin ich hier angekommen! Das Einzige, was *zu tun* ist … den Kopf hochhalten. Wachsam bleiben. Die Hände leer und die Augen weit offen lassen, während sich in meinem Innern immer mehr wunderbare Kunstwerke mitsamt dem ringsum wirbelnden Leben vermischen.

Das ist ein außergewöhnliches Gefühl. Nach mehreren langen Minuten beginne ich zu glauben, dass dies wirklich meine Aufgabe sein kann.

2

FENSTER

Morgens ist es so still wie in einer Kirche. Ich beziehe meinen Posten eine knappe halbe Stunde bevor wir öffnen, und niemand redet mich in Grund und Boden. Da sind nur die Rembrandts und ich, die Botticellis und ich, diese vor Leben sprühenden Phantome, die mir fast wie aus Fleisch und Blut erscheinen, und ich. Stellt man sich den Flügel der alten Meister im Met als ein Dorf vor, beherbergt er nahezu 9000 gemalte Einwohner (8496, um genau zu sein, gemäß meiner Zählung von Saal zu Saal Jahre später).* Sie füllen 596 Bilder, die durch Zufall über die ungefähr gleiche Anzahl von Jahren gemalt wurden. Das älteste zeigt eine Madonna mit Kind aus den

* Nach einer beträchtlichen Erweiterung des Flügels ist diese Zahl nicht mehr aktuell. Sie umfasst jeden kleinen Putto im Hintergrund, jeden Zuschauer eines Stierkampfs oder unscheinbaren Gondoliere. Falls Sie sich wundern, wie ich all diese Figuren zählen konnte, unterschätzen Sie die langen Zeitspannen, die mir zur Verfügung standen.

1230er-Jahren, das jüngste ein Porträt von Francisco de Goya von 1820. Nach diesem Datum wandern die Werke zum fernen südlichen Ende des Museums, wo die moderne Welt stetig mehr Platz einnimmt: Maschinenkraft; Kapitalismus; Nationalstaaten wie Deutschland und Italien; in der Kunstwelt die Fotografie und die Malerei mit gebrauchsfertigen Farben in Tuben. Die »alten« Meister sind dadurch miteinander verbunden, dass sie allesamt diesen Entwicklungen vorangingen. Sie waren Handwerker in mittelalterlichen Städten, deren Tore gegen die Gefahren stockfinsterer Nächte verschlossen wurden. Oder Höflinge, gekleidet in Seidenstrümpfe, erpicht auf eine Audienz bei Lady Soundso. Oder fromme Mönche, kaiserliche Propagandisten, bezahlbare Porträtisten des aufkommenden Bürgertums. Wer immer sie waren – ihre Gemeinsamkeit bestand darin, dass sie die Quellen unserer modernen Vorstellungen ausschöpften. Goya, der alte Meister, der unserer Zeit am nächsten war, musste mit ansehen, wie nur eines seiner mindestens acht Kinder bis ins Erwachsenenalter überlebte.

Den Flügel durchwandernd fühle ich mich gewissermaßen wie ein Reisender in einem fremden und fernen Land. Wenn Sie sich jemals allein in einer fremden Stadt aufgehalten haben, ohne Sprachkenntnisse und ohne Begleitperson, dann wissen Sie, wie atemberaubend eindringlich diese Erfahrung sein kann. Sie lösen sich fast auf – in Straßenlichtern und Pfützen, Brücken und Kirchen, in Szenen, die Sie durch Fenster im Erdgeschoss flüchtig wahrnehmen. Sie gehen durch die Straßen, empfänglich für exotische Details, doch schon eine gewöhnliche, mit den Flügeln schlagende Taube übt einen merkwürdigen Reiz aus. Dem haftet ein poetischer Zauber an, und solange Sie aufmerksam dahingleiten, wird er nicht gebrochen.

In diesen ersten Wochen ist mein Gehirn wohl halb benommen, weil ich derart versunken bin – als wäre jedes Gemälde ein Fenster auf Augenhöhe, dessen Vorhänge dramatisch zur Seite gezogen werden. In einer typischen Galerie schlagen zehn oder zwanzig goldgerahmte Fenster förmlich Löcher in die vier Wände. Einige scheinen das Mauerwerk direkt zu durchstoßen und Ausblicke auf hügelige Landschaften und wogende Meere zu bieten. Andere spähen in häusliche Innenräume und laden uns ein, gebannt auf die Einrichtung und anwesenden Personen zu blicken. Schließlich gibt es jene, vor die ich mein Gesicht halte, nur um dann festzustellen, wie das eines Fremden mir entgegenstarrt, die Nase an das Glas gedrückt (falls es tatsächlich vorhanden ist; die meisten der hiesigen Gemälde sind nicht einmal verglast!).

An einem dieser stillen Morgen reibe ich mir den Schlaf aus den Augen, und es betrachtet mich María Teresa, Infantin von Spanien. Sofort spüre ich, dass ihr Maler, Diego Velázquez, im selben Raum mit ihr war – dass er sich tief verbeugte, seine Staffelei wenige Meter entfernt aufstellte und diese Art von Zaubertrick ausführte, der mir ihre intelligente Gegenwart unmittelbar nahebringt. Ihr Gesicht ist so eigentümlich! Die Thronfolgerin scheint jünger als die vierzehn Jahre, die sie ist, aber ihre Augen scheinen älter. Sie ist kein hübsches oder lebhaftes Kind, wirkt weder freundlich noch unfreundlich, weder offenherzig noch verschlossen, sondern eher aufrichtig und selbstbeherrscht – allzu gewöhnt an ihr seltsames Leben, um es als seltsam zu empfinden, und nicht daran gewöhnt, nachzugeben oder einzulenken.

Ich kann ihr Gesicht so deutlich sehen wie das meine im Spiegel.

Bei anderen Gelegenheiten bin ich mir meiner Funktion als Vogelscheuche, wie Aada es ausdrückte, umso bewusster, oder, wohlwollender formuliert, als eine Art Palastwache. In der zweiten Woche bin ich zum ersten Mal vor den Gemälden von Johannes Vermeer postiert, kostbare Gegenstände, von denen die Welt vielleicht nur 34 besitzt. Absurderweise gehören dem Met fünf davon. Da ich das weiß und weil gleich morgens eine Handvoll Touristen – Engländer, Japaner und Amerikaner aus dem Mittleren Westen – diesen Werken huldigt, stehe ich etwas aufrechter da. Eine hübsche Mutter hält ihren Kopf mit Pferdeschwanz vor das Porträt eines Mädchens mit Perlenohrring von etwa 1665. Sie mag es fälschlicherweise für die berühmtere Ausführung des Themas in Den Haag halten, und wenn dem so ist, gibt es keinen Grund, sie eines Besseren zu belehren.

Jeder benimmt sich tadellos, und so wandert mein Blick zu einem der stillen Innenräume, die Vermeer mit Vorliebe malte. Ich betrachte eine dösende junge Frau, deren Wange auf der Handfläche ruht, während hinter ihr der leere, gut gepflegte Haushalt jenes heiligende Licht Vermeers empfängt. Ein Schauer ergreift mich, weil ich nicht fassen kann, dass er es eingefangen hat – dieses Gefühl, das wir manchmal haben, dass eine intime Atmosphäre ihre eigene Größe und Heiligkeit besitzt. Das war auch mein ständiges Gefühl in Toms Krankenhauszimmer, und ich kann es wiederfinden an den mucksmäuschenstillen Morgen im Met.

***

Am Ende meines ersten Arbeitsmonats treffe ich im Chefbüro ungewöhnlich besorgt darüber ein, welchem Team ich wohl zugeteilt werde. Aus kaum erklärlichen Gründen möchte ich unbedingt ins dritte Team, das die Säle mit venezianischer Malerei beaufsichtigt. Aada sitzt ziemlich hoheitsvoll vor dem Schreibtisch des Vorgesetzten, wartet auf die Ankunft des obersten Chefs, und als ich ihr mein Anliegen vortrage, nickt sie nur flüchtig, als sei es nicht sehr interessant. Wir hören das Knacken eines Radios, das Rasseln von Schlüsseln, und plötzlich erscheint der Chef namens Singh, ein vierzigjähriger Veteran der Abteilung und einer ihrer zahlreichen Mitglieder guyanisch-amerikanischer Abstammung. Mr. Singh fragt nach einem Freiwilligen, um einen Bereich, in dem die Kunstspediteure arbeiten werden, mit Seilen abzusperren. Aada meldet sich und wird mit ihrer Wahl des Postens belohnt. »Danke, Mr. Singh«, erwidert sie. »Ich übernehme die zweite Tour im dritten Team.« Nach einer kurzen Pause fügt sie hinzu: »Und Mr. Bringley hier die dritte.«

Aada besteht darauf, dass wir uns überlegen, welche der anderen vierzehn Wärter im Bereich B sich unserem Team anschließen sollen. Zufälligerweise sind es zwei Anfänger, Teilnehmer eines Kurses mit achtzehn Wärtern, die zur gleichen Zeit wie ich begonnen haben. Blake, ein lockenköpfiger, belesener Mann aus einer Stadt im Hudson Valley, ist etwa in meinem Alter. Terrence, ein fröhlicher, schulterklopfender Bursche und weiterer Einwanderer aus Guyana, ist doppelt so alt wie ich. (Wenn man das Herkunftsland eines Wärters erraten will, sind Guyana, Albanien und Russland eine gute Wahl, andere karibische und frühere sowjetische Staaten liegen eine Stufe darunter.) Mit Terrence verstand ich mich – wie die meisten Menschen – seit unserer ersten Begegnung auf Anhieb, aber am Ende der Ausbildung wurde er in die Cloisters entsandt, eine der mittelalterlichen Kunst gewidmete Zweigstelle des Met im nördlichen Manhattan. Er ist hier bei uns an seinem Überstundentag. Von Blake habe ich mich nur deshalb ein wenig ferngehalten, weil ich großen Wert auf mein Alleinsein lege und nicht gewillt bin, mit einem Gleichaltrigen Freundschaft zu schließen. Wir vier plaudern freundlich miteinander. Es beeindruckt mich, wie kontaktfreudig die meisten meiner Kollegen sind. Aber wenn wir in vier Richtungen auseinandergehen, jeder zu seinem Posten, spüre ich auf dem Weg in einen Tag vollkommener Abgeschiedenheit eine Last von mir abfallen.

Venedig ist seit jeher eine unvorstellbare Stadt, eine Kette von 118 wellenumspülten Inseln, die sich einst der leuchtendsten, tiefsten Farben rühmen konnten. Ultramarinblau aus Afghanistan, Bergblau aus Ägypten, Zinnoberrot aus Spanien … Selbst der Name *Venedig* bezieht sich auf das lateinische Wort *venetus*, Meerblau. Der größte Venezianer des 16. Jahrhunderts war Tiziano Vecellio, genannt Tizian, der seine Szenen in eine rosarote Atmosphäre tauchte, als hätte er die Pigmente in Pfützenwasser und Rotwein gemischt. Ich nähere mich seinem großartigen Gemälde *Venus und Adonis*, einem so wunderbaren und stillen Gedicht, dass meine Stimmung völlig davon vereinnahmt wird. Ich kann nicht entscheiden, wer von beiden ergreifender ist: Tizians flachsblonde Venus, verzweifelt an ihren sterblichen Geliebten geklammert, oder sein junger ungestümer Adonis, der die Umarmung der Göttin verschmäht, um in die gefährliche Welt der Sterblichen zurückzukehren. Wie Tizian habe

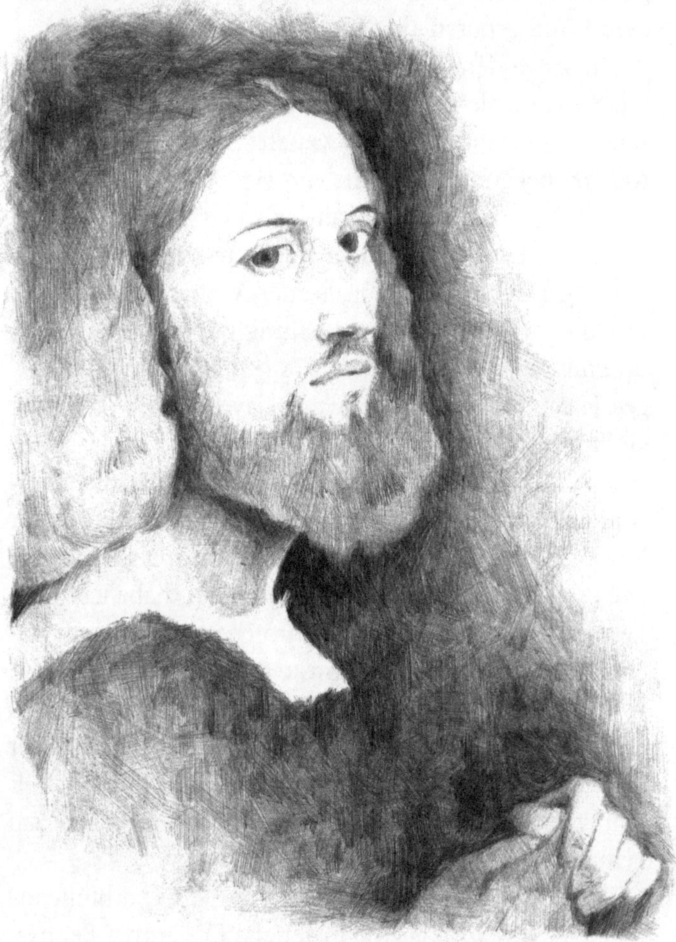

ich die mythologische Erzählung gelesen und weiß, was am Ende geschieht. Venus ist über den Verlust ihres getöteten Geliebten untröstlich und verwandelt sein vergossenes Blut in eine rote Anemone, deren Name »aus dem Wind geboren« bedeutet.

Ich schlendere dahin, lausche den knarzenden Holzdielen – zu dieser Stunde sind keine Besucher anwesend – und entdecke ein weiteres, viel kleineres und weniger bekanntes Gemälde von Tizian: das Porträt eines jungen Mannes, den er malte, als er selbst noch einer war. Es ist mit derart leichter Hand ausgeführt, offenbart ein so geringes Maß an Fleiß oder Anstrengung, dass es wie die zufällige Widerspiegelung auf einem sonnenüberfluteten Teich erscheint. Der junge Mann trägt langes Haar und Bart, aber nichts davon verdunkelt sein Gesicht, das dem eines Engels gleicht – so sanft, strahlend und jugendlich ist es. Er scheint in Gedanken versunken, offenbar mit etwas beschäftigt, das sich seiner Kenntnis entzieht. Und obwohl ich ihn dabei ertappe, wie er gerade einen Handschuh auszieht, habe ich nicht den Eindruck, auf einen eingefrorenen Moment zu blicken. Auf dem Gemälde wirkt die Zeit nicht erstarrt, sondern verdichtet, als würden Vergangenheit und Zukunft durch die lebendige Gegenwart aufgehoben – oder als wären sie Teil dieses jungen Mannes, doch befreit vom gnadenlosen Pfeil der Zeit, und *das* ist es, was Tizian gemalt hat.

Bis zu einem gewissen Grad gibt es für die verblüffende Qualität des Porträts eine materielle Erklärung. Bei dessen Ausführung trug Tizian Schicht um Schicht eine halbtransparente Glasur auf, durch die mit andauernder Frische das Licht strömt, sich widerspiegelt und bricht.

Zugleich kann ich mich nicht von dem Gefühl lösen, das es in mir hervorruft. Das Bild ist derart schön, auf so anmutige Weise erfüllt von Leben, dass es selbst zu leben scheint – lebendige Erinnerung, lebendige Magie, lebendige Kunst, auf welche Bezeichnung auch immer man sich einigen mag. Es wirkt so vollständig, glänzend, unantastbar und unvergänglich, wie ich es mir für die menschliche Seele wünschen würde.

Im oberen Fach meines Spinds bewahre ich einen abgegriffenen Umschlag mit Fotografien von Tom auf, den meine Mutter mir gegeben hat. Diese Schnappschüsse sind ganz anders als die Bilder hier, und ich vergegenwärtige mir mehrere Fotografien, um den Unterschied besser zu verstehen. Da ist die von Tom im Smoking an seinem Hochzeitstag: groß, kräftig, jungenhaft glücklich. Oder jene von der Promotionsfeier: dünner infolge der Krebserkrankung; sein kahler Schädel ist von einem zu locker sitzenden Doktorhut bedeckt; er wirkt verlegen und gleichzeitig stolz. Und es gibt die vielen ungestellten Aufnahmen aus unserer Kindheit in einem Backsteinhaus in einer Straße namens Hickory Road: Wir springen im Laub umher, essen Geburtstagstorte, ringen miteinander auf einem Bett. Es scheint, dass all diese eingefangenen Momente, diese Erinnerungen im Plural, in Gefahr sind, mit der Zeit ebenso verloren zu gehen wie die abgewetzten Fotografien selbst. Aber zusammen genommen deuten sie auf etwas Größeres hin, eine Erinnerung an Tom im Singular, die ich hinter geschlossenen Augen wachrufen kann und die Tizians Porträt ziemlich nahekommt: glänzend, unantastbar und unvergänglich.

Die ersten Besucher des Tages treffen ein. In einer geeigneten Ecke beziehe ich meinen Posten. Und ich finde, dass ich in diesen Galerien nicht einmal die Augen schließen muss, um das zu fühlen, was ich fühlen möchte.

***

»Herrgott noch mal, ich bin schon wieder bei den Jesus-Bildern gelandet!«

Die einprägsamste Klage, die ich während meiner ersten Wochen geflissentlich überhöre, wird laut, wenn ich die Gänge mit den frühesten alten Meistern beaufsichtige. Zwei parallele, durch die Mitte des Flügels verlaufende Korridore, der eine mit italienischen, der andere mit flämischen und niederländischen Werken ausgestattet, sind der Kunst der Spätgotik und der Frührenaissance gewidmet. Diese Bilder sind nicht nur alt, sondern fühlen sich auch so an, da sie verzierte Heiligenscheine vor vergoldeten Hintergründen darbieten, Oberflächen wie krakeliertes Glas aufbrechen und ein obsessives Interesse an einem bestimmten Mann aus Galiläa im 1. Jahrhundert zeigen. (210 Jesusgestalten werde ich später im Bereich B zählen.)

Ich sympathisiere mit unserem unzufriedenen Besucher. Doch obwohl ich kein Christ bin, verehre ich die Christusbilder. Diese Galerien zu durchschreiten ist so, als würde man ein Familienfotoalbum der düsteren, zugleich aber außergewöhnlich intimen Art durchblättern. Da sind die Bilder des kleinen Jesus: Anbetung, Heilige Familie, Jungfrau und Kind. Es gibt Momente des Übergangs in das Leben eines jungen Mannes: Taufe, Christus in der Wüste. Schließlich die Passionsszenen: Christus am Ölberg, Geißelung, Kreuzigung, Beweinung, Pietà. Offenbar ließen die alten Meister all das, was ihnen eigen war – Talent und Schöpferkraft, Staunen und Schrecken –, in die Geschichte eines kurzen, harten Lebens einfließen.

Bei einem weiteren Rundgang beeindruckt mich, wie die wortreicheren Aspekte im Leben Jesu – seine Predigten im Gegensatz zu seinem irdischen Dasein – fast völlig übergangen werden. So kann ich kein Gemälde von der Bergpredigt finden und nur wenige Versuche, ein Gleichnis zu veranschaulichen. Die alten Meister waren sich ziemlich sicher, dass Anfang und Ende seines Lebens am stärksten nachwirkten. Darüber hinaus gibt es für jedes Gemälde von Jesus als übernatürlichem Wesen (Auferstehung, Himmelfahrt, thronender Christus) ein halbes Dutzend andere, die bedrängend körperlich sind und in denen der Heiligenschein das einzige Zeichen darstellt, dass dieser Leidende mehr als ein Mensch war.

Das vielleicht traurigste Bild im Met wurde von Bernardo Daddi gemalt, einem Florentiner, der zusammen mit etwa einem Drittel der europäischen Bevölkerung der Pest zum Opfer fiel. Vor seine *Kreuzigung* tretend, betrachte ich eine Szene, die mir als niederschmetternd, aber nicht als außergewöhnlich präsentiert wird. Der Leib Christi wird zwar gewürdigt, hängt jedoch schlaff herab. Eine zarte Eleganz in seiner Haltung deutet darauf hin, dass er sein Leiden tapfer ertragen hat. Maria und Johannes sitzen nachdenklich am Boden. Vor allem sehen sie müde aus, erschöpft. Der Wahnsinn des Tages ist vorbei, und nur der Tod bleibt zurück, die nackte Tatsache, das undurchdringliche Geheimnis, die ebenso ungeheure wie unveränderliche Endgültigkeit.

Als Wärter kann ich diesem Bild in gewisser Weise so unvoreingenommen begegnen, wie es beabsichtigt war, und dafür bin ich dankbar. Ein Künstler im 14. Jahrhundert hätte nicht einmal im Traum daran gedacht, dass es eines Tages Kunstkenner und Fachbücher über eine Disziplin namens Kunstgeschichte geben würde. In Bernardo Daddis Vorstellung muss das Gemälde eine Art Katalysator gewesen sein, um der ebenso notwendigen wie schmerzlichen Meditation über das unfassbare Geschehnis Vorschub zu leisten. Es interessiert mich nicht, in solchen Christusbildern einen neuen Aspekt oder eine feine Nuance zu entdecken. Meines Erachtens hat Daddi einfach das Leiden in Szene gesetzt; ausschließlich davon handelt sein Gemälde. Und wir betrachten es, um die schwere, zum Schweigen bringende Last des Leidens nachzuempfinden, andernfalls nehmen wir das Werk gar nicht recht wahr.

Ich finde, viele der größten Kunstwerke versuchen, uns an das Offensichtliche zu erinnern. Das ist wirklich, sagt es, nicht mehr. Nimm dir Zeit, innezuhalten und dir das, was du schon weißt, genauer zu vergegenwärtigen. Heute mag mein Verständnis der Furcht einflößenden Wirklichkeit des Leidens so klar und deutlich sein wie Daddis Meisterwerk. Aber wir vergessen derlei Erfahrungen. Mit der Zeit verlieren sie an Lebendigkeit. Daher müssen wir, um uns ihnen erneut zu stellen, zu solchen Gemälden zurückkehren.

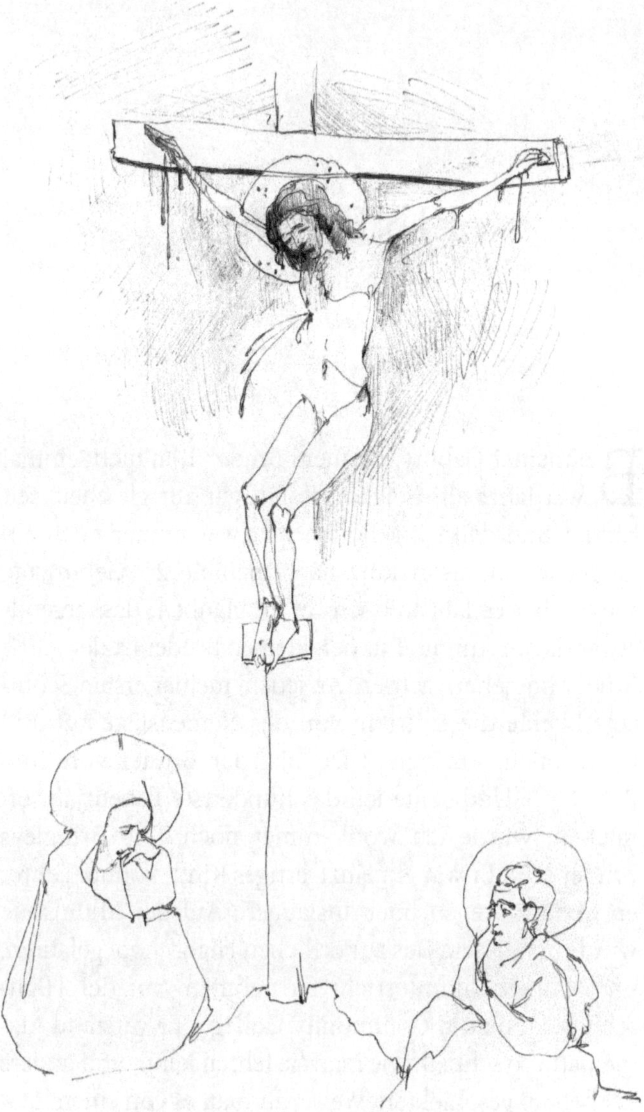

3

EINE PIETÀ

Bei meiner Geburt war mein Bruder Tom nicht einmal zwei Jahre alt. Folglich waren wir zur gleichen Zeit Kinder und dann Jugendliche. Er war immer noch ein junger Mann, als er kurz nach meinem 25. Geburtstag starb. Aber es fällt mir schwer zu glauben, dass irgendetwas davon stimmt. Für den kleinen Bruder ist der große Bruder immer erwachsen. An jedem meiner ersten Schultage blickte die Lehrerin von der Namensliste auf und fragte mich: »Bringley? Du bist der Bruder von Tom Bringley?« Und sollte ich das hundertste Lebensjahr erreichen, würde ich wohl immer noch Tom Bringleys Bruder sein. Er war ein einzigartiges Kind, konnte Lehrer entweder anregen oder auslaugen. Auf der Mittelstufe wurde er mit dem Bus zur örtlichen Highschool gefahren, um Mathematikunterricht zu nehmen, auf der Highschool dann zum Community College. Er verstand Mathematik so schnell, wie man sie lehren kann, und andere Fächer auf geschicktere Weise, als man es von einem Mathe-Genie erwarten würde. Man konnte Tom zusätzliche

Arbeit aufbürden, doch den Schimmer der Verschwörung nie völlig aus seinen Augen verbannen. »Na sag schon. Bin ich nicht ein patenter Typ?« Und jeder musste zugeben, dass er es war. Ein gutes Kind – fröhlich, geduldig, hilfsbereit, bescheiden, normal. Kein Aufschneider. Alles schien ihm mühelos von der Hand zu gehen. Tatsächlich war an seiner stillvergnügten, übersprudelnden Art etwas, das einen immer wieder zum Lachen brachte.

Viele Jahre später war Tom ganz er selbst, als er erklärte, warum er die reine Mathematik zurückstelle, um auf dem Gebiet der Biomathematik zu promovieren. (Er untersuchte, soweit ich verstand, in welcher Weise Flüssigkeiten in lebendigen Zellen herumwirbeln.) »Reine Mathematik ist natürlich extrem schön«, meinte er. »Sie ist elegant. Auch die Physik ist elegant. Biologie hingegen ist alles andere als elegant. Ein heilloses Durcheinander. Patrick, du würdest es nicht glauben. Ich hab's auch nicht geglaubt, bis ich Kristas Lehrbücher über organische Chemie gelesen habe.« (Krista, seine Freundin an der Duke University in Durham, North Carolina, wurde später seine Frau.) »Sagen wir es mal so: Wenn du und ich eine Maschine bauen sollten, würden wir logisch vorgehen, mit so wenig Teilen wie möglich, die sich einwandfrei und wirkungsvoll bewegen. Die lebendige Natur arbeitet jedoch überhaupt nicht so. Mithilfe von fantastischen Redundanzen und Schnörkeln gestaltet sie Millionen kleiner Variationen um ein Thema, damit, selbst wenn drei Viertel davon verrücktspielen, das Leben weiter fortbesteht. Das Ergebnis sind Rube-Goldberg-Apparate, aber stabile Rube-Goldberg-Apparate, unvorstellbar merkwürdige und vielschichtige Rube-Goldberg-Apparate, buchstäblich unvorstellbar, da unsere Gehirne ungeeignet sind, diese Art von mikroskopischen, innerhalb der kleinsten Zelle verborgenen Metropolen zu begreifen. Ich finde das klasse.«

Tom nannte solche Dinge »klasse«.

Ein anderes Mal blickte er von einem Glas Bier auf und sagte: »Weißt du, was verblüffend ist? Dass alles Lebendige – eine Marienkäferlarve, ein Riesenmammutbaum, Michael Jordan, Algen – sich aus einer einzigen lebendigen Zelle entwickelt hat. Aber weißt du, was noch verblüffender ist?« Sein kleiner Bruder wusste es nicht. »Diese einzige Zelle.« Schweigend tranken wir, sannen darüber nach. Damals war uns nicht bewusst, dass eine einzige Zelle in seinem linken Bein mutieren, eine Armee bilden, ihn belagern und umbringen würde.

Tom war ein großer und starker Bursche. Wenn wir miteinander kämpften, rettete es mich, ihm einen Gegenstand an den Kopf zu werfen und davonzurennen. Im Innern hatte er etwas von einem Linebacker wie Chris Farley, aber auch von Buddha. Ich erinnere mich an ein Footballspiel der Schulauswahl, in dem er als Center das Ei nicht fangen konnte, wodurch Chaos ausbrach, als alle seine Teamkameraden ins Abseits sprangen und er in der Hocke blieb. Nach dem Spiel zuckte er verlegen mit der Schulter, hob aber zugleich schelmisch den Finger: »Übrigens, der Schiri hat sich geirrt«, beharrte er. »Er sagte: ›Die ganze Offensive Line im Abseits.‹ Er hätte hinzufügen müssen: ›außer dem Center‹.«

Im Herbst 2003 zog Tom nach New York, um sein Aufbaustudium zu absolvieren. Seine Hochzeit fand im Sommer 2005 statt. Während der zwei Jahre, die wir bei guter Gesundheit in der gleichen Stadt verbrachten, sahen wir uns ungefähr einmal pro Monat. Weniger oft, als ich meine Kommilitonen traf, aber Tom war ja mein Bruder. Es bestand keine Eile, unsere Kinder würden Cousins und Cousinen sein. Nach der Hochzeit verspürte er ein seltsames Gefühl im linken Oberschenkel. Im November wurde ein Tumor herausgeschnitten, und trotz mehrerer Bestrahlungs- und Chemotherapiezyklen hatten sich bis Januar 2007 Metastasen bis zu den Lungen ausgebreitet. In den zwei Jahren und acht Monaten, die ich neben meinem leidenden Bruder vor Ort verlebte, schien selbst New York sich zu verändern. Die Zeit auf dem College war gleichbedeutend gewesen mit Plattenläden, Abendessen, Springbrunnen auf dem Washington Square – ausschweifend, farbenprächtig, romantisch, wie dafür gemacht, mit einer jungen Liebe Hand in Hand zu gehen. Nach dem Studium, weiter stadtaufwärts, umgeben von Wolkenkratzern, gelben Taxis und feinen Adressen auf berühmten Avenues, ging es darum, Fuß zu fassen, wenn man im Gespräch bleiben wollte. Dann wurde Tom krank. Und plötzlich drehte sich alles um ein Krankenhauszimmer in der Abteilung für Onkologie und Toms Wohnung in Queens.

Die Wohnung.

Wenn ich heute die Augen schließe und an Tom denke, ist er in Queens. Er sitzt auf seinem abgewetzten roten Sofa, einen Stapel bekritzelter Papiere auf dem Knie balancierend. Im Fernsehen läuft ein Ballspiel. Infolge der Krebserkrankung ist er dünner und kahlköpfig. Ich bin da, ebenso unsere Schwester Mia. Mutter und Vater waren da, sind aber für den Abend zu ihrem inzwischen sehr vertrauten Hotel zurückgekehrt. Tom versucht, eine mathematische Arbeit vor der sprichwörtlichen *Deadline* fertig zu bekommen – seine Dissertation wird er in schwer krankem Zustand beenden –, doch ständig unterbrechen wir ihn. Es macht ihm nichts aus, er mag das.

»Hey, Tom«, sage ich, beginne eine lange, wahrscheinlich überflüssige Geschichte und nehme mir Zeit, jedes Detail auszuschmücken, weil ich Geschichten lieber Tom als irgendjemandem sonst erzähle, weil er so großen Gefallen daran findet, dass ich es derart genieße. Er lehnt sich auf dem Sofa zurück und hört zu, ist ganz Ohr, fast, als wäre er begriffsstutzig, und lässt mir in seiner frohen Aufmerksamkeit reichlich Raum für Scherze. Schließlich ist er an der Reihe, das Wort zu ergreifen, und steht auf, sichtlich bewegt von der Aussage, die er über *Moby Dick*, Baseball oder unsere Tante Joanie treffen wird. Oder er holt weit aus, um zur Pointe eines Witzes zu kommen, den er gerade zum Besten gibt. Dann setzt er sich wieder und fährt fort, die Feder des zerkauten Füllers mit der Leichtigkeit eines Tagebuchschreibers übers Papier zu bewegen. Nur sind es keine englischen Sätze, die er schreibt, sondern griechische, Seite für Seite mathematisches Griechisch, eine Art *Ilias* mit Gleichheitszeichen.

Das war Tom in seiner Wohnung.

Daher überraschte mich eines Nachmittags der Anruf von Krista, die zutiefst besorgt war. Unerklärlicherweise ließen Toms Kräfte rasch nach, und als ich bei ihnen eintraf, um zu helfen, schien Tom tatsächlich verängstigt.

»Bringen Sie ihn zum Neurologen«, riet uns sein Arzt am Telefon. »Sofort. Kümmern Sie sich nicht um einen Termin. Setzen Sie ihn in ein Auto und fahren Sie los.«

Wir schwangen seinen dominanten linken Arm um meine Schulter, unten auf dem Bürgersteig stützte ich ihn ab und wartete auf ein schwarzes Taxi aus dem äußeren Stadtbezirk.

»Also, Patrick«, flüsterte er, »Was hast'n jetzt vor?« Wir beide lachten.

In einem der tristen Wartezimmer, wo sich eine moderne Leidensgeschichte abspielt, reichte ich Tom eine Flasche Gatorade. Als er merkte, dass er zu schwach war, um den Verschluss aufzuschrauben, hob er die tintenbefleckte linke Faust und schlug mehrfach darauf ein. Scheinbar unmöglich, aber wahr: Zum ersten Mal erlebte ich mit, wie Tom völlig aus der Fassung geriet. Einige Tage später – er sollte diese Krise, eine Autoimmunreaktion, überstehen – war er fast schon zu schwach, um mit den Augen zu blinzeln.

»Hey, Tom«, fragte ich ihn einmal, »was ist die Ursache von alldem?« – und meinte mit *alldem* den Krebs. Er hob den Kopf. »Nun, schwer zu sagen. Das Seltsame an meiner Arbeit über Biomathematik ist, dass ich manchmal wirklich einen Volltreffer landen kann. Und das ist verblüffend, wenn man sich's genauer überlegt. Diese ganze wunderbare abstrakte Mathematik, diese Sprache, die Menschen aufgrund ihrer Beobachtungen, aber auch ihrer Instinkte erfunden haben – sie beschreibt *tatsächlich* die reale Natur. Das ist kaum vorstellbar. Doch meistens erfüllt mich das, was ich tue, mit Demut, um es vorsichtig auszudrücken. Und nein, ich denke nicht, dass irgendjemand eine stichhaltige Idee hat, wodurch ein Weichteilsarkom verursacht wird.« Neugierig betrachtete er sein linkes Bein. »Aber irgendetwas ist da zugange.«

Auf dem Höhepunkt der Autoimmunkrise bat Tom uns nacheinander ins Zimmer, um sich zu verabschieden. Als ich es mit kummerschwerem, gebrochenen Herzen verließ, notierte ich seine Äußerungen auf die Rückseite einer medizinischen Broschüre:

Bald werde ich die Sprache verlieren. Trotzdem bin ich glücklich. In vielerlei Hinsicht froh. Die Familie. Kümmere dich um Krista. Ich bedaure, die mathematische Arbeit nicht beenden zu können. Aber ich gebe nicht auf. Mach mir um dich keine Sorgen. Bist ein großartiger Typ. Liebe. Bin bestimmt ein guter Mensch gewesen. Ich schlaf ein, und jemand ist zur Videothek zurückgegangen. Jeder leidet, jetzt bin ich an der Reihe. Jeder stirbt, jetzt bin ich an der Reihe. Will Medikamente, um nicht zu leiden, dann wieder keine. Sterben macht mir nichts aus, will nur nicht leiden. Würde gern jeden im Alter sehen. Sorg dafür, dass Krista glücklich ist. Viele glückliche Erinnerungen. Glückliche Erinnerungen, wie du mit mir gesprochen hast. Wie wenn du bei einem Film einschläfst, und jemand bringt ihn zurück, bevor du ihn zu Ende angesehen hast.

Dann ergab es sich, dass wir ihn für ein weiteres Jahr bei uns haben konnten.

***

Das Krankenhaus.

Alles in allem ging es in Toms kleinem Krankenhauszimmer fröhlich zu (eigentlich waren es mehrere Krankenhauszimmer, aber in meiner Erinnerung werden sie zu einem). Das Zusammensein war einfach, drehte sich um Kreuzworträtsel, die Zeitung, Ballspiele im Fernsehen, Bücher, aus denen laut vorgelesen wurde, das zu bestellende Mittagessen. Tom war in seiner Krankheit nicht ruhelos, er suchte keine neue Religion, er mochte und liebte die gleichen Dinge wie vorher. So wurde in meinen Augen das Schicksal von einer Art Heiligenschein umgeben, wodurch die Ballspiele gute Ballspiele waren, die Bücher gute Bücher, und die Freunde, die zu Besuch kamen, gute Pilger. Das alles war ganz natürlich, eine innige Umarmung.

Tom mochte Raffael, also befestigten wir eine Abbildung der *Madonna mit dem Stieglitz* mit Reißzwecken über seinem Bett. Mein Vater bewundert Dickens, also öffnete er eine Taschenbuchausgabe und las eine traurige und lustige Passage vor. Seltsam, wie große Kunst sich derart mühelos in ein so gewöhnliches Ambiente einfügen ließ. Lange Zeit war ich anderer Meinung gewesen. Besonders auf dem College dachte ich nämlich, man müsse ehrfürchtig zu ihr aufschauen oder sie immerzu anstarren, wo doch edlere Personen als wir sie in Kathedralen verstreut oder zwischen den Deckeln kostbarer Bücher verewigt hatten. Dabei erschien nun selbst eine so erhabene Geschichte wie die der Passion zum Greifen nah, nicht geheimnisumwittert, sondern schlicht als ein Versuch, dem täglichen Geschehen in diesem Zimmer Ausdruck zu verleihen.

Dann brach die Nacht herein, und wenn Tom sich sehr krank fühlte, blieb jemand bei ihm, normalerweise Krista. Während er schlief, sahen wir ohne Ton fern, und die Stille im Raum war unglaublich, so als könnte man nichts von alldem glauben. Da liegt Tom, der lustige alte Tom. Hier ist sein Körper, der einst groß war, einnehmend wie der frühere Tom, und jetzt zart und anmutig ist wie dieser Tom. Wie schön. Später rolle ich ihn auf die Seite, grabe die Fäuste in seine Muskeln, führe kreisförmige Massagebewegungen auf seinem schmerzenden Rücken aus. Worauf er stöhnt und sich mit leiser Stimme bedankt. Wieder kehrt Stille ein. Und ich beobachte, wie er atmet.

In einem ähnlichen Moment saß ich bei Tagesanbruch mit meiner Mutter am Krankenbett und bemerkte, dass sie alles wie zum ersten Mal in sich aufnahm. Sie betrachtete ihren schlafenden Sohn. Blickte mich an. Sah das Licht, den Körper, den Schrecken und die Gnade: »Schau uns an«, sagte sie zu mir. »Schau. Wir sind ein verdammtes altmeisterliches Gemälde.«

***

Einige Monate später besuchten wir die vier Geschwister meiner Mutter in Philadelphia. Man kann sich vorstellen, welchen Trost sie spendeten, aber auch, wie schwierig das Gespräch mit ihnen und ihren erwachsenen Kindern nach dem Begräbnis des eigenen sechsundzwanzigjährigen Sohnes war. Meine Mutter hatte die Idee gehabt, einen einfacheren, ruhigeren Ort aufzusuchen, und so stahlen wir beide uns davon. Durch die Autofenster verfolgten wir das übliche Treiben in der Großstadt, die Jogger, Hundeausführer – all die Anzeichen dafür, dass die Welt nicht aufhören wird, sich zu drehen, nur weil irgendwo fast völliger Stillstand eingetreten ist. Dann bogen wir vom Ben Franklin Parkway ab und stoppten den Wagen vor dem Kunstmuseum.

Nach meiner Erinnerung herrschte in dem Gebäude eine solche Ruhe, als wären die Statuen vor Kurzem einem plötzlichen Zauberbann erlegen. Es war so still, dass wir unsere Schritte auf dem hellen Steinfußboden hören konnten. Wir stiegen eine Treppe hinauf in Richtung einer goldenen Skulptur der Göttin Diana, deren Gewicht für immer auf einem Fußballen lastete, deren Hand fortwährend eine Bogensehne spannte. Meine Mutter leitete diese Wanderreise, führte uns vorbei an verblassenden Wandteppichen und illuminierten Handschriften in die Gemäldesammlung der alten Meister. Ausgestattet mit Buntglasfenstern, steinernem Taufbecken, heiligen Szenen des Leidens und der Gnade, ähnelten diese Säle dem Inneren einer Kirche oder eines Klosters. Die Atmosphäre dort erschien mir zutiefst vertraut, wenn auch aus Gründen, die mit Faltengewändern oder strengen Nonnen nichts zu tun hatten. Es war die Atmosphäre all jener Monate an Toms Krankenbett – geprägt von Geheimnis, Schönheit und Schmerz, die einem die Sprache verschlugen.

Wortlos gingen wir verschiedene Wege, damit jeder die Nähe seines eigenen traurigen und zugleich leuchtenden Bildes suchen konnte. Das meine war eine kleine juwelenartige Tafel aus Pappelholz, vor sieben Jahrhunderten von einem unbekannten italienischen Künstler in schlichtem, ernsten Stil mit Temperafarbe (bei der Eigelb als Bindemittel dient) bemalt. Es stellte die Jungfrau Maria mit ihrem Neugeborenen am Eingang einer Grotte dar. Über ihren Köpfen schwebte der Stern des Wunders. Engel und Könige strömten herbei, um Zeugnis abzulegen und den Heiland anzubeten. Maria, offenbar unempfänglich für das rege Treiben ringsum, heftete den Blick auf ihr lautloses Kind, das friedlich in einer Krippe lag. Eine Szene dieser Art wird als *Anbetung* bezeichnet, und ich hielt das ziemlich schöne Wort in Gedanken fest. Welch sinnvolle Bezeichnung für jene zärtliche Verehrung, die in dem Moment zum Ausdruck kommt! Durch eine solche Vision werden wir zum Schweigen gebracht, besänftigt und durchlässig für das Lebendige und Unverborgene, das jedoch im Lärm des Alltags kaum mehr

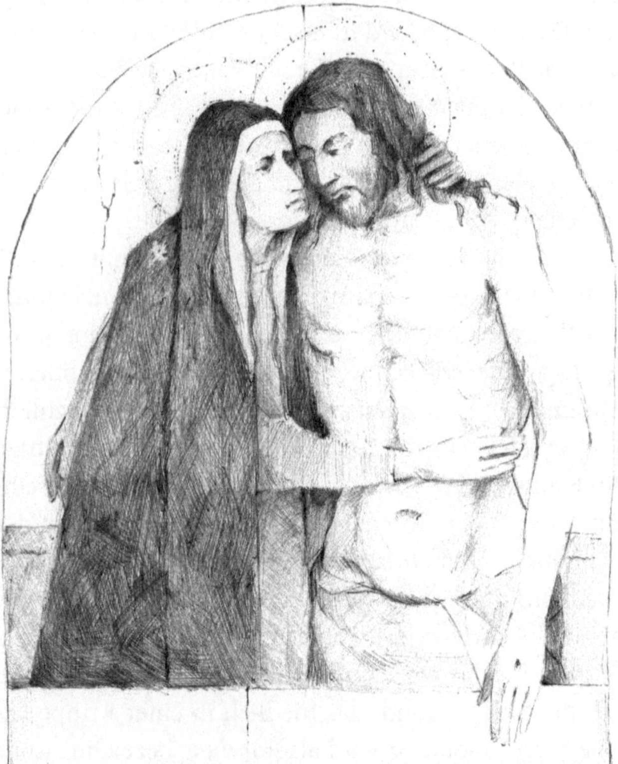

wahrgenommen wird. Wir brauchen keine Erklärung für das von uns verehrte Wesen oder Objekt. Das Hinzufügen weiterer Details würde sein einfaches und irgendwie geheimnisloses Geheimnis nur verdunkeln. Zweifellos haben auch Sie schon einmal dieses Gefühl verspürt vor einem schlafenden Kind oder geliebten Menschen, vor der aufgehenden Sonne oder tosenden Brandung, vor einer heiligen Reliquie – oder dem anmutig gemalten Bild eines längst verstorbenen italienischen Künstlers. Kaum etwas anderes hatte ich empfunden, als ich meinen großen Bruder dabei beobachtete, wie er Hände drückte und das Leiden tapfer ertrug. Es ist eine besondere Klarheit des Lichts, das von einem Stern des Wunders herabzuströmen scheint, dieselbe Klarheit, die in den Gemälden alter Meister sichtbar wird.

Ich verließ das Bild und machte mich in den Galerien der Frührenaissance auf die Suche nach der um ihren Sohn trauernden Maria. Schließlich entdeckte ich sie in einem Werk, das schonungslos war – noch ergreifender und sogar noch wahrhaftiger als das vorige. Es wurde von einem florentinischen Meister namens Niccolò di Pietro Gerini im 14. Jahrhundert geschaffen. Vor einem gleichförmigen goldenen Hintergrund zeigte es einen sehr schönen, aber eindeutig toten jungen Mann, gestützt von seiner Mutter, die ihren Sohn umarmte, wie sie es zu seinen Lebzeiten getan hätte – eine Szene, die als *Beweinung* oder *Pietà* bezeichnet wird. Meine Mutter hat schon immer ihren Tränen freien Lauf gelassen – bei Hochzeiten oder im Kino, doch diesmal war es anders. Sie bedeckte das Gesicht mit den Händen, ihre Schultern zitterten, und als ich ihrem Blick begegnete, sah ich, dass sie bitterlich weinte. Der Kummer überwältigte sie, brach ihr das

Herz. Das Bild rief in ihr das Gefühl bedingungsloser Liebe hervor, bescherte Schmerz, aber auch Trost. In der Anbetung verstehen wir die Schönheit. In der Beweinung erkennen wir die Weisheit des alten Sprichworts »Leben ist Leiden«. Ein großes Gemälde mag wie eine rohe Felswand erscheinen – ein Stück Wirklichkeit, zu nackt, zu unmittelbar, zu qualvoll, um in Worte gefasst zu werden.

Ein, zwei Stunden später war es an der Zeit, das Museum zu verlassen und in die sogenannte reale Welt zurückzukehren, die sich über dem felsigen Grund erhebt. Meine Eltern und meine Schwester Mia flogen heim nach Chicago. Ich nahm einen Amtrak-Zug in meine Wahlheimat New York. Ich war 25 Jahre alt. Nach der Ankunft reihte ich mich in den schnellen, rücksichtslosen Fußgängerstrom in Midtown ein, im weitesten Sinne unsicher, wohin ich gehen würde. Nicht zu dem nahe gelegenen Wolkenkratzer mit dem vielversprechenden Bürojob, den ich mit Glück bekommen hatte, aber nicht länger ertragen konnte. Keinen Weg entlang, dachte ich, auf dem ich mich unter Aufbietung all meiner Kräfte durch die Welt kämpfen musste. Ich hatte einen Menschen verloren. Von diesem Punkt aus wollte ich nicht weitermachen wie bisher. Auf gewisse Weise wollte ich überhaupt nicht weitermachen. Im Kunstmuseum von Philadelphia war es mir vergönnt gewesen, im Schweigen zu verweilen, in Kreisen zu gehen, auf und ab zu schreiten, umzukehren, Zwiesprache zu halten, die Augen zu wunderbaren Werken zu heben und dabei nichts als Trauer und Anmut zu empfinden.

In einem U-Bahn-Waggon voller erschöpfter Insassen fuhr ich Richtung Brooklyn nach Hause. Eine Idee nahm in meinem Kopf Gestalt an. Jahrelang waren mir die Männer und Frauen aufgefallen, die in New Yorks großartigem Kunstmuseum arbeiteten. Nicht die in ihren Büros eingeigelten Kuratoren, sondern die Wärter, die wachsam in jeder Ecke standen. Konnte ich mich ihnen anschließen? Mochte es so einfach sein? Gab es tatsächlich dieses Schlupfloch, dank dessen ich mich der unaufhörlich voranschreitenden Welt entziehen und den ganzen Tag saumselig in einer vollkommen wunderbaren Welt verbringen konnte? Ich ging die Fifth Avenue entlang, vorbei an einem halben Dutzend Taquerias, und stieg die drei Stockwerke zu meiner Wohnung hinauf. Als ich den Schlüssel im Schloss umdrehte, schien alles bemerkenswert einfach. Im Herbst 2008 trat ich meine Stelle im Metropolitan Museum of Modern Art an.

4

VON MILLIONEN VON JAHREN

Am Ende meines vierten Monats im Museum werde ich zum Gewerkschaftsbüro geschickt, im Grunde eine Kammer unterhalb des Flügels mit altägyptischer Kunst. Ein sachlicher Leiter namens Carter bittet mich herein und spricht mich unüblicherweise mit meinem Vornamen an. »Gratulation, äh, uh, Patrick«, sagt er. »Ihre Probezeit ist vorbei, jetzt sind Sie Mitglied von DC 37, Local Fifteen 03. Füllen Sie dieses Formular für mich aus. Gut, gut. Sie sollten eine sofortige Erhöhung bei Ihren Krankheits- und Jahresurlaubsstunden bemerken, aber die wird erst am Ende des ersten Dienstjahres in Kraft treten. Irgendwann danach, wahrscheinlich im nächsten Frühjahr, wird man Sie einbestellen, um Ihren ersten Urlaub festzulegen, den Sie für den darauffolgenden Winter, voraussichtlich Februar, einplanen sollten. Die arbeitsfreien Wochen werden streng nach Dienstalter ausgewählt, Sie müssen dann nehmen, was normalerweise übrig bleibt. Aber das Disponentenbüro wird Sie jetzt in allen verschiedenen Bereichen postieren, also werden Sie wenigstens ziemlich viel herumkommen … Okay, großartig. Teilen Sie uns mit, wenn sich Ihre Adresse ändern sollte, und schauen Sie in der Briefpost nach Ihrem Gewerkschaftsausweis. Von hier aus sollen Sie zur Bekleidungsstelle gehen, um Ihre Schuhe abzuholen. Und, oh, achten Sie bei Ihrer nächsten Gehaltsabrechnung auf den ersten Zuschuss für Strumpfwaren – das sind 80 Dollar jährlich für Socken.«

»Danke, Chef«, erwidere ich, verlasse das Büro und frage mich, wo man auf einer Gehaltsabrechnung den Zuschuss für Strumpfwaren findet.

An einem ganz normalen Morgen nähere ich mich dem Museum von der East 82nd Street, bekomme einen direkten Blick auf die stattliche Beaux-Arts-Fassade, ihre hoch aufragenden Säulen und formschöne Marmortreppe. Aber ein Wärter steigt keine Marmorstufen hinauf. Vielmehr begebe ich mich zum Eingang für das Wachpersonal in der 84th Street, komme an Kollegen im Frühdienst vorbei, die in Nischen der Fassade sitzen, Kaffee trinken, plaudern, rauchen, meditieren, die *New York Times* und *Daily News* lesen. Wenn ein M1-Bus aus Upper Manhattan einige Wärter absetzt, ruft jemand: »Haltet die Tür auf!«, und Wärter aus der Nachtschicht laufen mir im Eiltempo über den Weg, um mit demselben Bus nach Hause zu fahren. Vor dem Eingang beobachte ich, wie ein unauffälliger weißer Lkw auf dem Weg zur Laderampe kontrolliert wird (um Leihgaben vom Louvre zu liefern oder Hotdog-Brötchen für Kindermahlzeiten, man weiß es nie genau). Dann schlendere ich weiter zu einem zweiten Empfang, wo ich meinen Ausweis durch das ID-Lesegerät ziehe und mein Gesicht vor eine Kamera halte. »Morgen«, höre ich von einem altgedienten Kollegen, der inzwischen mein Gesicht kennt, wenn auch nicht meinen Namen.

Ich stoße eine schwere Metalltür auf und sehe, dass mir der Weg von mehreren Handwerkern versperrt wird, die vor dem Büro des Begleitdienstes warten, bis ein Wärter im Overall sie mitnimmt. Ständig finden irgendwo im Gebäude Renovierungsarbeiten statt, aber da Männer mit Elektrowerkzeug hier nicht einfach herumwandern können, werden sie von einer Begleitperson beaufsichtigt. Die Arbeiter mit Schutzhelm passen mühelos zur Ästhetik des Museums im Tiefgeschoss. Beton unter den Füßen, Rohrleitungssysteme über den Köpfen, übereinandergestapelte Kisten für den Kunsttransport, Pläne in mehreren Sprachen auf Paletten. Das einzige dekorative Element ist eine Reihe von Fotografien, die im Verlauf von über hundert Jahren im und um das Museum aufgenommen wurden: die Steine des Tempels von Dendur, auf der Fifth Avenue unter Abdeckplanen aufgestellt; Mrs. Astor, auf dem Weg durch den chinesischen Gelehrtengarten, der gerade angelegt und später »Astor Court« genannt wird; Schulmädchen um die Jahrhundertwende, gekleidet wie Edith Wharton, vor dem Gemälde *Washington Crossing the Delaware* des deutsch-amerikanischen Historienmalers Emanuel Leutze; eine alte Schwarz-Weiß-Aufnahme eines Wärters, der direkt in die Kamera schaut, während er an einem Türpfosten im klassischen Stil lehnt – die Hände hinter dem Rücken gefaltet, das Steißbein auf den Händen ruhend, die Beine um etwa dreißig Grad nach außen gedreht, Knöchel gekreuzt. Zu seiner Zeit gab es hier unterhalb der Galerien einen Schießstand, wo sich die

Wärter der Tag- und der Nachtschicht jährlich einen Wettbewerb lieferten. Vielleicht ist mir jenes Foto am liebsten, auf dem das Gewinnerteam mit Pistolen neben einer maßgefertigten Trophäe von Tiffany & Co. posiert.

Ich bin unterwegs zum Disponentenbüro, komme aber nicht umhin, einen Blick in die Einsatzzentrale zu werfen, wo ein Security-Manager in schwarzem Anzug gerade einen Zugangscode eintippt. Bevor die Tür hinter ihm ins Schloss fällt, kann ich gerade noch mehrere Überwachungsbildschirme erkennen, werde jedoch nie, nicht einmal in zehn Jahren, den Raum wirklich sehen. Dagegen ist das Disponentenbüro ein heimeliger Ort. An einem der Schalter trägt ein Wärter seinen Namen in das Buch ein, in dem die Verfügbarkeit für Überstunden festgehalten wird, ein anderer füllt ein Urlaubsgesuch aus, ein dritter durchblättert *Met Matters*, den zweiwöchentlich erscheinenden Newsletter für Angestellte. Hinter dem Schalter starrt eine Handvoll Disponenten auf Computerbildschirme, während ein weißbärtiger Mann namens Bob an der großen Tafel beschäftigt ist. Er gehört zu den sehr wenigen Personen, die sämtliche Namen der über 500 Wärter kennen. Wenn wir hereinkommen, findet er eine Kachel mit unserem Namen und angestammten Bereich und steckt sie in eine Spalte, die einen der verschiedenen Bereiche des Museums darstellt. Jeder davon hat eine Zielanzahl von Wärtern, die Bob zu erreichen versucht, aber je nachdem, wie viele Unwägbarkeiten es an dem Tag gibt, mag er gezwungen sein, zusätzliche Posten zu schaffen oder Personal aus einem Bereich abzuziehen und manche Galerien geschlossen zu lassen. Dann ruft er: »Bringley, Bereich A!« (Mittelalterliche Kunst) oder »R!« (Moderne Kunst) oder »K eins!«

(Griechische und Römische Kunst) oder »F!« (Asiatische Kunst) oder »I!« (Malerei des 19. Jahrhunderts) oder »G!« (Amerikanische Kunst) oder den Buchstaben, der für eine andere Epoche, Kultur oder Region steht. An diesem Morgen lautet seine Anordnung: »Bringley, Bereich H!«, und ich brauche nur eine Sekunde, um mir zu vergegenwärtigen, dass damit der Flügel mit ägyptischer Kunst gemeint ist.

»Bereich H«, wiederhole ich. Und so schnell, wie ich in das Büro eingetreten bin, werde ich auch förmlich wieder nach draußen katapultiert.

Auf dem Weg zum Umkleideraum vergleichen Kollegen ihre zugewiesenen Standorte.

»Wohin hat er dich heute geschickt?«

»Nach C (Die Große Halle). Warum zum Teufel, Mann? Schon zum dritten Mal diese Woche. Und du?«

»J (Zeitgenössische Kunst), nicht so schlecht, nicht so gut, weit weg von den Garderobenschränken, aber ich übernehm den Posten. Was meinst du, wie Bob überhaupt seine Entscheidungen trifft?«

»Wer weiß? Ich dachte immer, ich würde meinen angestammten Bereich kriegen, wenn ich zeitig zur Arbeit komme. Aber sobald ich eine Theorie habe, wirft er sie über den Haufen.«

Wir erreichen eine Treppe, die geteilt ist zwischen denen von uns, die noch in Straßenkleidung sind und abwärts steigen, sowie unseren herausgeputzten Brüdern in Uniform auf dem Weg nach oben. Da fällt mir ein, dass ich Johnny, dem Schneider des Museums, eine Hose vorbeigebracht habe.

Am Fuß der Treppe stehle ich mich davon in die Bekleidungsstelle und sehe »Johnny Buttons«, wie er allgemein genannt wird, neben einem Regal mit dunkelblauen Uniformen an einer Nähmaschine sitzen. An der Wand hängt ein Brooks-Brothers-Poster mit einem handgezeichneten Pfeil, der anzeigt, dass das Modell die Anzugjacke richtig zugeknöpft hat. Johnny, ein Veteran des Koreakrieges, wird von allen gemocht, ungeachtet seiner mürrischen Art. Als er mich erblickt, nimmt er ein paar Nadeln aus dem Mund.

»Hose, stimmt's? Eingerissene Tasche … Junge, was hast du denn in dieser Tasche gemacht? Sag's mir nicht, sag's mir nicht!«

Er steht auf und schlurft zu dem Regal, hält dann aber inne und schaut mich prüfend an.

»Mensch, Junge!, Du weißt schon, dass das auf den Bildern keine echten nackten Damen sind …«

Ein weiterer Wärter namens Steve betritt den Raum.

»Ich hab dem Burschen gesagt«, erklärt ihm Johnny, »dass er seine Hände aus den Taschen lassen soll, so wie ein feiner Herr.«

Steve überhört es und sagt: »Johnny, was muss ich tun, um bessere Hemden zu bekommen? Guck dir das hier an, Johnny. Darin erstick ich zu Tode. Ich mach, was ich machen soll, Johnny. Ich werf meine Hemden in deine Kiste dort: *Schmutzwäsche*. Ich warte. Dann öffne ich meinen Hemdenschrank und erwarte diese sorgfältig trockengereinigten Hemden. Diese sorgfältig gebügelten Hemden, Johnny. Und so was krieg ich zurück? Das ist nicht meins! Arbeiten bei uns Zehnjährige, Johnny? Sieh dir bloß mal den Kragen an!«

Johnny hat die ganze Zeit genickt, bis Steve aufhört zu reden, um ihm anschließend mitzuteilen, dass – wie jedermann weiß – Hemden nicht in seiner (Johnnys) Zuständigkeit liegen und dass er (Steve) deshalb Mr. Dankworth anrufen soll.

»Mr. Dankworth anrufen …«, blafft Steve. »Verzieh dich, Mr. Dankworth anrufen. Du hast es echt drauf. Den ganzen Tag hockst du auf deinem Hintern, nähst Knöpfe an und sagst den Leuten, sie sollen Mr. Dankworth anrufen …«

»Genau, und was machst du?«, fragt Johnny, »außer herumstehen und mit den verdammten Statuen reden?«

Die beiden lachen, und Johnny reicht mir meine ausgebesserte Hose.

Der Umkleideraum ist erfüllt vom Lärm der Metalltüren, die laut ins Schloss fallen, und hundert Gesprächen, die in einem Dutzend Sprachen geführt werden. Ich komme an Männern vorbei, die sich die Zähne putzen, das Gesicht rasieren, mehr oder weniger bekleidet frühstücken. Einige sind übernächtigt und tappen schwerfällig herum, andere gepflegt, professionell und glänzend von den Schuhen aufwärts. Ich gehe zu meiner Schrankreihe und entschuldige mich, weil ich zwischen mehrere erwachsene Männer gerate, die sich gerade vor den Spinden umziehen, wie üblich nicht größer als jene für Gymnasiasten. An manchen Morgen findet eine gemeinsame Unterhaltung statt, aber heute plaudern die meisten paarweise. Mr. Rahman aus Bangladesch scherzt mit Eugene, einem schnauzbärtigen polnischen Wärter. Salvatore, ein junger Typ in Heavy-Metal-Muskelshirt von der Insel Jersey, redet mit Mr. Jackson, der aus Harlem stammt, über Herrenmode. Nathan, ein leise sprechender Philippiner der zweiten Generation, tauscht sich über eine übliche Hygienepraxis mit seinem Gesprächspartner Tommy aus, einem liberianischen Einwanderer und bildenden Künstler: Bevor sie die Schuhe ausziehen, legen sie Küchenpapier auf den Betonboden. Nach ein paar Minuten wird das Hin und Her zwischen Luis und J. T., gebürtigen New Yorkern, die seit zwei Jahrzehnten Seite an Seite zusammenarbeiten, laut und lustig genug, dass fast jeder mit hineingezogen wird. Dem Geplänkel lauschend, schlüpfe ich in meinen Anzug, hefte zwei goldfarbene Anstecknadeln mit dem Buchstaben M an die Revers, stecke ein Taschenbuch in die Westentasche für die Lektüre während der Pause und bemerke plötzlich, dass meine Personalnummer, mit Tipp-Ex auf eine innere Westentasche gepinselt, allmählich verblasst. Ich klopfe leicht auf meine Hosentaschen, um mich der Trillerpfeife und der Schlüssel zu vergewissern, ziehe meine Arbeitsschuhe an und befestige eine weinrote Clip-Krawatte. Mit meinen Kollegen habe ich bisher kaum ein Wort gewechselt, aber das stört niemanden, denn hier gilt der Grundsatz: leben und leben lassen.

Es heißt, die Wurzeln eines Baumes seien genauso ausgreifend wie seine Äste. Nicht anders das Met, das unterhalb der Galerien über zwei Ebenen verfügt, genauso endlos wie die der Öffentlichkeit bekannten Bereiche. Talentierte Wärter haben den ganzen Komplex dreidimensional verinnerlicht, sodass sie einem außerhalb der Toiletten im Tiefgeschoss sagen können, die aztekischen Gottheiten befänden sich direkt darüber, und über deren Köpfen wiederum die Äpfel Cézannes. Da mir dieses Talent fehlt, wandere ich manchmal in neue Richtungen, vorbei an Holz- und Plexiglaswerkstätten, Restaurationsateliers und Lagerräumen sowie einer gut instand gehaltenen Rüst- und Waffenkammer, bis ich eine Treppe entdecke und schaue, wohin sie mich in der oberen Welt der

Kunst führen wird. Heute biege ich an einem Gipsabguss des Kaisers Augustus zum letzten Mal ab – einst war es modisch, solche Abgüsse auszustellen, jetzt dienen sie nur noch als Dekoration hinter den Kulissen – und steige hinauf zur echten klassischen Kunst. Griechenland liegt zu meiner Rechten, Rom zu meiner Linken. Vor mir taucht das nackte Gesäß eines hellenistischen Athleten auf, dahinter und darüber eine monumentale Säule aus dem Artemistempel in Ionien. Den kürzesten Weg zum Büro der Chefin im Bereich H einschlagend, durchquere ich die Große Halle und finde mich im Alten Ägypten wieder.

»Sie sind Brinkley?«

»Bringley, Chefin.«

»Tut mir leid, Bringley. Sie sind im dritten Team?«

»Ja, Chefin.«

»Wollen Sie heute Abend Überstunden machen? Bis Mitternacht, irgendeine Party im Petrie Court, fünfzig Prozent Zuschlag.«

»Nein, Chefin, keine Überstunden.«

»In Ordnung, Bringley, machen Sie weiter, und nehmen Sie die dritte Pause im dritten Team.«

»Drittes Team … Das ist der Tempel und all das?«

»Nein, es ist weiter da vorn, Grab von Perneb und all das. Moment, Bringley, ich schreib's Ihnen auf einen Zettel …«

Die Wärter hinter mir warten lassend, nimmt sich die Chefin Zeit, um den kleinen Spickzettel für Anfänger wie mich auszufüllen.

»Genießen Sie den Tag, Brinkley«, sagt sie. »Der Nächste.«

***

Ägypten, das ist ein einzigartiger Arbeitsplatz. Ein riesiger Bereich mit genügend Raum, um annähernd 26 000 Objekte der Ägyptischen Sammlung auszustellen – ein Luxus, für den die meisten kuratorischen Abteilungen des Met zu jeder Schandtat bereit wären. Aber trotz seiner Größe weist dieses Areal ein ungewöhnliches Maß an Geschlossenheit auf, eben weil alle Werke so wesentlich und eindringlich ägyptisch sind. Nie war ein anderes Volk über eine Zeitspanne von drei Jahrtausenden derart eigentümlich wie das der alten Ägypter, deren Ästhetik erkennbar wird, sobald man diese Säle betritt. Neben vielen anderen Aspekten ist Ägypten ein reines Geschenk für unsere Fantasie – das Tal der Könige, die Pyramiden, der Nil, der in regelmäßigen Abständen das umliegende Land überflutet … Man glaubt an eine Einbildung, doch es ist die Wahrheit. Dies ist der Flügel des Met, der den größten Reiz ausübt, Schulkinder ebenso anlockt wie konservative Professoren, New-Age-Heiler und afrofuturistische Comiczeichner. Hält man sich hier als Wärter auf, wird man am häufigsten jene ikonische, von Museumsbesuchern gestellte Frage hören: »Hey, ist das alles echt?«

Ich bin am Grab von Perneb aus der Zeit um 2350 v. Chr. postiert, ein schlichter Kalksteinbau, der als »Mastaba« bezeichnet wird. Ein junges Paar nähert sich. Aufgrund ihres Kleidungsstils und ihres Auftretens scheinen die beiden New Yorker zu sein, und ich denke daran, wie leicht mir diese Einschätzung fällt. Aber offenbar sind sie noch nie im Met gewesen, vielleicht auch in keinem anderen Kunstmuseum, denn ihre Mienen und Gesten sind verräterisch: Mit weit geöffneten Augen sehen sie sich ständig um, weitaus zögerlicher als aufgeregt, da sie nicht wissen, womit sie es hier zu tun haben.

»Entschuldigen Sie«, sagt der Mann. »Meine Freundin meint, das seien Nachbildungen oder so was Ähnliches. Stimmt das, oder sind die echt?«

Ich bestätige, dass sie echt sind.

»Aber was heißt das?«, hakt er nach. »Dass es Originale sind? Das sind die Originale, die aus Ägypten stammen?«

Auch diese Frage bejahe ich.

»Also der hier …« Diesmal spricht die junge Frau und streckt die Hand aus, um über die Mähne eines Granitlöwen zu streichen, bevor ich sie behutsam davon abhalte. »Oh, richtig, tut mir leid. Also der hier, wie alt ist er?«

Ich erwidere, er sei 5000 Jahre alt.

»Fünftausend Jahre?«, fragt sie ungläubig.

»Fünftausend Jahre!«, ruft er erstaunt. Scherzhaft wiederholen sie das Geplänkel miteinander, als wäre eine solche Zahl nicht der Rede wert. »Aber hören Sie« – jetzt versucht der junge Mann ganz offen zu mir zu sein –, »nicht alle diese Sachen können wirklich echt sein …«

Ich mag diese Leute und beobachte, wie sie in eine Vitrine spähen, in der die ältesten Objekte des Museums aufbewahrt werden, und sich Zeit nehmen, jeden paläolithischen Faustkeil, jede neolithische Pfeilspitze genau zu betrachten. Ich kann den Grund für ihre Bedächtigkeit erraten: Sie haben noch keine Vorstellung, wie groß das Museum eigentlich ist. Ihren Begleiter mit dem Ellbogen anstoßend, zeigt die Frau auf die Hinweise zu den Ausstellungsstücken, und ich ahne, was ihre Aufmerksamkeit erregt: ein Faustkeil, datiert auf 300 000 bis 90 000 v. Chr. In diesen gewaltigen Zeitraum würde die Geschichte der Vereinigten Staaten etwa tausend Mal passen. Den Blick nur um wenige Zentimeter verschiebend, sind beide mehrere Zehntausend Jahre zurück in eine Welt gereist, wo die Menschheit – und Ägypten im Besonderen – einen wahren Durchbruch erlebte. Vor 7000 Jahren schossen diese eleganten Pfeilspitzen aus Feuerstein kleine Vögel vom Himmel. Das Paar ist geduldig fokussiert. Vielleicht empfinden sie einen ungeheuren Abstand zu den prähistorischen Objekten – oder haben bemerkt, wie gut sich der Faustkeil in ihre Handflächen schmiegen würde. Oder sie versuchen sich auszumalen, was 100 000 Jahre bedeuten könnten. Mich beeindruckt der Gedanke, dass diese Gegenstände für beide in ihrem imaginativen Bemühen real geworden sind, so fremd sie uns letztlich auch bleiben. Daher bezweifle ich, ob selbst die Kuratorin, die diese Vitrine eingerichtet hat, deren Inhalte in ihr alltägliches Verständnis von der Wirklichkeit miteinbeziehen konnte. Wie bei der geologischen Zeit oder dem astronomischen Raum sind wir zwar in der Lage, einen flüchtigen Blick auf unsere atemberaubend lange Entwicklungsgeschichte zu werfen, doch sobald wir wieder mit der konkreten Gegenwart konfrontiert werden, vergessen wir solche Tatsachen. Jedenfalls überkommt mich ein Gefühl von Dankbarkeit dafür, dass Museen die Möglichkeit bieten, sich der Vergangenheit bewusst zu werden und der eigenen Herkunft zu erinnern.

Nach einer Weile dreht sich die junge Frau um, lacht und schüttelt ihren Freund, weil sie gerade erkannt hat, dass sich das Alte Reich Ägyptens scheinbar endlos in die Tiefe der Halle ausdehnt. Von einem Moment zum nächsten verwandeln sich die beiden in eher normal voranschreitende Museumsbesucher. Er schaut auf seine Uhr. Ihre Augen verengen sich mit einem sicheren Sinn für

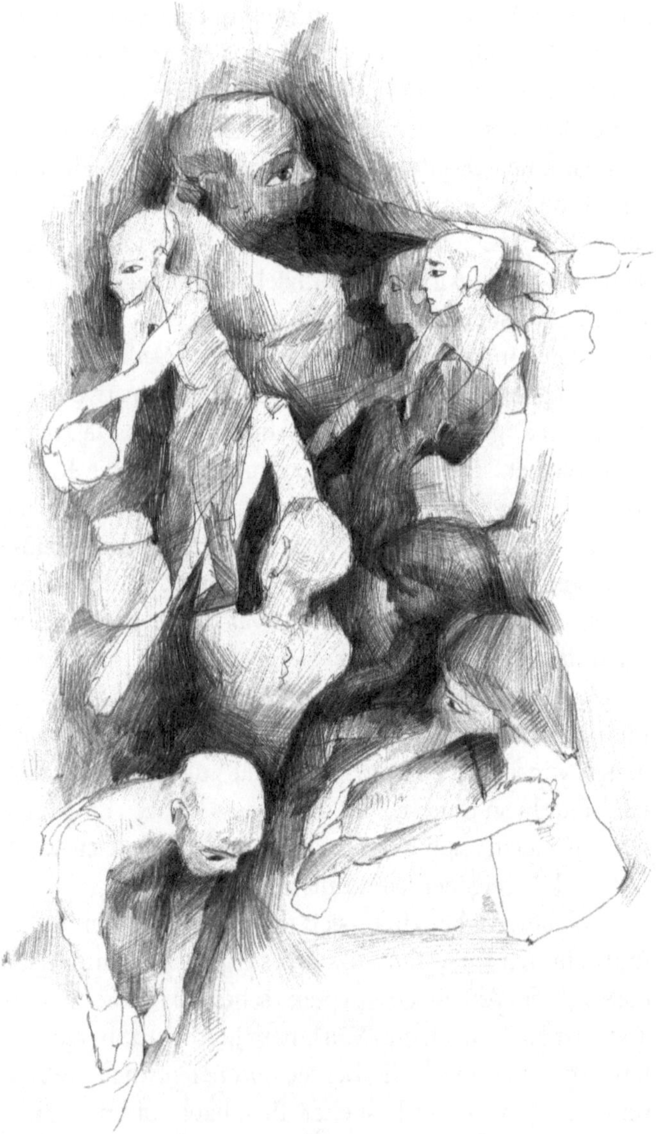

den Zweck der Exkursion. Und so schlendern sie weiter, hinein in die ägyptische Geschichte, und wollen nichts verpassen. Tschüss, ihr zwei, denke ich und bleibe zurück. Am Grabmal hinter mir gabelt sich der Weg für die Besucher, und mir fällt auf, dass etwa die Hälfte von ihnen entgegen der Richtung strömt, die von den Kuratoren beabsichtigt ist. Sie beginnen nach dem Fall der letzten Königin Kleopatra und bewegen sich dann durch Jahrtausende zurück zu der Zeit der großen Pyramiden und der prädynastischen Epoche. Die seltsame Zeitlosigkeit eines Großteils der ägyptischen Kunst hat zur Folge, dass den meisten der Gang in eine immer fernere Vergangenheit gar nicht bewusst ist.

Ich erhalte meine Push-Nachricht und gehe weiter zu einer oft übersehenen Galerie, die abseits der Hauptroute liegt. Dort befindet sich exakt die Hälfte all der Fundstücke, die das Museum bei einer bemerkenswert ergiebigen Ausgrabung von 1918 bis 1920 zutage gefördert hat (die andere Hälfte wurde, gemäß der damals üblichen Vereinbarung, den ägyptischen Behörden ausgehändigt). Man hatte um die (ausgeraubte) Ruhestätte eines wohlhabenden Mannes namens Meketre gegraben, als ein Arbeiter bemerkte, dass Sand durch einen Riss im Gestein tief nach unten rieselte. Spitzhacken wurden geschwungen und legten eine Kammer frei, die den Räubern entgangen war und 4000 Jahre lang unberührte Schätze barg. Kein Gold. Keine Juwelen. Vielmehr etwa 200 bemalte Holzfiguren, meistenteils ungefähr zwanzig Zentimeter groß, in aufwendig gestalteten Modellschiffen und anderen naturgetreu nachgebildeten Umgebungen gruppiert: eine Brauerei, ein Garten sowie ein Getreidespeicher, um nur einige zu nennen. Das waren die Ebenbilder der wirklichen Männer und Frauen, die auf den verschiedenen Anwesen jenes Amtsträgers Meketre gearbeitet haben – und sie sind hier, um vielleicht auf magische Weise für ihn im Leben nach dem Tod weiterzuarbeiten.

Ich trete nahe heran an eine Brauerei, die mit einer Bäckerei verbunden ist und sich wie alle Exponate in diesem Raum hinter Glas befindet. So kann ich mich ein wenig entspannen, ohne ständig auf Besucherhände achten zu müssen. Immer wieder hatte ich in einem Buch über ägyptische Geschichte gelesen und werde nun erneut daran erinnert, wie sehr sich die Erfahrungen bei der Lektüre von denen bei der Kunstbetrachtung unterscheiden. Das Buch hat meine Kenntnisse über die ägyptische Kultur erweitert. Dagegen scheint mich der unmittelbare Kontakt mit einem originalen Relikt aus Ägypten meistens ziemlich zu blockieren. Das ist der wesentliche Aspekt eines Kunstwerks: Man kann ihm seine Inhalte nicht entziehen und damit kurzerhand einfach weitergehen. Offenbar verschmäht es eine Welt, in der das stichpunktartige Wissen über ein Thema schon als eindrucksvoll gilt. Tatsächlich liefert es keinerlei Stichpunkte. Ein Kunstwerk spricht eher von Dingen, die zu groß, zu intim sind, um in einer Formel zusammengefasst zu werden – und spricht von sich, indem es einfach stumm bleibt.

Diese Szene bietet einen schrecklichen Anblick, der klaustrophobische Gefühle auslöst. Achtzehn Figuren arbeiten in beengten Verhältnissen, die Männer kahlköpfig und nackt bis zur Taille, die Frauen mit schulterlangem Haar in Leinenkleidern, von nur einem Träger gehalten. Ihnen fällt die Aufgabe des Mahlens zu, sodass jede unaufhörlich einen steinernen Zylinder über das

Korn hin und her rollen muss, während einige Männer es mit Stößeln, fast so groß wie sie selbst, zerdrücken. Andere formen mit den Händen Brotlaibe, treten mit den Füßen in einer Maische aus Teig und Wasser oder gießen Flüssigkeit, aus der später Bier wird, in große Bottiche zur Fermentierung. Das ganze Geschehen spielt sich in einem Raum ab, der etwa zweimal so groß ist wie eine Archivbox.

Die Ägypter dachten anders über die Zeit als wir, nannten sie *neheh*, »von Millionen von Jahren«, und deren Wesen kommt im Kreis zum Ausdruck, nicht im Pfeil. Die Sonne geht auf, geht unter, geht wieder auf. Der Nil überschwemmt das Land, zieht sich zurück, tritt erneut über die Ufer. Die Sterne kreisen mit vollkommener Regelmäßigkeit um den irdischen Betrachter, und demgemäß entledigt sich das große Zeitrad der Toten und bringt zugleich die Neugeborenen hervor, die reifen, altern und sterben werden. Das Leben ist ständig im Fluss, ändert sich aber nie wirklich. Diesen mustergültigen Ablauf hielt man auf so offenkundige und beobachtbare Weise für die Natur der Dinge, dass er auch auf die nächste Welt übertragen wurde. Daher rührt die notwendige, ewig fortdauernde Arbeit der Figuren im Met. Gerade im Blick auf die weiblichen unter ihnen fühle ich tief im Innern, wie gleichförmig ihnen Vergangenheit, Gegenwart und Zukunft erschienen sein mussten – tagtäglich diesen Zylinder rollen, ohne je an ein Ende zu kommen, ohne je etwas zu beenden. Wie absurd für sie die Vorstellung von einer voranschreitenden Geschichte gewesen wäre, wenn es doch bereits in dieser alten Epoche unverrückbare Pyramiden gab, die ihre Kultur über die kommenden Jahrtausende felsenfest im Boden verankern würden.

Meine Tagträumerei wird vom Läuten eines Mobiltelefons unterbrochen. Ich stelle Augenkontakt zu dem Übeltäter her und schüttle höflich den Kopf, nein, nein. Er hat anderes im Sinn. Unverfroren den Finger hebend, verwickelt er seinen Mitarbeiter am anderen Ende in eine dringende geschäftliche Angelegenheit. Während ich warte, dass er das Gespräch beendet (ich gebe ihm eine Minute), grüble ich darüber nach, wie wenig Pflichten ich in der modernen Welt zu erfüllen habe. Im Gegensatz zu diesem Geschäftsmann und den meisten Menschen muss ich keine Bälle nach vorn schieben, keine Projekte vorantreiben, keine Zukunft aufbauen. Ich könnte diese Arbeit dreißig Jahre lang ausüben und keinen Fortschritt erzielen, so oder so. Die Museumsbesucher werden kein genaueres Gespür dafür entwickeln, wo sich die Mumien befinden – oder die Toiletten. Sie werden mich weiterhin nach dem Grab von König Tutanchamun fragen und nicht aufhören, mit den Händen über Sarkophage aus Granit zu streichen. Vor nicht allzu langer Zeit hatte ich eine ganz andere Art von Stelle, bei der mir gesagt wurde, ich würde »weit kommen« … Schließlich beendet der Geschäftsmann sein Telefonat, alles ist wieder still, und ich schätze mich glücklich, nirgendwohin zu kommen.

***

Nach dem College, bevor Tom krank wurde, bewarb ich mich um eine Stelle bei dem Magazin *New Yorker*, und zu meiner unaussprechlichen Freude wurde ich unter Vertrag genommen. Das war mehr als eine Einstiegsposition, es fühlte sich wie ein Ritterschlag an, als wäre ich in die oberste Liga aufgestiegen. Das Bürogebäude lag in der 42nd Street direkt beim Broadway, und als ich im 20. Stock aus dem Aufzug trat, begegnete ich an dem mit Büchern überhäuften Empfangstresen einem Mann namens C. Stanley Ledbetter III. Zu seiner Rechten und Linken vermittelten Glastüren und goldene Firmenzeichen den Eindruck unternehmerischer Rechtschaffenheit. Aber um die Türen zu erreichen, musste ich zunächst eine sonderbare zeitgenössische Kunstinstallation durchqueren, die von jenem majestätischen Empfangschef kuratiert wurde. Jedes kleinste Detail im Raum gab zu verstehen: »Ja, du bist beim *New Yorker* angekommen.«

Stanley wünschte mir viel Glück, und so wurde ich durch die Gänge geführt, in denen Redakteure auf und ab gingen und exotische Dinge namens »Druckfahnen« und »Korrekturabzüge« mit sich herumtrugen. Bald sollte ich lernen, an meinem Schreibtisch die Software zu öffnen und mitzuverfolgen, wie sich das Magazin jede Woche in Echtzeit zusammenfügte: Absätze gekürzt, Artikel abgelehnt, tausend Änderungen vorgeschlagen, verworfen, aufgezwungen. Außerdem lernte ich den Rhythmus der Woche kennen: Montags herrschte völlige Ruhe; dann erhöhte sich stetig das Tempo bis zur Hektik am Donnerstag mit seinen unaufschiebbaren Deadlines, gefolgt vom Freitagskollaps.

Von meinem Schreibtisch aus blickte ich auf das Empire State Building. Das ist etwas völlig anderes als auf dem College, dachte ich. Dort handelte es sich um eine Art Spielwelt – oder Knetmasse in der Hand eines Studenten. Hier ging es um eine Institution, so ikonisch und statisch wie der Wolkenkratzer vor meinem Fenster. Ich würde sie nicht formen können; sie würde mich formen.

Dennoch war ich bereit, nach dem berühmten Stil des *New Yorker* umgemodelt zu werden.

Ich arbeitete in einer kleinen, ziemlich glamourösen Abteilung, wo die öffentlichen Veranstaltungen des Magazins organisiert wurden, hauptsächlich das jährliche *New Yorker Festival*. Meine Chefin verbrachte ihre Vormittage vor einer großen Tafel, um auf bunten Post-it-Zetteln ihren Träumen nachzuhängen:

Jay-Z im Gespräch mit Chefredakteur David Remnick
Ein Besuch im Atelier von Michail Baryschnikow
Das World-Explorer-Forum mit dem Bergsteiger Reinhold Messner, der Hochgebirgsarchäologin Constanza Ceruti und einem Tiefseetaucher(?)

Manche dieser Ideen wurden verwirklicht, andere nicht. Meine Aufgabe bestand darin, zusammen mit den Kollegen die jeweilige Persönlichkeit zu buchen, die Logistik der Produktion sowie der Reise zu planen, dann für 72 Stunden im Jahr einen Anzug zu tragen und an verschiedenen Orten in Manhattan die große Nummer zu spielen.

»Hi, ich bin Patrick Bringley vom *New Yorker*«, sagte ich zu Stephen King und zog den 1,93 Meter großen Mann aus seiner Limousine. Fans stürzten sich auf uns und riefen »Stephen! Stephen!« Diese Leute waren verrückt. Ich dagegen war Patrick Bringley vom *New Yorker*.

»Michael Chabon, kennen Sie Stephen King?«, hörte ich mich den jungen, für seinen Roman gerade mit dem Pulitzer-Preis ausgezeichneten Autor fragen, der verneinte und nun darauf angewiesen war, dass ich ihn mit dem Berühmteren bekannt machte. Zu Beginn der Veranstaltung war Chabon zuerst am Mikrofon, während King und ich aus den Kulissen zuschauten. Als er seine Kurzgeschichte vorlas, nickte der Meister des Grauens mit dem Kopf, schaukelte auf seinem Stuhl hin und her und sagte: »Ja, Mann, ja. Ja, Mann, ja, ja. Ohhhh …«, als wäre er ein Jazzliebhaber, der John Coltrane lauscht. Es war derart seltsam, wunderbar und schmeichelhaft, an diesem Ereignis teilzuhaben, dass mir nicht einmal in den Sinn kam, keines der Bücher der beiden je gelesen zu haben.

Das hätte mir eine Warnung sein sollen: Ich war mehr als nur ein bisschen geblendet vom Scheinwerferlicht. Aber wenn man in einem guten Licht dasteht – »Wo, haben Sie gesagt, arbeiten Sie? Beim *New Yorker*?« –, fällt es einem sehr schwer, zu akzeptieren, dass es nicht das eigene ist, sondern bloß Licht von außen. Natürlich war eine meiner ersten Tätigkeiten beim Magazin, das Word-Programm zu öffnen und einen Artikel im originellen, urbanen Stil des *New Yorker* zu schreiben. Offenbar imitierte ich ihn nur und scheiterte damit. Doch statt daraus eine Lektion zu ziehen, zog ich mich in die sichere Zone des Wunschdenkens zurück.

Es spricht für mich, sagte ich mir, in Gesellschaft so vieler erfolgreicher Menschen zu sein, die mich größtenteils beim Namen kennen! Du besitzt die Visitenkarte einer seriösen, bedeutenden Person – also spiel das Spiel weiter, dann wirst du bestimmt zu einer solchen werden.

Ich brauchte fast drei Jahre, um ein unangenehmes Paradox zu begreifen. Wäre ich einer weniger »beeindruckenden« Arbeit nachgegangen, hätte ich meine Einfälle im Verborgenen niedergeschrieben, mit der Freiheit, weit ausholend jedwedes Thema zu behandeln, das mich inspirierte. Doch hier, in der obersten Liga, waren meine Gedanken eingeengt und meine Ambitionen merkwürdig bescheiden. So versuchte ich, unter der Rubrik »Briefly Noted« (Kurz notiert) Buchkritiken in einem Absatz zu verfassen, benutzte eine Sprache, die nicht die meine war, beanspruchte eine Autorität, die ich mir nicht erworben hatte, und brachte Meinungen zum Ausdruck, bei denen ich gar nicht genau wusste, ob ich sie tatsächlich vertrat.

Mittlerweile schienen auch der Arbeit im Büro enge Grenzen gesetzt zu sein – ganz im Gegensatz zu den späteren Annehmlichkeiten eines Museumswärters. Meine Kollegen und ich erstellten Pläne, denen zufolge ich nicht immer vierzig Stunden in der Woche arbeiten, doch aufgrund der Gepflogenheiten im modernen Büro trotzdem anwesend sein musste. Deshalb durfte ich an meinem Schreibtisch kein Buch öffnen oder einen Spaziergang unternehmen, um den Kopf freizubekommen. Vielmehr sollte ich einfach Stunden damit vergeuden, im Internet herumzuklicken und zu lernen, wie man keine Bücher liest. In diesem Sumpf versank ich also. Und bald wurde ich, was ich vorher eigentlich nie gewesen war: faul.

Das enttäuschte mich zutiefst. Ich weiß nicht genau, was ich nach dem College vom Eintritt in die »wirkliche Welt« erwartet hatte, aber zumindest sollte sie sich wirklich anfühlen. Nun jedoch saß ich in einem glänzenden Wolkenkratzer, unter mir dröhnte das Zentrum Manhattans, und mein prestigeträchtiger Job lief meistens darauf hinaus, eine Art Computerspiel zu spielen: Posteingang, Postausgang, Nachricht gesendet.

Gelegentlich rauchte ich eine Zigarette, nur um eine Pause zu haben, einen Vorwand, unten auf dem Bürgersteig zu stehen und meine Grübeleien über die Arbeit zu vergessen. Tauben gurrten, die Welt drehte sich, hatte aber nichts mit mir zu tun. Während des Rauchens war ich Huckleberry Finn, ein Aussteiger, der einen weiter gespannten, tieferen Blick auf eine Flussbiegung warf, mit meiner Einstellung noch weniger beschäftigt, als ich es hätte sagen können. Also sagte ich nichts. Und hielt das für vernünftig.

Dann trat ich die Glut aus, kehrte zu meinem Schreibtisch zurück und schloss mich wieder der sogenannten wirklichen Welt an, die blind schien für die Welt von Huck und ihre Anmut. In der Weise fuhr ich fast vier Jahre fort, bis Toms Krankheit sich verschlimmerte. Ich war abgetaucht in diese wirkliche Welt – und konnte es nicht länger ertragen, die Augen davor zu verschließen.

***

Es ist wieder an der Zeit, ich erhalte meine Push-Nachricht. Der dritte Posten (von dreien) auf meinem Rundgang bringt mich in jenen Teil des Alten Ägyptens, der vermutlich auch Sie in der einen oder anderen Weise seit der Kindheit begleitet hat: starre, in Stein gemeißelte Pharaonen, glatte Säulen mit deutlich wiedergegebenen Hieroglyphen, Götter, Priester und Angehörige königlicher Familien, die in flachen Reliefs elegante Profile zur Schau stellen. Vor mir befindet sich eine berühmte Sitzstatue der altägyptischen Königin Hatschepsut aus der Zeit um 1470 v. Chr. Zu meinen beiden Seiten bieten riesige kniende Statuen der Königin Opfergaben an den Gott Amun-Re dar, der zugleich ihr göttlicher Vater ist. Fast alle Objekte im Raum wurden in ihrem Totentempel am Fuße von Wüstenfelsen entdeckt, Teil einer Anlage, die auch als Heiligtum für ihren geliebten Vater diente. Dies war ein sakraler Ort, dem eine eigene Zeitauffassung zukam. *Djet* wurde sie genannt, die Zeit der Götter und die Zeit der Toten – die Zeit, die darüber herrscht, was ungeteilt, gleichbleibend, vollkommen und von ewiger Dauer ist. Im Gegensatz sowohl zum kreisförmigen wie zum pfeilartigen Ablauf der Zeit existiert *djet* jenseits der Natur und ihren stets wechselnden Prozessen. Es ist die Zeit von kargen, unnatürlichen Schauplätzen – von Tempeln, Gräbern und der Kunst rings um mich, die sich in den ewigen Stillstand einzufügen scheint.

Daher wirkt es ein bisschen komisch, dass ich inmitten einer Szenerie stehe, die an wildes Chaos grenzt. Denn regelmäßig strömen Schulklassen in diesen Flügel, und ich schaue auf Dutzende Kinder aus Charter Schools in einheitlichen Kragenhemden, Khakihosen und – wie ich – mit Clip-Krawatte. Vom Kindergartenalter bis zur fünften Klasse sind sie entweder winzig oder groß, ahnungslos oder schalkhaft, beschäftigt oder abwesend und veranstalten jedenfalls einen Höllenlärm, den überforderte Begleitpersonen zu unterdrücken versuchen. Natürlich bleibe ich wachsam, möchte aber niemandem das Leben schwer machen. Diese Kinder scheinen zu wissen, dass man nichts berühren darf, füllen artig und gescheit ihre Arbeitsblätter auf dem Rücken des Nachbarn aus. Ich schaue hinüber zur sitzenden Hatschepsut und finde ihre majestätische Gleichgültigkeit angesichts des Tumults beeindruckend. Ähnliches sagt man über die *Mona Lisa*: je mehr Menschen sie umschwärmen, desto eindringlicher ihre gelassene Distanziertheit. Die Wirkung ist hier noch stärker, weil die Statue dazu bestimmt war, den Blicken des Betrachters entzogen zu bleiben. Sie sollte kein

Kunstgegenstand sein, sondern in der Welt des *djet* ihren Platz einnehmen.

Ich betrachte die Königin auf ihrem Thron näher. Sie ist eine Frau, was man über ihre eher schablonenhaften Bildnisse, die das ägyptische Volk zu sehen bekam, nicht sagen kann. Bei den politisch motivierten Statuen war sie männlich und konnte nicht als Objekt für die so wichtigen magischen Zwecke dienen. Jeden Morgen öffnete der Priester die Tore zu ihrem Tempel, sodass die Statue aus Kalkstein das Frühlicht einfing. In dem Moment verwandelte sie sich (die ewige Hatschepsut) in *akh*, ein strahlendes Wesen an der Seite ihres Vaters, der Sonne. (Genauer formuliert war Amun-Re jene Macht, die der Sonne Energie spendete, die unsichtbare schöpferische Kraft hinter dem beobachteten solaren Phänomen.) Immerzu der Halogenbeleuchtung ausgesetzt, strahlt sie auch jetzt, wobei es tatsächlich eine theologische Erklärung dafür gibt, warum die Ägypter von frühesten Tagen an solch prachtvolle Werke schufen. Nichts Unvollkommenes konnte an der Zeit des *djet* teilhaben. Um Eingang zu finden in das heilige Reich, mussten die gestalteten Götter von makelloser Vortrefflichkeit sein, weshalb sich die Handwerker in ihrer Kunst nie mit einer allzu schlichten, leidlich gelungenen Ausführung zufriedengaben. Vielmehr betrieben sie einen hohen Aufwand, um Objekte zu verewigen, die dem Auge als verblüffend und unvorstellbar schön und damit als unirdisch und unsterblich erscheinen würden. Betrachtet man sie heute aus einem Abstand von mehreren Jahrtausenden, kann man nur anerkennen, dass ihnen dies geglückt ist.

Wie zu erwarten, wollen die Kinder eigentlich die Mumien sehen – und geben dann ihrer Enttäuschung Ausdruck, wenn keine der vier, die ich ihnen zeige, enthüllt ist. Trotzdem kommen die Fragen wie aus der Pistole geschossen.

»Ist da ein toter Mann drin?«

»Wer hat ihn umgebracht?«

»Wer sagt, dass irgendjemand ihn umgebracht hat?«

»Miss Robbins hat gesagt, dass man ihm das Gehirn rausgenommen hat.«

»Ja, nachdem er tot war.«

»Stinkt der?«

»Warum wickelt man den so ein? Damit er nicht stinkt?«

»Wie sieht er darunter aus?«

Ich teile ihnen mit, dass er schrecklich darunter aussieht, ein knochentrockener, verschrumpelter alter Leichnam, so schaurig, wie sie es sich nur vorstellen können. Dann drehe ich mich um, deute auf Gefäße, in denen die Einbalsamierer Leber, Lungen und Nieren des Hauptschatzmeisters Ukhhotep gelegt haben, und erkläre, dass es darum ging, seinen menschlichen Körper so weit wie möglich einer Statue anzugleichen. Ob ihr es glaubt oder nicht, fahre ich fort, für die Ägypter waren Statuen wirklicher als tote Körper – dauerhafter, ewiger. Natürlich sagt das den kleinen Kindern kaum etwas, und so reden sie mit gutem Recht davon, was das hier für ein Gruselkabinett sei. Eine Minute später stürzen sie aus dem Saal, während ich zurückbleibe und darüber nachdenke, wie abstoßend der Drang nach Mumifizierung war, welch ein Versagen, welch eine dreiste, dürftige Verleugnung einer grundlegenden Wahrheit: Der Körper schafft es nicht. Möge man noch so sehr daran glauben, dass ein Teil der Person unsterblich sei, so ist doch ein wesentlicher Teil zwangsläufig sterblich. Selbst die verrückteste Wissenschaft wird ihn nicht vor Zerfall und Auflösung bewahren können.

***

An einem Zwölf-Stunden-Tag beinhalten die ersten acht Stunden drei Wechsel im Turnus zwischen drei Posten (plus Pausen). Am späten Nachmittag übergibt mir die für den jeweiligen Bereich verantwortliche Person einen grünen Zettel, auf dem meine abendlichen Aufgaben gelistet sind. Heute werden zwei Wechsel zwischen drei verschiedenen Posten stattfinden (plus kürzere Pausen). Auf dem Zettel steht: (A) Tempel, (B) Tempel, (C) Tempel. Es scheint, dass ich nach dem Abendessen in dem Team am Tempel von Dendur sein werde. Ich schaue auf meine Uhr. Zu dieser Stunde werden Büro- und Küchenteam sich fertig machen, um nach Hause zu gehen – aber was sage ich? Es ist Samstag, sie waren gar nicht da. Daher finde ich, nachdem man mich per Push-Nachricht zum Abendessen aufgefordert hat, in der Personalkantine nur geschlossene Buffetstationen und einen kalten Grill vor, sowie eine Reihe von Wärtern und Kustoden, die darauf warten, Curry-, Nudel- und Eintopfgerichte in Mikrowellen zu erhitzen. Ich greife nach meinem Essenspaket, wähle einen leeren Tisch, ziehe einen Stuhl heran, um die Beine hochzulegen, und esse so schnell wie möglich, damit ich hinterher ein kleines Nickerchen machen kann. Das andere Ende der Kantine ist voller Kollegen, die sich unterhalten. Diese Seite hingegen ist inoffiziell für diejenigen reserviert, die schlummern oder dösen.

Ich gleite in meinen abendlichen Rundgang hinein. So drückt man es am besten aus. Körperlich und geistig er-

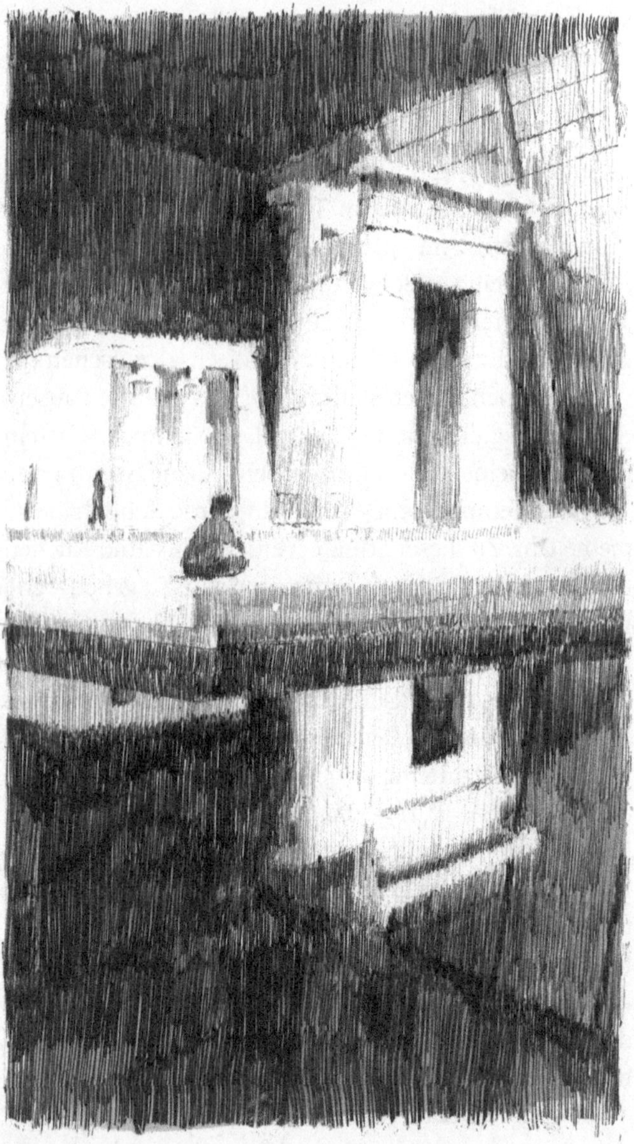

schöpft, lasse ich die restlichen Stunden gemächlich vorüberziehen. Versonnen stehe ich vor dem Tempel, meine Augen ruhen auf der einen Stelle, dann auf der anderen. Wenn eine muntere Besucherin fragt, ob ich mich langweile – wohl nicht, weil ich so aussehe, sondern weil diese Frage einfach häufig gestellt wird –, antworte ich ihr: »Nicht wirklich«, worauf sie erwidert: »Großartig!«, und davongeht. Ich komme nicht dazu, ihr zu sagen, dass ich mich kaum erinnern kann, wie man sich langweilt. Vielleicht leide ich unter dem Stockholm-Syndrom, aber anscheinend habe ich mich der schildkrötenartig dahinkriechenden Zeit eines Wärters förmlich ergeben. Ich kann hier keine Zeit verbringen, kann sie weder ausfüllen noch abtöten oder in kleinere Stücke zerteilen. Was für ein oder zwei Stunden als qualvoll empfunden werden mag, ist in hohen Dosen merkwürdigerweise leicht zu ertragen. Meistens richte ich meine Aufmerksamkeit nicht auf die Ziellinie. Ich habe mich an ein Leben angepasst, das sich zutiefst altmodisch anfühlt, geradezu aristokratisch, und in dem ganze Stunden mit fürstlicher Zurückhaltung verbummelt werden (für einen bescheidenen Stundenlohn).

Der Tempel von Dendur passt mir als Kulisse sehr gut. Er gehört zu den Wunderwerken des Museums – ein stattliches Monument, dessen 8000 Tonnen Sandstein, die durch den Bau des Assuan-Staudamms in den Fluten des Nils versunken wären, während der 1970er-Jahre nach New York transportiert wurden. Das Museum errichtete ihm – mit Ausblick auf den Central Park – eine prachtvolle Halle, in der nicht nur das antike Gebäude selbst untergebracht ist. Der Tempel, harmonisch und maßvoll gestaltet, wird ergänzt durch ein frei stehendes

Eingangstor, beide geschmückt mit der Sonnenscheibe und den ausgebreiteten Falkenschwingen des Himmelsgottes Horus. Die in leuchtenden Farben an der Außenseite eingravierten Lotosblüten und Papyrusstauden sollten den Anschein erwecken, auf dem Nil zu treiben. Eine Schwelle überschreitend, treten heutige Besucher dort ein, wo sehr wenige Ägypter Zugang hatten und auf ein Heiligtum der Göttin Isis blickten, ein Allerheiligstes, ausschließlich den Priestern vorbehalten, die sich Körper und Kopf rasierten, um die Toten nachzuahmen und auf solche Weise an der Ewigkeit teilzuhaben.

Ich schlendere hinüber zu der Seite des Tempels, um die Reliefs zu untersuchen, und entdecke sogleich den Pharao – er ist kaum zu übersehen –, der die Doppelkrone von Ober- und Unterägypten trägt. Dabei frage ich mich, wer unter den Betrachtern neben mir wohl weiß, dass diesem Pharao etwas Merkwürdiges anhaftet. Es geht weder um sein Profil noch seine Insignien, die sind recht konventionell, sondern um seinen Namen: Caesar Augustus, ein römischer Eroberer, der die Rolle des Pharaos zwar *spielte*, aber der Institution, älter als Menschengedenken, bald ein Ende bereiten sollte. Der Tempel von Dendur, kurz vor Christi Geburt erbaut, ist ihr Schwanengesang.

Erneut schaue ich auf die Uhr. Auch wir sind fast durch. Der Himmel draußen hat sich schwarz gefärbt, während der Tempel unter den Spotleuchten glitzert. Um 20.30 Uhr fange ich an, mit erhobener Stimme auf die Schließung des Museums hinzuweisen, und um 20.45 Uhr ziehen wir den Stecker. Rasch unternehmen wir einen letzten Rundgang, überbringen die Nachricht unwilligen Besuchern, erlauben ihnen noch ein, gut, zwei letzte Fotos, wenn sie darauf bestehen. »Leer?«, rufen wir Wärter uns gegenseitig zu. »Leer.« Dann folgen wir den Kollegen in der nächsten Abteilung, der übernächsten, der drittnächsten, werden immer zahlreicher, stets dem Publikum auf den Fersen, das sich langsam Richtung Große Halle bewegt. Überall im Gebäude bilden sich ähnliche, dunkelblau gekleidete Gruppen hinter ähnlichen, träge dahinziehenden Herden. Wir sind fertig. Alles klar. Der Chef hebt die Hand: »Gute Nacht!«

Am nächsten Morgen gehe ich ins Disponentenbüro, und Bob gibt mir wieder die Ägyptische Abteilung.

5

FERNERE UFER

Tage reihen sich aneinander, dann Wochen. Eines Abends, etwa sechs Monate nach Beginn meiner Anstellung, habe ich das Vergnügen, im Astor Court postiert zu sein, einem nachgebildeten Gelehrtengarten aus der Ming-Dynastie, wo eine Darbietung mit traditionellen chinesischen Instrumenten stattfindet. Während die Musiker sie zuvor stimmen, betrachte ich das Mondtor des Gartens mit seiner Inschrift *In Search of Quietude* (Auf der Suche nach Stille) und das Sonnentor, auf dem steht: *Elegant Repose* (Gepflegte Rast). Mein Blick schweift weiter zu den Kalksteinmonolithen und dem kleinen, mit Fischen gefüllten Teich. Aus beiden Naturphänomenen leitet sich in Mandarin das Schriftzeichen für »Landschaft« ab: »Berge und Bäche«. Ich fühle mich wohl, gar ein wenig selbstzufrieden, als hätte ich das Geheimnis jener »gepflegten Rast« bereits ergründet.

Doch dann beginnt die Veranstaltung. Ich stehe hinter einer Musikerin, die auf einer *guzheng* spielt, einer Art lang gestreckten Zither. Acht Plektren stecken an ihren

Fingern, die sie luftig leicht über die Saiten gleiten, heiter hüpfen oder spinnenartig huschen lässt, dabei Melodien hervorzaubert, die ich noch nie gehört habe, und Rhythmen folgt, die ich nicht erfassen kann. Die Töne scheinen sich immer ein wenig oberhalb oder unterhalb der Lage zu verbinden, wo mein Ohr sie erwartet. So gebe ich mich der Vorstellung hin, dass ich gerade eine jener Erfahrungen mache, bei denen man seine Erwartungen ausblendet und das Geschehen einfach in sich aufnimmt. Als die Hände der Musikerin schließlich zur Ruhe kommen, hätte ich vermutet, es seien nur zehn Minuten vergangen, aber sie waren derart angefüllt mit Nuancen, als wären Tausende von Pinselstrichen zu verschiedenen Momenten in die Luft gesetzt worden. Das stimmt mich demütig. Ich fühle mich wie ein neugeborenes Kind, allein dazu berufen, die Welt zu erforschen.

Ich beobachte, wie die Musikerin ihr Instrument wegräumt, den Koffer verschließt, und schaue auf die umliegenden Galerien des Museums mit chinesischen Gemälden, die förmlich danach verlangen, sie ohne jede Erwartung neu zu entdecken. Die Malerei wirkt so unfassbar großzügig, indem sie unzählige Farben und Formen auf eine Oberfläche bannt, deren Schauspiele nie enden.

Am nächsten Tag werde ich wieder in Bereich F geschickt und stoße auf eine tausend Jahre alte bemalte Handrolle – entfaltet, voller Leben, makellos – des Meisters Guo Xi aus der Nördlichen Song-Dynastie. *Alte Bäume, auf gleicher Höhe* ist für eine Handrolle von bescheidener Größe; ursprünglich war sie nicht länger als meine beiden seitlich ausgestreckten Arme. Doch im Lauf der Jahrhunderte haben deren gelehrte Besitzer

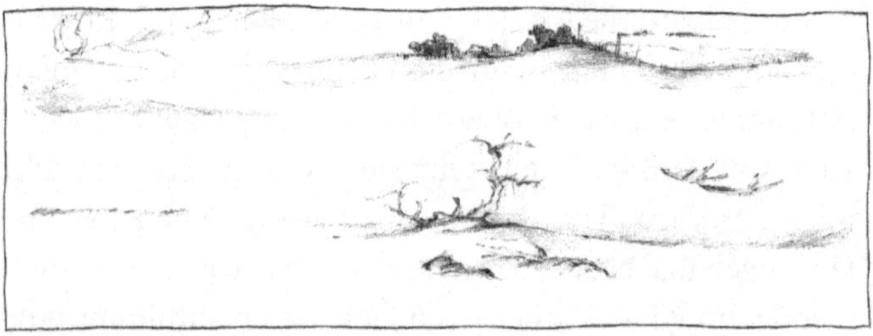

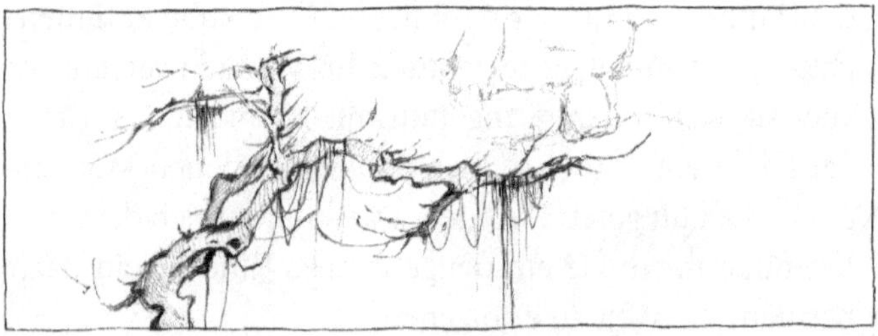

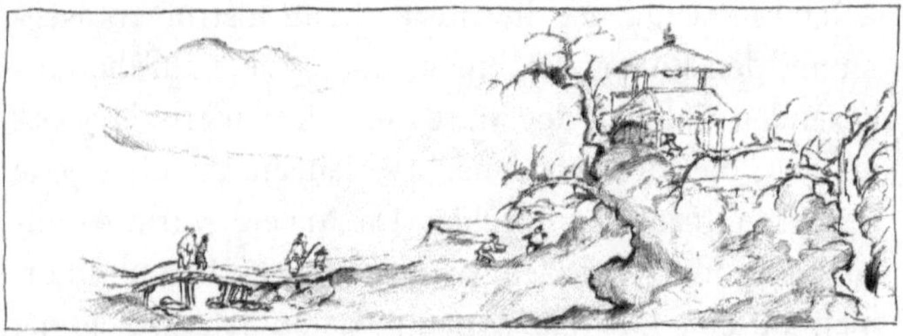

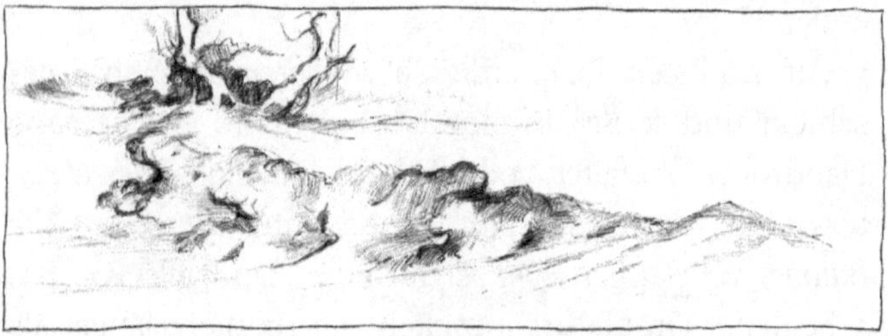

schriftliche Hommagen an das Werk, sogenannte Kolophone hinzugefügt, sodass die etwa 35 Zentimer breite Rolle nun fast zehn Meter lang ist. Zuerst sind es die Kolophone mit ihren exakt vertikalen und schwärzester Tusche gepinselten Schriftzeichen, die mich fesseln. Ich habe mich nie mit chinesischer Schrift beschäftigt, eben weil ich nicht lesen kann, was sie bedeutet. Aber mein Analphabetentum hat auch einen Vorteil: Ich kann die eindrucksvollen und vielfältigen Schriftzeichen betrachten, ohne dass auch nur ein Strich ihrer optischen Pracht im linguistischen Sinn verschwindet. Stellt die eine Spalte den träge sich schlängelnden Ausdruck des Pinsels dar, ist die nächste eine Serie von raschen, heftigen Strichen, und jede Abstufung zwischen diesen beiden Gegensätzen kommt an anderer Stelle zum Vorschein. Ich lasse den Blick auf der einen, dann auf der folgenden Spalte ruhen, bemerke den leicht abweichenden Eindruck, den jede auf mich macht – zu subtil und von zu rein visueller Natur, um in Worte gefasst zu werden. In solchen Momenten erkenne ich, wie viel von der Sinneserfahrung in den Zwischenräumen unserer Worte verloren geht. Geschick und Elan der Kalligrafen führen zu einer meisterhaften Darstellung jenes tiefsten Antriebs, Kunst zu schaffen: der Drang, eine leere Fläche durch ein dunkles Zeichen zu verwandeln.

Nach einigen Minuten habe ich die beträchtliche Entfernung bis zum äußersten rechten Ende der Rolle zurückgelegt, wo das Werk von Guo Xi beginnt. Auf Seide ist Tusche ein gnadenloses Gestaltungsmittel; es gibt keinen zweiten Versuch, ein Fehler kann weder weggewischt noch übermalt werden, wie es den alten Meistern mit ihren Ölfarben möglich war. Meine Augen sind in der Lage, jeden Pinselstrich zu verfolgen, den Guo Xi im Jahr 1080 gesetzt hat. Kein Detail seiner Kunstfertigkeit bleibt mir verborgen, nichts wird von sich überlagernden Schichten verdeckt. Gemäß den Ausführungen seines Sohnes meditierte er regelmäßig mehrere Stunden, wusch sich dann die Hände und malte ein Bild wie mit einer einzigen flinken Armbewegung. Wäre mir die Rolle in einer früheren Epoche zu Gesicht gekommen, hätte ich sie in den Händen gehalten, langsam gedreht und mich darin versenkt, um einen geruhsamen Spaziergang durch Guos ausgebreitete Landschaft zu unternehmen. Doch sie muss nicht in meinen Händen liegen. Was dieses Bild tausend Jahre lang gewährt hat, gewährt es auch heute. Meine Augen wandern die gleichen alten Wege entlang – vorbei an den Anglern in ihren kleinen, stillstehenden Booten, den kahlen Herbstbäumen, den Hausierern und ihrem Packesel, den Felsformationen, den gebückten Greisen, die einen Hügel hinaufsteigen – bis in die von Dunst umhüllten Berge. Das ist schmerzlich schön. In einer Abhandlung schrieb Guo, die Landschaftsmalerei gestatte die Flucht aus den »Zügeln und Fesseln des Alltags« an einen Ort, wo »der Flug der Kraniche und das Gebrüll der Affen häufig [unser] vertrauter Umgang [sind]«. Allerdings brauche ich mich nicht in die wirkliche Natur versetzt zu fühlen. Ich bin schon beglückt, mich in diesem Bild aufzuhalten, das die Verschmelzung der Natur mit dem Gemüt des Künstlers so deutlich zur Anschauung bringt. Guo selbst erscheint mir wie ein Vertrauter, mehr als irgendwelche Affen oder Kraniche.

Niemals könnten meine Augen diese Rolle vollends erfassen, meine Verstandeskräfte ebenso wenig. Also gleite ich in eine noch tiefere Stille und versuche, die Fülle der Welt, die sie mir darbietet, in mich aufzunehmen.

***

Mit der Zeit entwickle ich eine Methode, mich einem Kunstwerk auf angemessene Weise zu nähern. Ich widerstehe der Versuchung, sofort nach einem einzigartigen Kennzeichen darin zu suchen, dem »springenden Punkt«, auf den Autoren von Fach- oder Lehrbüchern ihre Aufmerksamkeit richten. Dieses Vorgehen hat jedoch zur Folge, dass der Gesamtzusammenhang des Werks übersehen wird. Ein Porträt von Francisco de Goya zum Beispiel ist wunderbar aufgrund der seinem Genie eigenen Wesenszüge, aber auch weil die Farben und Formen schön sind oder die Locken anmutig herabfallen – kurzum, weil Merkmale unseres vielgestaltigen und faszinierenden Lebens in ein würdiges Medium übertragen wurden. Bei jeder Begegnung mit Kunst kommt es zunächst darauf an, nichts zu tun, einfach nur in der Betrachtung zu verweilen, den Augen die Aufnahme all dessen zu ermöglichen, was sich ihnen zeigt. Wir sollten nicht denken: *Das ist gut* oder *Das ist schlecht* oder *Dies ist ein Gemälde des Barock, das X, Y und Z bedeutet.* Idealerweise sollten wir in der ersten Minute überhaupt nicht nachdenken. Kunst braucht Zeit, um ihr Werk an uns zu verrichten.

Als ein Wärter im Bereich B (die alten Meister) bin ich immer wieder überrascht, wenn Bob mich in Bereich I (Malerei des 19. Jahrhunderts) schickt. Zumindest in meinem Kopf besteht eine freundliche Rivalität zwischen dem Flügel mit Raffael, Tizian, Rembrandt und jenem mit

Monet, Degas und van Gogh. Wenigstens einmal am Tag werde ich von einem Besucher angesprochen, der einen strengen, missbilligenden Blick auf die Christusbildnisse wirft und etwas in der Art sagt wie: »Wo sind denn die Wasserlilien? Die Sonnenblumen? Irgendwas Impressionistisches?« Dann bin ich verpflichtet, ihm eine umständliche Wegbeschreibung zum anderen Ende des Gebäudes zu geben, das ein paar Häuserblocks entfernt liegt. Ich verüble solchen Besuchern zwar nicht ihren Geschmack, bin aber letztlich nicht immer ganz fair gegenüber ihren geliebten Impressionisten gewesen, zumal was Claude Monet betrifft. Seine Bilder sind so hübsch, und ich hatte den Verdacht, das sei auch schon alles. Doch kurz darauf erinnere ich mich an den ersten Schritt der Kunstbetrachtung und gebe ihnen eine Chance.

Es ist Freitagabend. Kurz vor Toresschluss teile ich die Galerie mit einigen Wasserlilien, Heuhaufen und mehreren eingefleischten Kunstliebhabern. Die Heuhaufen gehören zu einer Serie von Bildern, die Monet in verschiedenen Jahreszeiten und zu verschiedenen Tageszeiten gemalt hat. Gähnend kann ich den Wert der Übung verstehen. Sogar hier drinnen wirkt zu dieser Stunde alles entspannter; auch die Gemälde scheinen bereit, sich in sich selbst zurückzuziehen. Es war ein betriebsamer Tag, gekennzeichnet durch die wiederholte lautstarke Aufforderung »Nicht so nah!« oder »Kein Blitzlicht, bitte!«, wie häufig in diesem beliebten Bereich. Die wenigen verbliebenen Besucher schlendern friedlich umher. Daher habe ich die Gelegenheit, mich vor ein Gemälde von Monet zu stellen und herauszufinden, was es, falls überhaupt etwas geschieht, mit mir macht.

Will man feststellen, ob etwas lustig ist, achte man darauf, ob es einen zum Lachen bringt. Will man feststellen, ob ein Gemälde schön ist, achte man darauf, ob es eine vergleichbare Reaktion auslöst, ebenso eindeutig wie Lachen, wiewohl sie gewöhnlich stiller und scheuer zum Ausdruck kommt. Ich trete so nahe an ein Landschaftsbild mit dem Titel *Vétheuil im Sommer* heran, dass es mein Blickfeld ganz ausfüllt. Jetzt können meine Augen die fiktive Welt als Wirklichkeit begreifen. Ich sehe ein Dorf, einen Fluss und die Widerspiegelung der Gebäude auf der Wasseroberfläche. Nur gibt es in Monets Welt eigentlich kein Sonnenlicht, sondern lediglich Farbe. Wie der Schöpfer seines kleinen Universums hat er die Farbe des Sonnenlichts in alle Richtungen verstreut, verspritzt und sie mit solcher Meisterschaft auf der Leinwand fixiert, dass ihr Schimmern unaufhörlich fortdauert. Lange betrachte ich das Bild, und es wird immer noch reichhaltiger, ohne je an ein Ende zu gelangen.

Mir wird bewusst, dass Monet jenen Aspekt der Welt malte, den die Sehkraft nicht vereinnahmen kann – und den Ralph Waldo Emerson als »Blitzen und Funkeln« bezeichnete –, in diesem Fall eine Million gesprenkelte Widerspiegelungen, die sich in den Wellen wiegen und miteinander verschmelzen. Es ist eine Art von Schönheit, welche die alten Meister nur selten in ihre symbolischen Konzeptionen miteinbeziehen konnten, eine chaotischere und tiefer in Licht getauchte Schönheit, als sie uns das ordnende Denken normalerweise wahrnehmen lässt. Gewöhnlich halten wir Ausschau nach nützlichen Informationen und sind bemüht, das wilde Durcheinander unwichtiger Reize, die das Werk zu überlagern drohen, zu dämpfen oder zu ignorieren. Monets Gemälde vergegenwärtigt uns einen jener seltenen Momente, in dem jedes Detail, das wir verstehen, von Bedeutung ist – die Brise, das Zwitschern der Vögel, der Unsinn, den ein Kind daherredet –, sodass man die Fülle oder gar Heiligkeit dieses Moments bewundern und verehren kann.

Wenn ich eine solche Erfahrung mache, verspüre ich ein leichtes, aber deutliches Zittern in der Brust. Vermutlich inspirierte eine ähnliche Empfindung Monet dazu, einen Pinsel zur Hand zu nehmen. Und mit diesem Bild hat er sein inneres Beben auf mich übertragen.

***

Schließlich bringe ich den Mut auf, einen Überstundentag zu beantragen (einen »doppelten Tag«, wie die Wärter wegen der doppelten Bezahlung sagen). Bislang befürchtete ich, meine Füße zu überlasten, denn sie haben es nicht verdient, mein Gewicht zusätzliche acht Stunden zu tragen. Für den Lebensunterhalt in einem Museum zu stehen, ist keine große physische Anstrengung, doch wenn der Körper genug hat, teilt er es einem offen mit. Die Erschöpfung verschwindet nicht, aber inzwischen verstehe ich mich besser darauf, sie nicht weiter zu beachten. Also schreibe ich meinen Namen ins Überstundenbuch und werde an einem Montag zur Arbeit einbestellt.

Das Museum ist montags geschlossen. Da kein Publikumsverkehr herrscht, kommen die Angestellten aus ihren Schlupfwinkeln. Das Met beschäftigt über 2000 Mitarbeiter, und viele von ihnen wollen heute in ihrem Element sein. Kuratoren stehen in der Mitte von Galerien und beraten darüber, welche Objekte wohin sollten. Arbeiter schieben Transportwagen mit Kunstwerken herum, ohne Angst, angerempelt zu werden. Stundenlang entwerfen Monteure einen Plan, wie eine Statue mit Seilen und Flaschenzug in die Höhe zu hieven wäre, werden dabei von Kuratoren beaufsichtigt, die ihren Fertigkeiten vertrauen und entspannt wirken. Überall hört man das Piepen der Scherenhebebühnen in Bewegung, bedient von Elektrikern, Lüftungstechnikern, Malern (jenen, die Rollen benutzen, nicht Pinsel mit feiner Spitze). Einige Angestellte kommen an ihrem freien Tag herein, machen von ihrem Privileg Gebrauch, ein oder zwei Gäste mitzubringen. Während Kuratoren großzügige Geldgeber und VIPs durch das Museum führen, unternehmen Wärter und Kustoden den großen Rundgang mit Mutter und Vater.

Es ist ein Vergnügen, zu sehen, wie dynamisch diese scheinbar schwerfällige Institution ist. Die Sammlung des Met umfasst mehr als zwei Millionen Objekte – ungefähr eins auf 0,1 Quadratmeter der verfügbaren Gesamtfläche –, weshalb jeweils nur ein Bruchteil davon gezeigt werden kann. Siebzehn kuratorische Abteilungen arbeiten mehr oder weniger unabhängig und machen das Beste aus ihren spezifischen Beschränkungen.* Die Abteilungen für Amerikanische Kunst, Ägyptische Kunst, Griechische und Römische Kunst sind mit sichtbaren Lagerflächen gesegnet, wo Objekte, in Glaskästen verstaut, der Öffentlichkeit zugänglich bleiben. Andere Abteilungen haben nicht so viel Glück. Das Kostüminstitut

* Wie andere hier genannte Details über die Abläufe im Met hat sich auch die Zahl der kuratorischen Abteilungen inzwischen geändert und kann sich bis zu dem Zeitpunkt, da Sie diese Seiten lesen, noch einmal ändern.

bietet in seinen begrenzten Räumlichkeiten halbjährliche Ausstellungen, stets beliebte Präsentationen von Kleidungsstücken und Modeartikeln, die um einen Designer oder ein bestimmtes Thema veranstaltet werden. Die Abteilung für Zeichnungen und Drucke muss sich mit einem einzigen, wenn auch langen Korridor begnügen und tauscht ihre Gaben ständig aus, zumal einige besonders lichtempfindlich sind. Die Abteilung für Moderne und Zeitgenössische Kunst besitzt eine Reihe von großformatigen Kunstwerken, die sie unterbringen muss: Es gibt nur so viele raumfüllende Leinwände von Jackson Pollock und Installationen, wie der vorhandene Platz es erlaubt. Außerdem sind die Kuratoren für Zeitgenössische Kunst eher verpflichtet, auf dem aktuellen Stand zu bleiben, als beispielsweise jene in der Abteilung für alte Nahöstliche Kunst. Insgesamt organisieren die Abteilungen des Met nicht weniger als dreißig Sonderausstellungen pro Jahr, einige umfangreich, mit Leihgaben aus Museen in aller Welt, andere überschaubar in nur ein oder zwei Galerien. Kurzum, man kann immer etwas Neues entdecken.

Auf meinem morgendlichen Posten sehe ich eine Gruppe mit etwa fünfzehn neuen Wärtern, die von einem Security-Manager herumgeführt werden. Da es ihr erster Schulungstag ist, tragen sie Straßenkleidung. Alle vier bis sechs Monate braucht der Sicherheitskorps eine Auffrischung durch Berufsanfänger, nicht weil die Mitarbeiterfluktuation besonders ausgeprägt wäre – unter den altgedienten Wärtern ist eine vorzeitige Pensionierung eher die Ausnahme –, sondern weil unsere Abteilung mit etwa 600 Angestellten die größte ist. Mr. Cruz, der Leiter, war bis zu seiner Beförderung selbst ein Wärter, dann ein

Quereinsteiger im Disponentenbüro, bis ihm schließlich ein Büro im oberen Stockwerk zugewiesen wurde, wo er vermutlich Entscheidungen auf höherer Ebene trifft. Diese Woche wird er den neuen Wärtern Vorträge halten über Sicherheitsprotokolle, Notfallbereitschaft, Feuerschutzmaßnahmen, ihre gesetzlichen Rechte und Befugnisse sowie – einst besuchte er eine Kunstakademie – über die Geschichte des Museums und dessen Sammlungen.

So wie sie ihre Pläne studieren, erkunden einige meiner künftigen Kollegen die Galerien des Met zum ersten Mal. Man braucht weder einen kunstgeschichtlichen Hintergrund noch Erfahrungen im Sicherheitsbereich, um Museumswärter zu werden, sondern muss nur die Stellenausschreibung entdecken, beim Tag der offenen Tür mit dabei sein, einen ordentlichen Werdegang auf irgendeinem Gebiet vorweisen und während des Vorstellungsgesprächs gesunden Menschenverstand zeigen. Es bringt einem keine besonderen Vorteile, einen Freund oder Verwandten zu haben, der als Wärter tätig ist, aber auf diese Weise hören Bewerber oft von einer freien Stelle. Vor Jahrzehnten fanden manche Mitglieder der albanischen, guyanischen und russischen Gemeinden in New York City hier eine einträgliche Anstellung, und seither hat sich in ihren Netzwerken herumgesprochen: Es ist ein sicherer Job; die Gewerkschaft hat ein Auge darauf; das Grundgehalt ist gering, dafür werden Überstunden gut bezahlt; die Sozialleistungen sind günstig … Was die Arbeit selbst angeht, lege ich niemandem Worte in den Mund. Einige Wärter finden sie passabel, andere inspirierend.

Nach wenigen Minuten entfernt sich die Gruppe, ich bleibe in der Abteilung für afrikanische Kunst zurück –

völlig allein, denn an Montagen liegen unsere Posten weiter auseinander. Das bietet mir die Möglichkeit, den Flügel näher zu erforschen, und so nähere ich mich zunächst berühmten Schätzen aus Benin. Etwa zu der Zeit, als Michelangelo die Sixtinische Kapelle ausmalte und Mimar Sinan die großen Moscheen von Istanbul erbaute, schufen Benins Künstler Werke aus Elfenbein und Messing, die in ihrer Region ebenfalls jahrhundertelang als unübertrefflich galten. Benin City, damals bereits 700 Jahre alt, rühmte sich seiner 68 königlichen Gilden, darunter Töpfer, Weber, Architekten, Messinggießer, Elfenbeinschnitzer und Elefantenjäger.

Aus einiger Entfernung erkenne ich die eindrucksvollen Züge von Idia, Königinmutter des Königreichs Benin, auf einer Maske, die aus der dünnen Schicht eines Elefantenstoßzahns gefertigt wurde. Idia stellte eine Armee auf, um ihrem Sohn Esigie bei der Eroberung des Thrones Beistand zu leisten, und eine weitere Armee, um sein Reich nach Norden auszudehnen. Die Maske, die ihr unbezähmbares Gesicht darstellt, ist ein Kunstwerk der besonderen Art: Sie vermittelt einen starken ersten Eindruck, gewinnt dann bei späteren Begegnungen noch an Größe und verwandelt sich so in eine Ikone. Im Met gibt es viele Könige und Königinnen, aber diese Maske mag das unauslöschlichste Abbild königlicher Macht und Majestät sein.

Ich verweile lange bei Idia, ahnend, dass sie irgendwann nicht mehr in dieser Vitrine sein wird. Eines Tages – ein glücklicher Tag – werden Fachleute mit Latexhandschuhen sie von der Halterung nehmen und ins Untergeschoss bringen, wo auf Schildern steht: *Sperrbereich. Zutritt nur für autorisiertes Personal.* Damit meine ich nicht

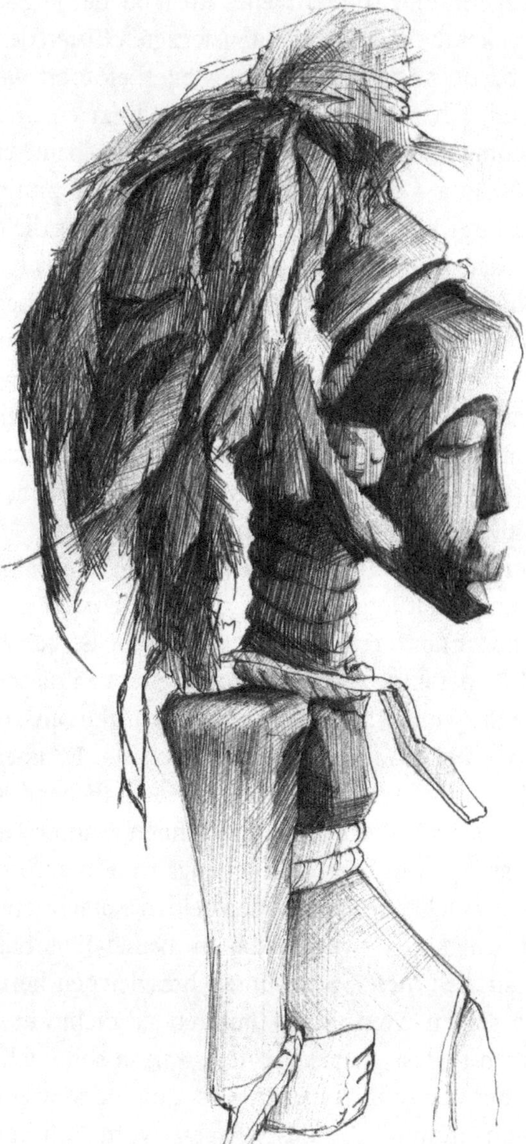

die Lagerräume, sondern jenes Areal bei der Registratur, wo Packer die Objekte in maßgefertigten Kisten deponieren, bevor sie zur Laderampe weiterbefördert werden. Kurzum, ich rechne damit, dass man Idia zu einem neuen Museum schicken wird, das in Benin City – heute ein Teil von Nigeria – entstehen soll. Im Jahr 1897 plünderten britische Streitkräfte die Stadt, und so gelangte die Maske durch ein paar schmutzige Geschäfte schließlich in die Sammlung des Met. Als Wärter verfüge ich in Fragen der Rückführung von Kunstwerken über keine Sachkenntnis, kann aber sagen, dass sich niemand unter uns wie ein Gefängniswärter fühlen und an Objekten festhalten möchte, die ein Recht darauf haben, freigegeben zu werden. Einstweilen gehört die Maske wenigstens zu einer öffentlichen Sammlung in einer Metropole.

Indem ich mich nur einmal umdrehe, reise ich mehrere Tausend Kilometer nach Zentralafrika, wo eine Reihe von hölzernen Fetischfiguren ausgestellt ist. Ich bin zu der Überzeugung gekommen, dass eine von diesen vielleicht die wunderbarste Skulptur im ganzen Museum ist, obwohl mir das nicht sofort einleuchtete. Dank meiner Erfahrung begreife ich allmählich, dass manche Kunstwerke die intensive Betrachtung lohnen, während andere weniger zurückgeben, und anfangs weiß man oft nicht genau, welches in welche der beiden Kategorien fallen wird. Lange Zeit zweifelte ich an meiner Einschätzung, dass speziell diese Statue unter ihresgleichen herauszuragen schien. Wenn die Kuratoren sie nicht auf einem höheren Podest platziert hatten, warum sollte ich dann dazu berufen sein, es zu tun? Erst durch den wiederholten und einsamen Akt des Schauens wurde mir bewusst: Ja, sie ist einzigartig.

Es handelt sich um eine *nkisi*, eine Fetisch- oder Zauberfigur vom Volk der Bassonge, das heute in der Provinz Lomami der Demokratischen Republik Kongo lebt. Die Entstehungszeit der geschnitzten Figur liegt vor 1970, kann aber nicht genau bestimmt werden. Sie ist knapp einen Meter groß und sieht aus wie ein kleiner Mann, aber das stimmt nicht: Eine *nkisi* ist nicht von dieser Welt. Sie hat einen geblähten Bauch, als wäre sie schwanger, mit Salböl polierte Arme und Brust, einen Pelz und Federkopfschmuck, ein schildartig gewölbtes Gesicht sowie einen massiven Kopf, der von einem spiralfederähnlichen Hals im Gleichgewicht gehalten wird. Bei ihrer Erschaffung waren zahlreiche Hände mit im Spiel. Die Dorfältesten gaben die Figur in Auftrag. Stammesmitglieder fällten einen sorgsam ausgewählten Baum. Ein Meisterschnitzer verlieh ihr die Form, und ein *nganga*, ein heiliger Mann, behandelte sie mit medizinischen und magischen Substanzen, *bishimba* genannt. Nach ihrer Vollendung war die Figur viel zu mächtig, um von menschlichen Händen getragen zu werden, also bewegte man sie mit langen, an den Handgelenken festgebundenen Stöcken und Bastschnüren. Feierlich wurde sie zu einer heiligen Stätte gebracht, wo einer der Dorfbewohner sich ständig um sie kümmerte und in seinen Träumen oder durch Geistbesessenheit wichtige Botschaften und Warnungen für die Gemeinschaft empfing.

Betrachte ich jetzt die *nkisi*, fasziniert es mich, wie deutlich ich die Hintergrundgeschichte *sehen* kann. Noch immer hängen Bastschnüre an ihren Handgelenken. Diese Schmiere im Mund wie auch in weiteren Vertiefungen des Körpers ist *bishimba*, und durch die Salbung mit Palmöl und Tierblut wirkt die Statue glänzend feucht. Vor allem aber kann ich die außergewöhnliche Geometrie erkennen, die dem Künstler in seinem Bemühen, die *nkisi* übernatürlich zu gestalten, geglückt ist. Er stand vor einer enormen formalen Herausforderung. Im Gegensatz zu Guos Handrolle oder Monets Gemälde war seine Skulptur weder eine Nachahmung noch eine Darstellung der Wirklichkeit. Sie sollte nicht wie ein göttliches Wesen *aussehen*; sie *war* es und musste als solches den Eindruck erwecken, jenseits des abgründigen menschlichen Sinnens und Trachtens zu existieren. Ja, sie musste ein bisschen erscheinen wie ein neugeborenes Kind – ein nie da gewesenes, wunderbares, in sich selbst ruhendes Ganzes.

Die energiegeladene Figur umkreisend, kann ich deren meisterliche Ausführung nur bestaunen. Das Wunder großer Kunst wurde vollbracht, ein originelles, von Schönheit beseeltes Werk den Schätzen der Welt hinzugefügt. Ich bin nicht einfach überwältigt, sondern tief bewegt. Mit ihren sanft geschlossenen Augen besitzt die *nkisi* eine mächtige Aura der Innerlichkeit, als würde sie gerade den Willen aufbringen, bedrohlich auf sie einwirkende Kräfte in sich aufzunehmen. Die Statue diente dazu, die Bassonge vor den unausweichlichen Härten des Daseins zu bewahren: Gewalt, Unglück, Krankheit. In diesem Kampf konnte sie am Ende nicht triumphieren, aber allein schon der Versuch ist ergreifend. Im Angesicht schwerer Bedrängnisse geschaffen, war diese prachtvolle Erscheinung vonnöten, um nachdrücklich Gegenwehr zu leisten.

6

FLEISCH UND BLUT

Picasso in the Metropolitan Museum of Art ist die erste Mammutschau, an der ich als Wärter beteiligt bin – und eine für die Bücher der Rekorde, denn an manchen Tagen lockt sie mehr als 10.000 Besucher an. Beginnend mit einem jugendlichen Selbstporträt, endet die Ausstellung zwölf Galerien weiter mit der Auswahl aus einer Serie von 347 Radierungen, die der 87-jährige Künstler in nur 270 Tagen vollendet hat. Wer wusste schon, dass das Met mehrere Hundert Picassos besitzt – Gemälde, Keramiken, Skulpturen, Zeichnungen und Drucke –, von denen jeweils nur ein Bruchteil gezeigt werden kann? So war es bis jetzt.

Die meisten meiner Kollegen mögen es nicht, in der »Show« zu arbeiten, wie wir Sonderausstellungen nennen. »Zu viel Zirkus«, grummelt einer von ihnen. Dabei muss man mit einer Unzahl von drängelnden und nörgelnden Besuchern fertigwerden, ein Albtraum-Szenario für die Wärter im ehrwürdigen Bereich B, wo normalerweise die alten Meister hängen. Ich bin eine Ausnahme, finde das alles irgendwie magisch – die geballte Energie im Raum, die oft zu hohen oder falschen Erwartungen, Leute, die mit gesenkter Stimme plötzlich rufen: »Die Blaue Periode!« – und teile dem Sektionschef mit, dass er mich in der Schau nach Belieben postieren kann. »Ich tue jedem einen Gefallen«, erwidert er zustimmend, und so verbringe ich im Lauf von vier Monaten gut und gerne 200 Stunden damit, in Picassos geräumigem Kopf herumzugeistern.

An einem Sonntag bin ich vor *Der Schauspieler* postiert, ein knapp zwei Meter hohes Gemälde aus der Rosa Periode, das kürzlich in den Nachrichten war. Vor einigen Monaten prallte ein bedauernswerter Besucher gegen das Bild – ihn traf keine Schuld –, was einen fünfzehn Zentimeter langen Riss in der unteren rechten Ecke zur Folge hatte. Die Leinwand ist jetzt restauriert und hinter Glas; trotzdem zucke ich jedes Mal zusammen, sobald Besucher sich nach vorn beugen, um die feine Narbe zu begutachten. Stellt man sich nun eine Museumsgalerie voller Menschen vor, von denen jeder einen guten Blick auf Picassos Werke haben will, kann man sich auch vergegenwärtigen, wie eng jener einem Burggraben vergleichbare Zwischenraum ist, der die Kunst vom Publikum trennen soll.

Am fernen Ende der Galerie erspähe ich einen Herrn, der unbekümmert in die Tabuzone vordringt, und obwohl ich ihn durch Winken auf mich aufmerksam mache, weiß er meine Pantomime, einen ordentlichen Schritt zurückzutreten, nicht zu deuten. Also beschließt er, loszugehen und mit mir zu sprechen, was zwar begrüßenswert ist, außer dass der kürzeste Weg durch genau jenen Zwischenraum führt, von dem ich ihn fernzuhalten versuche. Unbeirrt schlendert er auf mich zu und wirft dabei die Schulter gegen den Rahmen von Picassos *Frau in Weiß*.

Das Gemälde schwingt einmal, zweimal, dreimal an Kupferdrähten hin und her, die direkt unterhalb der Decke befestigt sind. Als das schreckliche Pendel endlich zum Stillstand kommt, habe ich das Gefühl, Zeuge eines Erdbebens gewesen zu sein – als wäre die Wirklichkeit selbst kurzzeitig aus den Fugen geraten. Jemand ruft: »Ach du lieber Gott!« Instinktiv weicht die Menge vor dem Mann zurück, der die Hände hochhält, offenbar um zu sehen, ob ich ihn festnehme. Ich rufe den Sektionschef, der mir am Ende versichert, das Gemälde sei unversehrt und nie in echter Gefahr gewesen. Ich bin mir da nicht so sicher. Wer gerade einen hin und her schwingenden Picasso erblickt hat, mag kaum glauben, dass alles in Ordnung ist.

***

Einige Wochen später erleide ich einen weiteren Schock. Während ich warte, meinen Posten zugeteilt zu bekommen, öffne ich die *New York Times* und lese, dass in Paris ein Kunstraub stattgefunden hat, bei dem ein Picasso, ein Matisse, ein Braque, ein Léger und ein Modigliani entwendet wurden. Anscheinend brach ein einzelner Dieb nachts ein Fenster auf (tatsächlich bearbeitete er es sorgfältig an sieben aufeinanderfolgenden Nächten, fand die Polizei schließlich heraus) und verschwand nach der Tat mit moderner Kunst im Wert von hundert Millionen Dollar im 16. Bezirk. Der Vorfall ist eine weitere Mahnung daran – als hätte ich ihrer bedurft –, dass ein Museum nicht so gut gegen Übergriffe geschützt ist, wie man vielleicht meint. Es ist kein verschlossener Tresorraum, sondern ein für Menschen gemachter und zugänglicher Ort; solange das so ist, muss es mit all den menschlichen Schwächen und Täuschungsmanövern fertigwerden.

Eines Nachmittags bin ich in der Abteilung für Griechische und Römische Kunst postiert, als Mr. Whitehall, ein langjähriger Mitarbeiter, auf etwas deutet, das wie ein gewöhnlicher griechischer Marmorkopf aussieht. »Wissen Sie, wer das ist?«

Ich muss passen.

»Hermes«, sagt er. »Wissen Sie, wie er am Ende in einem Schließfach im Grand Central Terminal gelandet ist?«

Auch davon habe ich keine Ahnung.

»Nun, dann erzähl ich's Ihnen. Nicht lange bevor ich hier angefangen habe, ist es passiert, 1979, glaube ich. Es war ein Tag wie jeder andere, abgesehen davon, dass die Ausstellung über König Tutanchamun in der Stadt war – die größte, die wir je hatten, können Sie nachschauen. Ob das eine Rolle spielte, kann ich nicht sagen. Ich weiß nur, dass sich im Griechischen Flügel ein armer Wärter umgedreht hat, und plötzlich war der Sockel leer, wobei er keinen Zweifel hatte, dass er vorher nicht leer war. Es vergehen ein paar Tage. Dann ist der 14. Februar, Valentinstag. Die Bullen bekommen einen Hinweis: Falls sie nach dem Hermes hier suchen – übrigens der Gott der Diebe –, wird es sie interessieren, einen Blick in Schließfach Nummer soundsoviel im Grand Central Terminal zu werfen. Also schalten sie die Sirenen ein, holen die alte Brechstange hervor – und tatsächlich: Als die Schließfachtür aufspringt, starren sie in diese leeren Augenhöhlen.«

Wir blicken ebenfalls hinein.

»Und das ist nicht mal das Seltsamste an der Sache. Schauen Sie, über seinem linken Auge ... An dieser Stelle war ein kleines Herz in den Marmor eingraviert – niemand wusste, warum oder von wem oder ob es ein Zufall war oder was. War einfach immer da gewesen, wahrscheinlich jahrhundertelang.« Unnötigerweise beginnt Mr. Whitehall nun zu flüstern: »Als Hermes hierher nach Hause zurückkam, war ein zweites Herz über dem rechten Auge eingeritzt. Ein dazu passendes Herz. Ein neues, dazu passendes Herz! Ich schwör's bei Gott, Mr. Bringley. Sie können's nachschauen.« (Das tue ich später. Es stimmt.)

Ich frage ihn, wie das zweite Herz dort hingekommen ist.

»Ich schätze, das Ganze hat sich folgendermaßen abgespielt. Bei einem Date brachte ein Typ eine junge Frau ins Met. Sie hat den Hermes angeschaut, das Herz gesehen und in etwa gesagt: ›Wie süß!‹ Das hat sich der Typ gemerkt. Dann war Valentinstag, und er hatte kein Geschenk für sie besorgt. Er erinnerte sich an den Marmorkopf mit dem kleinen eingravierten Herz, ist ins Museum zurückgegangen und hat ihn geklaut. Da er wirklich derart bescheuert war, hat er das dazu passende Herz überm rechten Auge eingeritzt und den Kopf in eine Schachtel gesteckt. So. Seine Freundin hat die kleine Schleife abgenommen und ihr Geschenk geöffnet: eine schöne Bescherung! Sie hat ihn beschimpft, einen Vollidioten genannt, der er ja war und wohl immer noch ist, und Simsalabim: Eine Stunde später, höchstens zwei, haben die Bullen ihren anonymen Hinweis erhalten.«

Während meiner nächsten Pause gehe ich zur Forschungsbibliothek des Met, um dort in alten Zeitungsdatenbanken Suchbegriffe einzugeben wie »Metropolitan Museum«, »Dieb«, »gestohlen« und »Wärter«. Es findet sich nichts über einen Kunstraub, der das Blut gefrieren lässt oder in Wallung versetzt. Mindestens fünf Mal wurde ich schon nach dem Film *The Thomas Crown Affair* (*Die Thomas Crown Affäre*) gefragt, der in einem fiktionalen Met spielt, wo Wärter Elektroschocker einsetzen. (»Kein Kommentar«, kann ich dazu nur sagen.) Obwohl sich herausstellt, dass hier im realen Leben nichts derart Filmreifes geschehen ist, gab es doch mehrere Zwischenfälle, an denen sich eine weniger bekannte, chaotischere Geschichte der großen Institution ablesen lässt.

Der erste Diebstahl, auf den ich stoße, ereignete sich 1887, als ein Wärter die »überraschende Entdeckung« machte, dass eine Vitrine aufgebrochen und eine Reihe von goldenen Armbändern aus dem antiken Zypern entwendet worden war. Zypriotische Kunst war damals die einzige wirklich wertvolle Sammlung, die das noch junge Museum besaß und die offenbar große Kontroversen auslöste. Der früheste Wärter, der mir unter die Augen kommt, ist ein Mr. Dickson D. Alley. Sein Name taucht in Artikeln auf, in denen dem ersten Direktor des Met, General Luigi Palma di Cesnola, Betrug unterstellt wird. (Geboren im Königreich Sardinien, wurde diese schillernde Persönlichkeit im Amerikanischen Bürgerkrieg Offizier aufseiten der Unionsstaaten und später amerikanischer Konsul in Zypern.) Mr. Alley war nach eigener Aussage damit beauftragt, antike zypriotische Keramik auszupacken und zu reinigen – dazu hat man mich noch nie aufgefordert –, als das Museum 1880 in sein heutiges Domizil umzog. Völlig überrascht bemerkte er, dass einige Gefäße offenbar gefälscht oder verändert worden waren, denn die modernen, wasserlöslichen Farben zerflossen ihm unter den Händen. Außerdem sollte er für eine antike Terrakottafigur den fehlenden Kopf aus einem Sammelsurium möglicher Exemplare heraussuchen. Als der geeignetste von allen um etwa drei Millimeter zu schmal war, sah General Cesnola darin kein Problem. Angeblich befahl er, den Hals zu verkürzen, um ihn so passend zu machen. Da Mr. Alley später Fragen zu dieser Art von »Restaurierung« aufrichtig beantwortete, wurde er im Gegenzug entlassen.

Der nächste Artikel stammt von 1910. In dem Jahr betrat ein Mann mit einer ägyptischen Figur ein Pfandhaus in der Bowery im Süden von Manhattan. »Ich hab hier ein Stück Messing, für das ich gern etwas Geld hätte«, zitiert ihn die *New York Times*. »Keine Ahnung, wie viel das wert ist, weil's meiner Tante gehört hat«, aber sie »kannte sich mit solchen Sachen aus, und was sie auch gekauft hat, hat sich immer als echt herausgestellt«. Der Pfandleiher begutachtete die 2500 Jahre alte Antiquität und grummelte: »Was Sie als echte Handwerkskunst bezeichnen, kann nach allem, was ich weiß, den Wert des Messings verringern.« Er gab dem Mann fünfzig Cent (genug, »um fünf Whiskey oder zehn Bier zu kaufen«, wie der Detektiv erläuterte). Der Dieb entfernte sich und verkaufte den Pfandschein für zusätzliche zehn Cent. Bald darauf entdeckten Polizisten, die bereits auf der Suche waren, die Statuette auf ihrer üblichen Tour durch die Pfandhäuser. Heute ist die Göttin Neith, deren Name so viel bedeutet wie »die Schreckliche«, wieder im Ägyptischen Flügel zu besichtigen.

Der Raub von 1927 – fünf Miniaturgemälde aus dem

17. Jahrhundert – ging sicherlich auf das Konto eines Angestellten, weil der Täter einen Generalschlüssel benutzte. 1944 wurde ein sienesisches Gemälde aus dem 14. Jahrhundert von den Wandschrauben gelöst und dann anonym per Post zurückgeschickt, die Holztafel entzweigebrochen. 1946 hatte ein Einbrecher, der zwei Schraubenzieher, einen Hammer und zwei Taschenlampen bei sich trug, einen türkischen Läufer unter seinen Mantel gesteckt, woraufhin der altgediente Wärter Dan Donovan zu der Überzeugung gelangte: »Dieser Wulst war verdächtig.«

1953 traten die Wärter des Met in Streik, zufälligerweise kurz nachdem ein Porträt von William Pitt dem Älteren aus seiner Verankerung gerissen worden war. In farbenprächtige historische Kostüme gekleidet, standen Streikposten auf der imposanten Marmortreppe vor dem Eingang. Der Ritter in glänzender Rüstung hielt ein Schild in die Höhe mit der Aufschrift: *Even My Wages Are from the Middle Ages; Medieval Exhibits Paid for My Mediaeval Pay* (Selbst mein Gehalt stammt noch aus dem Mittelalter; mittelalterliche Exponate zahlten für meine mittelalterliche Bezahlung).

1966 gab es zwei Zwischenfälle. Zuerst schnappte sich ein Mann im Regenmantel ein Gemälde von Gainsborough*, ließ es aber fallen, als die Wärter ihn verfolgten. Dann bohrte ein Gemüsehändler aus der Bronx ohne erkennbaren Grund ein Loch in Monets *Ansicht von Vétheuil*.

1973 war das Museum Nutznießer eines Raubs. Der Direktor des Met organisierte den Ankauf einer herr-

---

* Das Gemälde wurde später Thomas Gainsboroughs Neffe und Schüler Gainsborough Dupont zugeschrieben.

lichen griechischen Vase des Malers und Töpfers Euphronios, die offensichtlich in Einzelteilen über mehrere Grenzen geschmuggelt worden war. »Der heiße Topf«, wie ihr Spitzname lautete, wurde zum Thema von zahlreichen Enthüllungsberichten des Mafia-Reporters der *New York Times* und 2006 schließlich den italienischen Behörden zurückgegeben.

Die Zeitspanne von 1979 bis 1981 war für das Museum äußerst ungünstig. Zuerst wurde der erwähnte Kopf des Hermes gestohlen. Ein Jahr später benutzten Jugendliche einen Kleiderbügel, um den Siegelring von Ramses VI. aus einem schlecht gesicherten Schaukasten zu entwenden (sie wurden gefasst, als ein Juwelier versuchte, das Museum für die Rückgabe des Rings zu erpressen). Die Verhaftungen in diesem Fall erfolgten nur wenige Tage nach der Mitteilung über den Diebstahl zweier Bronzefiguren von Edgar Degas, die allerdings schnell widerrufen wurde. Vertreter des Museums räumten »eine kleine Schludrigkeit« ein, die Statuetten hätten sich die ganze Zeit in einem Lagerraum befunden. Außerdem berichtete ein Putzmann, dass einige kleine Objekte in einer Vitrine fehlten, darunter zwei keltische Münzen und antike goldene Gewandverschlüsse. Als Dieb entpuppte sich der vermeintlich seriöse Kustode.

Im Zuge einer bemerkenswerten Kehrtwende traf dann die Sicherheitsabteilung bestimmte Vorkehrungen, um derartige Missstände abzustellen. Ich wurde 1983 geboren, und in meiner gesamten Lebenszeit scheint sich in den Galerien des Met kein einziger Diebstahl zugetragen zu haben (mit Ausnahme von ein paar Baseballkarten, die im Studierraum für Zeichnungen und Drucke gestohlen wurden). Das ist eine beachtliche Leistung, die zu einem nicht unwesentlichen Teil meinen Vorgängern und Kollegen zu verdanken ist.

***

Jedes Jahr empfängt das Met fast sieben Millionen Besucher. Das sind mehr als bei den Baseballspielen der Yankees, Mets, Giants, Jets, Knicks und Nets zusammen, mehr als bei der Freiheitsstatue oder dem Empire State Building. Weniger zwar als im Louvre oder im Chinesischen Nationalmuseum, aber das sind die Spitzenreiter unter den Museen. Etwa die Hälfte des Publikums kommt aus Übersee, ungefähr jeder zweite amerikanische Besucher aus New York City. Der Grundsatz des Met lautet: »Bezahlen Sie so viel, wie Sie möchten«*, Geld spielt also keine Rolle. Viele Menschen verbringen einen Tag im Museum, so als würden sie einen Ausflug in einen öffentlichen Park unternehmen. Alles in allem kann man sagen, dass das Metropolitan Museum of Art ein Publikum anlockt, das diesen Namen verdient, eine bunt gemischte Menge, die aus unterschiedlichen Gründen den Weg zu dieser großartigen Metropole und einem ihrer faszinierendsten Versammlungsorte gefunden hat.

Als nicht gebürtiger New Yorker erinnere ich mich, wie ich mit den unvergleichlichen Bewohnern dieser Stadt allmählich bekannt wurde, indem ich sie einfach beobachtete. Berufstätige, schicke Leute und Exzentriker aus der Nachbarschaft beanspruchten die gleichen Bürgersteige, und niemand wirkte zaghaft oder ängstlich. Je-

---

* Leider gilt er seit 2018 nur noch für Bewohner des Staates New York.

mand mochte beschäftigt, müde oder verschroben aussehen, aber selten verlegen, gehemmt oder zurückhaltend. Kurzum, sie schienen sich nicht beobachtet zu fühlen, und gerade diese Qualität, »in der Menge allein zu sein«, macht New Yorker zu idealen Beobachtungsobjekten. Während meines Studiums saß ich manchmal auf den Marmorstufen des Met und verfolgte länger als geplant die endlose Parade auf der Fifth Avenue. Sobald ich genug davon hatte, wandte ich mich ab, durchschritt die hohen Eingangstüren des Museums und schloss mich einer Menge an, genauso dicht und achtlos wie jene, auf die ich draußen meinen Blick gerichtet hatte. Abseits stehen ... dann mit den anderen verschmelzen ... wieder abseits stehen ... erneut verschmelzen ... Gleichsam der Atemrhythmus eines Großstadtbewohners.

Als Wärter verschmelze ich nicht mit dem Publikum, das an meinem Posten vorbeizieht, eher vielleicht mit der räumlichen Umgebung. Ich bin der unerschütterliche Betrachter des Festzugs vor meinen Augen. Ein oder zwei Stunden auf einer Parkbank zu sitzen, ist eine Sache, tagelang stille Säle mit vergesslichen Fremden zu teilen, eine andere. Es ist eine Art von Intimität, die Butlern hinter ihren Silbertabletts bekannt sein muss, nur habe ich nicht zufällig zwei Augen und zwei Ohren. Die Aufsicht ist meine wichtigste Pflicht.

Besucher erfahren das Museum auf unterschiedliche Weise, aber es gibt ein paar typische Muster. Wie man in praktisch allen Bereichen besser werden kann, so auch beim Beobachten der Leute; und indem ich mich bemühe, diese »Kunst« zu beherrschen, lerne ich, unter den Tausenden, die ich jeden Tag sehe, exemplarische Charaktere auszuwählen. Da ist zum Beispiel der Tourist – ein

Vater in Windjacke, Kamera um den Hals, auf der Jagd nach den berühmtesten Werken. Er hat kein besonderes Interesse an Kunst, aber das heißt nicht, dass er blind ist für das, was ihm vor Augen kommt. Während er im Flügel der alten Meister die Handwerkskunst bewundert, sagt er mit erhobener Stimme mehrmals: »Ich meine, allein schon die Rahmen!« Er hört seinen Kindern im Schulalter aufmerksam zu, wenn sie ihm erzählen, was sie im Fach Weltgeschichte gerade lernen. Aber es überrascht und enttäuscht ihn zu erfahren, dass das Met – seiner Meinung nach eine Art *Hall of Fame* – keinen einzigen Leonardo da Vinci besitzt. Nichtsdestotrotz verlässt er das Museum voller Begeisterung.

Daneben gibt es die Dinosaurierjägerin – eine Mutter mit kleinen Kindern, die den Hals reckt und um die Ecken späht, aber durch jedes weitere Beweisstück, dass dieses Museum *lediglich* über Kunst verfügt, in Panik versetzt wird. Sie besucht New York zum ersten Mal, eine große Sache für sie und ihre Familie, man wohnt am Times Square. Sie ging einfach davon aus, ein berühmtes Museum wie dieses hätte einen T-Rex, ein interaktives Laser Display oder *sonst etwas Unterhaltsames* für die Kinder zu bieten. Dennoch beschließt sie, das Beste daraus zu machen; ein Wärter nimmt sie beiseite, um ihr die Mumien und die Ritter in glänzender Rüstung zu empfehlen. Sie hat ihre Freude an dem Wärter, der mit den Kindern herumalbert, und verlässt das Museum schließlich mit der Absicht, nach der Rückkehr in die Heimat allen zu berichten, dass New Yorker eigentlich wahnsinnig nett sind.

Darüber hinaus existieren drei verschiedene Arten von Liebhabern oder Liebhaberinnen. Zunächst die Kunstliebhaberin – eine stille, konzentriert wirkende Frau, die aus einer anderen Stadt angereist ist, um eine Ausstellung zu sehen, über die der *New Yorker* in höchsten Tönen geschrieben hat. Ihre Miene bleibt fast starr, aber im Kopf rasen die Gedanken umher, während sie sich wie eine Schildkröte unter Hasen langsam durch die Galerien bewegt. Dann gibt es den Liebhaber des Museums selbst – ein Ortsansässiger, der es als säkulare Kirche kennt, seit er sich erinnern kann. In jungen Jahren zahlte er bei jedem Besuch ein paar Dollar; jetzt kann er sich das Basisangebot leisten, eine Mitgliedschaft ohne Extras. Obwohl seine Arbeit nichts zu tun hat mit großen Ideen oder schönen Dingen, lebt er in dieser Stadt, weil hier alles sofort verfügbar ist. Schließlich sind da die Turteltauben, die durch die Galerien flattern und sich an Stellen niederlassen, wo die Stille nicht peinlich ist und das intensive Gefühl ganz natürlich erscheint.

Des Weiteren gibt es verschiedene Arten von Besuchern, die ihre Finger nicht von Statuen, Sarkophagen, antiken Stühlen und irgendwelchen Möbelstücken mit Schubladen lassen können. Zum größten Teil benehmen sie sich manierlich genug, um keine Gemälde anzufassen, aber kein sonstiger Gegenstand ist vor ihnen sicher. Würde man im Met nach Fingerabdrücken suchen, hätte man zahllose Verdächtige. Einige können nicht anders: Der kalte, kalte Marmor lockt sie, und ehe sie sich versehen, haben sie ihn gestreichelt. Andere fixieren sich ganz bewusst auf das Ziel – am etwas zu forschen Gang kann ich ihr Motiv erahnen und rechtzeitig dazwischenspringen. Schließlich gibt es Besucher, die einfach die Regeln nicht kennen, die nie den verschiedenen Fragen über alte, anfällige Kunst nachgegangen sind, deren einzige Antwort lautet: »Nicht berühren!« Wenn ich einen Jungen in der Mittelstufe davon abhalte, auf den Schoß einer antiken Venus zu klettern, entschuldigt er sich, blickt nachdenklich über das Schlachtfeld kopf-, nasen-, arm- und beinloser Statuen und fragt: »Also ist dieses ganze kaputte Zeug hier drinnen kaputtgegangen?«

Zugleich gibt es einzelne Individuen, die mir auffallen. Ein alter Mann, erschöpft vom vielen Schauen, beugt sich auf seiner Gehhilfe horizontal nach unten, während seine Frau den Kopf neigt, um ihm ins Ohr zu flüstern. Mehrere lange Minuten beschreibt sie detailliert die mittelalterlichen Reliquiare, die er aus Mangel an Kraft auslassen muss. Am Ende hilft sie ihm, sich aufzurichten, und so ziehen die beiden langsam weiter.

Am Brunnen im Amerikanischen Flügel reicht eine Mutter ihrem Kind zwei Münzen: »Ein Wunsch für dich selbst«, sagt sie, »und einer, genauso groß, für jemand anders.« Das habe ich vorher noch nie gehört und weiß sofort, dass ich es eines Tages auch zu meinen Kindern sagen werde.

Zwei ältere, weißhaarige Damen sind völlig identisch gekleidet. Bei näherer Betrachtung stellt sich heraus, dass es sich um eineiige Zwillinge handelt. Der noch genauere Blick offenbart jedoch einen Unterschied zwischen ihnen: Diese Frau trägt eine Fliege, jene nicht.

Manchmal beobachte ich eine solche Person minutenlang, bis etwas Unerwartetes geschieht: Plötzlich macht sie auf dem Absatz kehrt, geht in meine Richtung und stellt mir eine Frage.

***

Eines Nachmittags stehe ich in den Galerien der Spätgotik und Frührenaissance und beobachte einen Mann, der auf angenehme Weise überrascht scheint. Er starrt auf Duccios *Madonna mit Kind*, die wunderbaren Falten ihres Schleiers, ihre harmonische Form und Feinheit, und wendet sich dann mir zu. »Diese Gemälde ...«, sagt er, das kleine Meisterwerk betrachtend, »... sind sie ...?« Er hält inne. »Sind sie ...?« Er ist sich nicht sicher, ob er überhaupt eine Theorie hat. »Sind sie ... in Höhlen ... entdeckt worden?«

Der gut gekleidete Mann in mittleren Jahren ist streng religiös, wie er mir mitteilt. Ihm war nicht geläufig, dass solche alten christlichen Werke überdauert haben. Er kann es nicht fassen, wie frisch das 700 Jahre alte Bild wirkt, zumal nachdem ich ihm erklärt habe, dass es mit einer Mischung aus Eigelb, zermahlenem Gemüse, pulverisierten Käfern und Steinen gemalt wurde. Er findet das atemberaubend. »Wurde es also in ... einer Höhle entdeckt?«

»Nein«, erwidere ich. »Diese Gemälde wurden von einer Person an die nächste weitergegeben, von Priester zu Priester, Mönch zu Mönch, vom Verkäufer zum Käufer und auf vielerlei anderen Wegen, bis sie schließlich in der Sammlung des Museums eine sichere Bleibe gefunden haben.«

»Und sind sie von ... Priestern gemalt worden?«, fragt er.

Ich verneine erneut. Größtenteils seien sie von handwerklich begabten Künstlern und ihren fachkundigen Gehilfen im Auftrag eines reichen Mäzens oder einer Kirche geschaffen worden. Dafür habe man Pigmente zermahlen und mit Bindemitteln vermengen müssen, Gold zu Blattgold verarbeiten, Holztafeln zurechtschneiden und präparieren, Kompositionen entwerfen und ausbalancieren, Konturen einzeichnen, um dann die Farben mit behutsamen kurzen Pinselstrichen aufzutragen, Schicht um Schicht, Tag für Tag, mit einer mittelalterlichen Art von Geduld.

»Und warum sehen die Figuren so aus?«, fragt er dann, womit er ihren seltsamen Ausdruck meint.

»Nun«, erwidere ich, »gute Frage. (Mir ist wohl bewusst, dass die folgenden Ausführungen eine kursorische Umschreibung darstellen.) Lange Zeit waren Künstler nicht allzu sehr darauf bedacht, ihren Bildern eine fotografische Genauigkeit zu verleihen. Zum einen gab es keine Fotografien, eine solche Technik hätten sie sich nicht einmal vorstellen können. Zum anderen malten sie gewöhnlich Engel, Heilige und dergleichen, und diese schienen durch ihre wunderbaren Gestaltungen, die fast wie Symbole wirkten, gut getroffen zu sein. Damit war die Aufgabe erfüllt. Doch dieses Bild von Duccio entstand in den frühen Tagen der Renaissance. Es war die Zeit, als Menschen sich für Menschen zu interessieren begannen – wie sie aussehen, worüber sie nachdenken, was ihnen gelingen mag, wie ihre Leben und Träume beschaffen sind. Das war etwas grundsätzlich Neues, insofern man zuvor die Menschen eher als sündhafte, gefallene Geschöpfe betrachtet hatte, die nur kurze Zeit auf Erden weilen, bevor sie ins ewige Jenseits übergehen.

Folglich mussten die Künstler der Renaissance bisher unbekannte Wege finden, die Wirklichkeit abzubilden, die Dinge tatsächlich zu sehen und somit der sichtbaren Welt Beachtung zu schenken – den Oberflächen, Wildblumen, dem menschlichen Körper und Gesicht. Zugleich jedoch bekundeten sie dabei ihren Glauben an göttliche Harmonien und Hierarchien. Das Verblüffende ist, dass sie ihr Ziel erreicht haben. Die Art und Weise, wie sie lernten, die Dinge im Gleichgewicht zu halten, das Zufällige mit dem Ewigen in Übereinstimmung zu bringen, prägte die nachfolgenden Künstlergenerationen – und beeinflusst nach wie vor, wie Sie und ich heute die Welt betrachten. Auf dem Gemälde hier erkennen wir die ersten, noch ein wenig unbeholfenen Anfänge dieser Entwicklung, aber in meinen Augen sind sie von außerordentlicher Originalität und Schönheit.«

Der Mann lauscht meiner etwas ausschweifenden Erklärung mit großer Neugier. Er ist ein besonderer Mensch, der weder Wissen vortäuscht, noch Angst hat, sich lächerlich zu machen, der die Türen seines Geistes weit aufstößt und eine Vielzahl neuer Ideen willkommen heißt. Ich bewundere diese Offenheit mehr als alles andere, was den ganzen Tag über geschehen ist. Der Mann dankt mir und verabschiedet sich; fortan mache ich es mir zur Gewohnheit, nach weiteren seiner Art Ausschau zu halten.

Er war ein aufmerksamer Zuhörer. Andere sind Schwätzer. Wieder andere denken gerne laut. Da ist zum Beispiel jene Frau, die so langsam, mit solcher Mühe, Sorgfalt und Ernsthaftigkeit vor mir monologisiert, dass ich mich fast nicht zu bewegen wage, um den Bann nicht zu brechen.

»Diese begabten Künstler …«, sagt sie und blickt auf die weite Landschaft in *The Heart of the Andes* des amerikanischen Malers Frederic Edwin Church aus dem 19. Jahrhundert. »Man sieht, wie wunderbar sie gemalt haben … wie gut die Menschen sind in dem, was sie machen … und das bleibt in einem, monatelang, jahrelang ... Man erinnert sich daran ... Es bringt einen zurück in den Zustand tiefer Entspannung ... Das ist verblüffend ... Dabei haben sie keine Fotografien benutzt, sondern einfach geschaut ... und gemalt.«

Ich berichte ihr über ein weiteres amerikanisches Landschaftsgemälde, *The Oxbow* von Thomas Cole, worauf sie erwidert: »Lassen Sie es mich betrachten.«

Menschen sprechen zu Wärtern so, wie sie es gegenüber einer geschäftigeren Person in schickerem Anzug nicht tun würden. Wenn sie eine Ausstellung lieben, kommen sie zögerlich näher und überlegen, ob sie in ihrem Leben je etwas derart Schönes gesehen haben. Wenn sie meinen, es handle sich um pseudokünstlerischen Unsinn, werfen sie uns Blicke zu, um damit auszudrücken: Jeder findet diesen Mist gut, außer Ihnen und mir. Vermutlich liegt es an der Uniform – ihrer schäbigen Vornehmheit, die sowohl ausgefallenen Leuten wie normalen Berufstätigen sympathisch erscheint. Außerdem halten wir uns völlig zurück. Sicherlich würden Besucher uns verachten, wenn wir auf dem Revers vulgäre Anstecker mit der Aufschrift *Sie können mir jede Frage stellen!* tragen würden. Museumswärter haben mit solchen Ansteckern nichts zu schaffen. Eins ist jedenfalls klar: Wir sind zufrieden mit der Stille ringsum. Aber man kann uns auch ganz schön auf die Nerven gehen.

Allerdings wissen die Leute ziemlich genau meine Gedanken zu lesen: Wann immer ich denen nachhänge, werde ich meistens in Ruhe gelassen. Seit einiger Zeit muss ich nach außen irgendwie offen und zuvorkommend wirken, denn immer mehr Besucher nähern sich mir, nachdem sie den oft gehörten Satz geäußert haben: »Fragen wir den Wärter da.« Ich mag es besonders, wenn ratlose Menschen mit ihrem Anliegen an mich herantreten. Dass sie verwirrt durch die schier endlosen Gänge des Met taumeln, erscheint mir nur natürlich. Diejenigen mit höherer Bildung täuschen sich, wenn sie das, was sie hier sehen, mühelos zu verstehen glauben. Verwirrte Personen hingegen werden durch Dinge überrascht, die tatsächlich überraschend sind – dass ein echter Picasso direkt vor ihren Augen hängt, dass ein ägyptischer Tempel an seinem ursprünglichen Standort zerlegt und nach New York transportiert wurde. Ich lerne nicht nur, jede mögliche Anwandlung von Hochnäsigkeit zurückzudrängen, sondern sie als töricht und lächerlich abzulehnen. Niemand von uns weiß sonderlich viel über dieses Thema: die Welt und all ihre Schönheit. Ich kenne vielleicht die Daten von Michelangelos Geburt und Tod, aber wie würde die Unwissenheit mich überwältigen, stünde ich in seiner Werkstatt oder der eines persischen Miniaturisten oder der eines Korbflechters bei den Navajo-Indianern … Selbst diese Künstler würden ihren oft ungeheuer großen und schwer fassbaren Gegenstand nicht vollkommen begreifen können. Auch sie wären im Met verwirrt.

***

Zur Ferienzeit ist das Museum überfüllt. Zumal für Touristen fühlt sich die Stadt und alles in ihr von Thanksgiving bis Neujahr weihnachtlich an, und so gleiten sie durch die Galerien wie Schlittschuhläufer am Rockefeller Center. Da es bereits meine dritte Feriensaison ist, bin ich auf die spezielle Mischung dieser Menge eingestellt: die Urlauber, die Sehenswürdigkeiten besichtigen; die nicht mehr jungen Eltern, die mit erwachsenen Kindern und

Enkeln Weihnachten in der Stadt verbringen; die ehemaligen New Yorker (»Wir leben jetzt in Scottsdale, Arizona, aber ich bin in Brooklyn geboren und aufgewachsen«), die zurückkehren, um ihre Mutter zu besuchen. Es herrscht Hochsaison, um Menschen zu beobachten.

Ich arbeite in einer Fotoausstellung mit dem Titel *Stieglitz, Steichen, Strand* – drei Amerikaner des frühen 20. Jahrhunderts. Zuerst fällt mir auf, wie vertraut viele der abgebildeten Szenen wirken. Paul Strand fotografierte im Central Park eine Schneeschicht, jener ähnlich, die ich auf meinem Spaziergang vom Bahnhof aus sah. Edward Steichen lichtete das Flatiron Building ab, quasi ein alter Bekannter von mir, seit wir auf dem Weg von Toms Krankenhaus zum Madison Square, wo wir uns manchmal etwas zum Mittagessen holten, daran vorbeikamen. Alfred Stieglitz hielt Stadtansichten mit hohen und niedrigen Gebäuden fest, vor denen ich mir sage: »Ja, genau so sieht New York aus.« Auf den besten Fotos kann ich die Aufgeregtheit des Auges hinter dem Sucher spüren und die Ungeduld der Hände, die die magische Aufnahme aus ihrem chemischen Bad hervorziehen.

Einige Säle weiter gibt es eine Bilderserie, die Stieglitz von seiner Partnerin und späteren Frau, der Malerin Georgia O'Keeffe, angefertigt hat. Es sind keine Porträts, sondern Schnappschüsse. Als Studien würde man sie wohl bezeichnen: Versuche, sie genauer zu sehen – ihre Hände und Füße, den Oberkörper, die Brüste, das Gesicht, wieder und wieder ihr Gesicht. Sie war bemerkenswert schön, aber es sind die allgemeinen äußeren Merkmale des Menschen, die mir am meisten das Gefühl von Lebendigkeit vermitteln – wie konkret und eigentümlich wir gestaltet sind, wie sehr wir durch Haltung und Gesten kommunizieren, wie wir den anderen als Umriss, Farbe, Licht oder Schatten erscheinen. Auf den Fotos sieht O'Keeffe wie ein haarloser Primat und eine strenge Göttin zugleich aus, und so ist es doch im Grunde, nicht wahr? Das unergründliche Geheimnis unserer gesamten Spezies prägt sich mir ein.

Ich wende mich von den Bildern ab, überschaue den Raum und muss bei diesem Anblick fast lachen. Ganz in der Nähe stehen Dutzende von Menschen aus aller Welt, leibhaftig und lebendig, und jeder späht an seinem Nachbarn vorbei, um auf farblose, unbewegte Fotografien von Personen zu starren, die an der Wand hängen. Offenbar sind echte Menschen einfach nur gewöhnlich. Wir können sie jederzeit sehen. Warum also sollten wir Fremden Beachtung schenken, die im Nu für immer aus unserem Leben verschwinden werden? Als Teil eines Kunstwerks besitzt Georgia O'Keeffe hier besondere Eigenschaften, die uns anderen zu fehlen scheinen. Sie ist still, dauerhaft. Ein Rahmen umgibt sie, schafft Raum zwischen ihrer ehrwürdigen Schönheit und der profanen, alltäglichen Welt. Manchmal, denke ich, benötigen wir die Erlaubnis, innezuhalten und zu bewundern, und gerade ein Kunstwerk gewährt sie uns.

Einige Schritte von mir entfernt hält ein Besucher die Kamera vors Auge, um ein Foto vom Foto von Georgia O'Keeffes ungerührtem Gesicht zu machen. Das zu beobachten, mutet in dem Moment fast surreal an, aber wieder einmal begreife ich, warum es geschieht. Hinter dem Apparat glaubt der Mann, auf diese Weise einen besseren Zugriff auf die Wirklichkeit zu haben, denn es ist schwierig, vollständig zu erfahren, was uns, wie wir wissen, durch die Finger gleitet. Wir wollen Besitz ergreifen, einen Gegenstand gewissermaßen in die Tasche stecken und mitnehmen. Was aber, wenn nichts von großer Schönheit in unsere Tasche passt und nur ein Hauch von dem, was wir sehen oder erfahren, zum Besitz werden kann?

Mit diesem Gedanken im Kopf kommen mir die Fremden im Raum plötzlich wildschön vor. Sie haben gute Gesichter, gehen wortgewandt einher. Sie sind gefühlvoll, ihre Augenbrauen hüpfen auf und ab. Sie sind Töchter, die wie die Vergangenheit ihrer Mütter aussehen, Väter, die wie die Zukunft ihrer Söhne aussehen. Sie sind jung, alt, aufblühend, verblühend und in jedem Sinne wirklich. Ich bemühe mich, meine Augen wie ein Untersuchungsinstrument zu benutzen – oder als Stift, mit meinem Verstand als Skizzenblock. Darin bin ich nicht sehr geschickt – und das heißt, ich kann besser werden. Ich suche nach einer Bedeutung in der Art, wie Menschen ihre Kleidung tragen, ihr Gewicht, mit dem Freund beziehungsweise der Freundin Händchen halten oder auch nicht, ihr Haar stylen, den Bart schneiden, meinem Blick begegnen oder ihn vermeiden, Vergnügen, Ungeduld, Langeweile oder Zerstreutheit auf dem Gesicht, in der Körperhaltung oder durch den Gang zum Ausdruck bringen. Wenn ich dann feststelle, dass ich in dem, was ich wahrnehme, oft keine genaue Bedeutung entdecken kann – nichts, das ich in Worte fassen könnte –, erfreue ich mich einfach an dem Blitzen und Funkeln der Szene.

Nach beendeter Arbeit nehme ich in der 86th Street die U-Bahn und betrachte meine Mitpassagiere bereitwillig mit einem hohen Maß an Sympathie. An einem üblichen Tag vergisst man im Blick auf Fremde leicht das Wesentliche an ihnen – dass sie genauso wirklich sind wie man selbst; dass sie triumphiert und gelitten haben; dass sie wie man selbst mit etwas beschäftigt sind (dem Leben), das anstrengend und reichhaltig und flüchtig ist. Ich erinnere mich an Fahrten nach Hause, nachdem ich Tom im Krankenhaus besucht hatte. Wenn jemand sich gemein verhielt, einen anderen wütend beschimpfte, nur weil der versehentlich gegen ihn gestoßen war, erschien mir diese Blindheit derart verbohrt, dass ich sie nicht fassen konnte – obwohl wir alle manchmal zu solchen Überreaktionen neigen. Doch heute Abend habe ich Glück. Ich kann die müden, geistesabwesenden Gesichter der Fremden liebevoll anschauen.

Nach einer halben Stunde und einem Umstieg am Union Square fährt meine Bahn über die Manhattan Bridge und rast in den Stadtbezirk Brooklyn. Nun fühle ich eine noch größere Liebe im Gedanken an die Person, zu der ich heimkehre.

7

THE CLOISTERS

Der Tag, an dem mein Bruder beigesetzt wurde, hätte mein Hochzeitstag sein sollen. Wir hatten den Saal reserviert, die Band engagiert. Wir waren sogar schon verheiratet, ein kurzer Zwischenstopp im Rathaus wenige Wochen vor dem großen Ereignis in Weiß. Tom und Krista hätten unsere Trauzeugen sein sollen, aber im letzten Moment kam der Anruf, dass Tom zu schwach sei. Und wenn wir uns stattdessen das Jawort im Büro des städtischen Urkundsbeamten in Queens gäben? Auch dafür sei er zu schwach. Es war der 3. Juni 2008. Er starb am 22.

Etwa sechzehn Monate davor hatte am Valentinstag mein erstes Date mit Tara Lohr stattgefunden. Das Timing war eher zufällig und uns beiden ein bisschen peinlich. Das versuchten wir zu kompensieren, indem wir in einem billigen Speiselokal namens *Big Nick's* zu Abend aßen. In der Nische klingelte Taras Mobiltelefon, sie nahm den Anruf entgegen. »Saara!«, rief Tara, wobei ihr Brooklyn-Akzent plötzlich wie Hafenwasser unter der

Verrazzano-Narrows Bridge dahinfloss. »Biste zurück in Bay Ridge? Hör zu, ich hab deinen Mistkerl gesehn. Gestern hab ich deinen Mistkerl gesehn.« Offenbar kannte ich dieses Mädchen, das bisher völlig normal zu reden schien, nicht wirklich. Das war gut. Das war überraschend.

Eineinhalb Monate zuvor waren wir bei einer Silvester-Tanzparty noch Fremde gewesen. Nicht lange danach verbrachte ich die Nacht bei ihr in Uptown. Oh, diese frühen Tage, als ich im A Train bis zur Endhaltestelle in Manhattan fuhr und das Gefühl hatte, die Luft dort oben sei tatsächlich dünner! Ich stieg die Stufen zu ihrer Wohnung im 4. Stock hinauf, klopfte an die Tür und betrat den wohl abgeschiedensten Ort der ganzen Stadt. Bei Tagesanbruch stand Tara auf, um sich für ihre Arbeit als Schullehrerin in der Bronx fertig zu machen. Halb wach beobachtete ich, wie sie ihre Ms.-Lohr-Kleidung heraussuchte, einfach so; ihren überfüllten Rucksack zusammenpackte, einfach so; sich näherte, um mir einen Kuss zu geben wie der Prinz dem Dornröschen, und mich zurückließ in diesem kleinen, heiligen Apartment.

Um die Ecke von ihrem Wohnhaus erhoben sich hoch auf einem bewaldeten Hügel die Cloisters, eine Zweigstelle des Met am nördlichsten Punkt von Manhattan. Bei einem unserer frühen Dates kletterten wir schnaufend und keuchend den Hügel hinauf, stellten die gleiche Frage wie wohl jeder, der sich auf das sagenhafte Museum zubewegt: »Kannst du glauben, dass wir immer noch in New York sind?« Aus dem Wald hervortretend, ließen wir den Anblick des Gebäudes aus grauem Stein, einem Kloster des 13. Jahrhunderts nachempfunden, auf uns einwirken. Dann kletterten wir weiter nach oben bis zur gewundenen Treppe der Cloisters, die in meiner Erinnerung mit Fackeln beleuchtet war. Wir spendeten zehn Dollar für uns beide, was uns großzügig vorkam, und betraten das erste der mittelalterlichen Heiligtümer des Museums.

Es war eine französische, aus schweren Steinquadern erbaute Kapelle des 12. Jahrhunderts. Klein und nur spärlich verziert, wohnte ihr eine düstere Aura der Gnade inne. Tara, ein ehemaliges katholisches Schulmädchen, eine Italienerin aus Brooklyn, verglich sie wohlwollend mit der St. Anselm Church auf der 82nd Street, was mich amüsierte. Sie nahm meine Hand und führte mich zum Altar, wies darauf hin, wo sich der Tabernakel befunden hätte, sprach mit einer Mischung aus Leichtigkeit und Nostalgie über ihre gottesfürchtigen Jahre und rollte dabei mit den Augen. Offensichtlich fehlte ihr das meditative Schweigen, in das ich vor kirchlichen Dingen versinke. Doch wir waren beide bezaubert. Die wunderbare Melancholie des widerhallenden Raumes kam uns gelegen, obwohl wir zu glücklich waren, um in düstere Stimmung zu verfallen.

Ich hatte die Cloisters schon vorher besucht, aber die genaue Definition eines Kreuzgangs nicht ganz verstanden. Darunter stellte ich mir eine Reihe winziger Zellen vor, in die sich Mönche zum Gebet zurückziehen. Tatsächlich wird damit ein überdachter Bogengang mit offener Hof- oder Gartenfläche bezeichnet, ein von der äußeren Welt, nicht jedoch von Sonne, Mond und Sternen abgetrennter Ort. Zuerst besuchten wir einen dem katalanischen 12. Jahrhundert nachempfundenen Kreuzgang mit Säulen aus rosa Marmor, die einen Garten voller Blumen säumten. Die Obstbäume beherbergten Scharen von Singvögeln, am zentralen Brunnen kreuzten sich die Pfade. Auf ihnen wären Mönche zum Speise- oder Schlafsaal unterwegs gewesen. Oder sie hätten die Ärmel hochgerollt, ihre Spaten ergriffen und diesen abgeschiedenen Garten gepflegt, ihren eigenen kleinen Fleck der Schöpfung.

Als wir über die ebenen Bodenplatten gingen, führte sie geschickt Stepptanzschritte aus, eine Gewohnheit von ihr. Auf einige Blumen deutend, erzählte ich Tara, dass der Anführer meiner Pfadfindergruppe im Vorort von Chicago uns Tulpenzwiebeln von Haustür zu Haustür verkaufen ließ. Das fand sie erstaunlich. Unter einem Holzapfelbaum schilderte sie ihrerseits, dass sie mit zwei Geschwistern in einer Zweizimmerwohnung im 3. Stock aufgewachsen sei, während ihre Großmutter (aus den Abruzzen) im 1. Stock wohnte, ihre Urgroßmutter (»Mammuccia«) direkt darunter, mit einem Feigenbaum im winzigen verwilderten Garten vor dem Haus.

Sie führte mich in den angrenzenden Kapitelsaal (eine Versammlungsstätte für die Mönche), wo wir uns auf Bänke setzten, die für ihre Körpergröße von 1,78 Meter zu kurz waren. Von dort konnten wir nach draußen auf den Garten schauen, fühlten uns geborgen an diesem schattigen Ort, über dessen Decke sich Rippenbogen wie Tentakel eines riesigen Tintenfischs spannten. Die Ruhepause genießend, teilte Tara mir mit, dass sie und ihre Freunde früher »die ganze Zeit« hier im Kapitelsaal herumgehangen hätten. Jetzt war es an mir, erstaunt zu sein.

»Du meinst, auf der Highschool? Warst du nicht nach Staten Island umgezogen?«, fragte ich.

Das war sie auch, besuchte aber eine Magnet Public

School* in Manhattan, weshalb sie jeden Morgen den städtischen Bus zur Staten-Island-Fähre nahm, um dann mit der U-Bahn zur Schule zu fahren, was insgesamt zwei Stunden dauerte. Da sie so bereits weite Strecken innerhalb von New York zurücklegte, erschien es ihr und ihren Freunden (zu denen auch Jugendliche aus Vororten gehörten) wenig verlockend, sich im Stadtzentrum zu treffen.

Viel lieber fuhren sie mit der Bahn den ganzen Weg bis hierher.

»Aber warum gerade hierher?«, hakte ich nach.

»Wir waren Dichter«, erwiderte sie kichernd. »Zumindest hielten wir uns dafür. Es fühlte sich an wie das Ende der Welt, wie ein geheimer Ort. Genau hier habe ich meinen fünfzehnten Geburtstag gefeiert, in einem schwarzen Spinnennetzkleid. Ich glaube, wir haben nichts anderes gemacht, als auf den Bänken herumzulungern und zu reden.«

Wir lachten über diese Erinnerung, als läge das alles schon sehr lange zurück, obwohl wir damals erst 23 waren.

Anschließend durchquerten wir, ohne innezuhalten, mehrere angrenzende Galerien. Wäre ich allein gewesen, hätte ich den Rundgang unterbrochen, um über das Mérode-Triptychon zu sinnieren und das Kreuz von Meister Hugo aus der Benediktinerabtei St Edmunds in Suffolk

---

* Schulen mit einem speziellen Schwerpunkt im Lehrplan oder einem besonderen pädagogischen Konzept. Dadurch sollten innerstädtische Schulen attraktiver und die Einzugsgebiete über Stadtteilgrenzen hinweg ausgeweitet werden. (Anm. d. Übers.)

näher zu untersuchen. Aber Tara ist im Grunde kein »Kunstmensch«, außerdem erwarteten uns weitere faszinierende Sehenswürdigkeiten, die zum Nachdenken anregten.

In einem zweiten Kreuzgang mit atemberaubendem Ausblick blieben wir stehen. Nun waren wir vom Museum oder Kloster nicht mehr umgeben, sondern befanden uns an dessen Rand, blickten hinunter auf den Hudson River, der zu den aufragenden Klippen der Palisades strömte. Ich hatte die seltsame Empfindung, uns von hoch oben zu sehen, an der schmalsten Stelle einer winzigen Insel stehend, den großen Fluss betrachtend, der langsam auf den Hafen von New York zufloss. Es war, als könnte ich die klaren, scharfen Umrisse der Liebesgeschichte erkennen, die wir im Begriff waren zu schreiben.

»Ohne den Hafen wärst du nicht auf der Welt«, erinnerte ich Tara. (Ihr Vater, ein Seemann, begegnete ihrer Mutter, während sein Schiff im Brooklyn Navy Yard lag.) Die Deutlichkeit dieser wahren Aussage verblüffte mich. Ebenso wunderbar war es dann, dass wir am nächsten Tag, ein Sonntag, unterirdisch durch ganz Manhattan fuhren und dann den East River überquerten, um im Haus ihrer Großmutter zu Abend zu essen. Und dass wir am darauffolgenden Wochenende nach Queens zischten und mit Tom und Krista plauderten, unseren geliebten Vertrauten.

Am Ende der Besichtigung haben wir noch einen Abstecher zum Kräutergarten gemacht und über all die hexenartigen Namen gefeixt: Seifenkraut, Wermutkraut, Schwarznessel. Dann verließen wir die Cloisters und stiegen den Hügel hinunter.

***

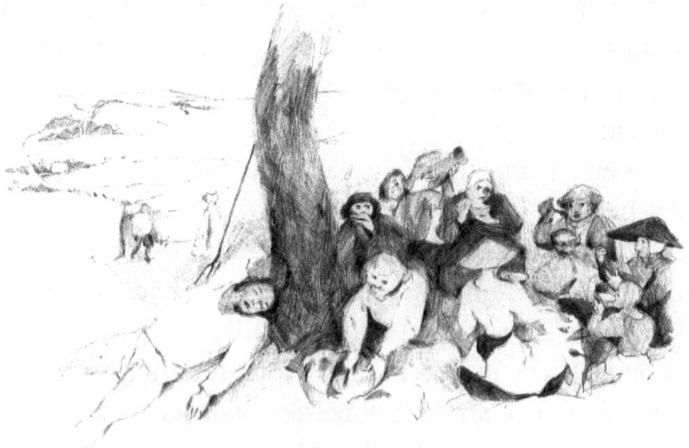

Acht Monate später gaben wir unsere Verlobung in Toms Krankenhauszimmer bekannt, das an jenem Tag von Fröhlichkeit erfüllt war. Wir hatten Bier eingeschmuggelt und stießen mit Plastikbechern an. Tom strahlte vor freudiger Überraschung übers ganze Gesicht.

Und nach nur vier weiteren Monaten wachten Tara und ich abwechselnd an seinem Bett, schauten fern bei stummgeschaltetem Ton, während er schlief.

In einer dieser Nächte waren es Krista, Tara und ich, die über Tom wachten. Es war spät. Er war kaum noch bei klarem Bewusstsein. Doch mit einem Mal hob er den Kopf und bat um einige Chicken McNuggets. Ich weiß nicht, ob ich je glücklicher war als in dem Moment, da ich in das nächtliche Manhattan hinauseilte und mit einer großen Menge von paniertem Fleisch und Dip-Saucen zurückkehrte. Wir picknickten rund um das Bett, eine liebevolle, traurige, lachende kleine Gruppe, die auf die bestmögliche Weise mit der Situation fertigzuwerden versuchte.

Rückblickend kommt mir das großartige Gemälde *Die Kornernte* von Pieter Bruegel d. Ä. wieder in den Sinn. Auf diesem Bild nehmen mehrere Bauern vor dem Hintergrund einer weiten, tiefen Landschaft ihre Nachmittagsmahlzeit ein. Ganz in der Nähe erhebt sich eine Kirche, weiter unten liegt ein Hafen, goldgelbe und grüne Felder erstrecken sich bis zum fernen Horizont. Im Vordergrund mähen Männer das Korn mit Sensen, eine Frau bückt sich, um die Ähren zu bündeln. Und am unteren rechten Bildrand haben diese neun Bauern – drollig und sympathisch – ihre Feldarbeit ruhen lassen, um unter einem Birnbaum gesellig zusammenzusitzen, zu essen und zu trinken.

Wenn ich Bruegels Meisterwerk betrachte, denke ich manchmal: Das ist ein Gemälde über die buchstäblich alltäglichste Sache auf Erden. Damals waren die meisten Menschen Bauern. Das Leben bestand größtenteils aus Arbeit und Mühsal, unterbrochen von kurzen Auszeiten und fröhlichem Beisammensein. Es ist eine Szene, die Pieter Bruegel derart vertraut gewesen sein muss, dass es der Anstrengung bedurfte, ihr besondere Beachtung zu schenken. Aber er hat es getan – und dieser kleinen bunt gemischten, heiligen Gruppe einen Platz vor seiner sich immens ausbreitenden Welt gegeben.

Bisweilen bin ich mir nicht sicher, was bemerkenswerter ist – dass das Leben großen Gemälden gerecht wird oder dass große Gemälde dem Leben gerecht werden.

8

WÄCHTER

In meinem vierten Arbeitsjahr treffe ich eines Morgens auf eine lose Gruppe neu eingestellter Wärter, die neben gestapelten Kisten für den Kunsttransport warten. Ein bisschen spät dran, eile ich an ihnen vorbei ins Disponentenbüro, wo Bob die Kachel mit meinem Namen zu finden versucht. »Ah, Bringley«, sagt er schließlich, »heute bilden Sie jemanden aus. Legen Sie los, ziehen Sie Ihre Uniform an und melden Sie sich dann zurück ... Beavers, Bereich A! Nowikow, Bereich G!« Schnell schlüpfe ich in meinen Anzug, denke daran, dass ich noch nie jemanden ausgebildet habe, und kehre zum Büro zurück, wo ein wachsender Kreis von altgedienten Wärtern versammelt ist, die kurze Seitenblicke auf die Berufsanfänger werfen. Ich stelle mich zu meinen Kollegen.

»Wirklich? Sie haben das vorher noch nie gemacht?«, fragt mich Mr. McCaffrey. »Ich bilde Wärter schon seit zwanzig Jahren aus und kann denen immer wieder nur eins sagen ...« Wir alle warten auf die Pointe. »Findet einen besseren Job!«

Ich blende das Gerede aus und schaue mir die Neulinge gründlich an. Es ist jedes Mal seltsam, unbekannte Köpfe aus dem blauen Anzug ragen zu sehen – seltsam etwa eine Woche lang, bis es dann umgekehrt seltsam ist, sie in ihrer Straßenkleidung zu sehen. Ich frage mich, welchen dieser Einsteiger ich unter meine Fittiche nehmen werde. Könnte es die ältere Frau mit burschikosem weißen Haar und Buddy-Holly-Brille sein? Oder der große, wie ein Fernfahrer aussehende Typ, der mit verschränkten Armen vor sich hin summt? Oder der gerade aus dem College gekommene Jüngling, der erst jetzt an seinen Platz flitzt (verspätet schon am ersten Tag, er wird nicht lange bleiben …)? Meine Träumerei endet, als einer unserer Vorgesetzten aus der Einsatzzentrale tritt und die Tür hinter sich ins Schloss fallen lässt. »Okay«, sagt er mit einem Blick auf das Klemmbrett, »auf geht's. Smitty, Sie werden Ms. Cooper hier ausbilden. Ms. Karaj, Sie sind mit Mr. Goldman. Mr. Calabrese, Sie kommen mit Mr. Espinoza zusammen. Mr. Bringley – Wo sind Sie? Ah ja, Sie werden Mr. Akakpossa ausbilden.« Ein Mann in seinen späten Fünfzigern mit grau meliertem Haar und quadratischer Brille schaut in meine Richtung. Er macht einen Schritt nach vorn und schüttelt mir mit höflichem Respekt die Hand. Dem ersten Eindruck nach gehört er einer eher vornehm zurückhaltenden Generation an und könnte kalt wie ein Fisch sein. Aber eine Sekunde später wird er zugänglicher, begegnet neugierig meinem Blick und sagt mit einem entzückenden westafrikanischen Akzent: »Ich bin Joseph, und wer ist heute mein Lehrer?«

Es bereitet mir Freude, den Lehrer zu spielen. Zu Beginn unseres Rundgangs weise ich auf das Schwarze Brett hin, auf dem die Ergebnisse der letzten Gewerkschaftswahl ausgehängt sind, das elektrische Schuhputzgerät, das nur wenige von uns benutzen, und einen hohen Stapel aus Schaumstoffplatten mit dem deutlichen Vermerk, dass jeder sich bedienen kann. Wir machen Platz, als eine ägyptische Statuette auf einem Handwagen an uns vorbeiholpert. Anschließend führe ich uns eine Treppe hinter den Kulissen hinauf – nackter Beton, grelles, fluoreszierendes Licht, ein leerer Kaffeebecher in einer Ecke – bis zu einer Metalltür, auf der geschrieben steht: *Vorsichtig öffnen*. Mit meiner Ermutigung drückt Joseph sie (vorsichtig) auf, und so betreten wir den Bereich, wo er künftig seinen Stammposten beziehen wird – im Amerikanischen Flügel.

Danach stehen wir in einem verglasten Skulpturenhof; auf der einen Seite erhebt sich eine zweistöckige Fassade in der Art eines griechischen Tempels. »Hat man Ihnen während der Ausbildung gesagt, was es mit dieser Fassade auf sich hat?«, frage ich. »Ursprünglich gehörte sie zu einer Bank auf der Wall Street, errichtet in den 1820er-Jahren, hundert Jahre später abgerissen und hier wiederaufgebaut. Was wissen Sie über die Wall Street?« Ich spreche schnell, aufgeregt, fühle mich in der Lehrerrolle wirklich wohl. Ich berichte ihm über diese Wand, die während der Kolonialzeit der Wall Street ihren Namen gab, über die afrikanischen Arbeiter, die zu deren Bau gezwungen wurden, und die niederländischen Siedler, die sich die Straße zunutze machten, um sowohl die Engländer als auch die einheimischen Delawaren fernzuhalten. Joseph ist ein geduldiger, aufmerksamer Schüler mit strahlenden Augen, unterbricht mich am Ende aber mit einem tiefen, herzhaften Lachen: »Ich habe Sie angelogen«, entschuldigt er sich. »Ich weiß über die Wall Street Bescheid. Ich habe dort viele Jahre gearbeitet.«

Damit waren die ersten Teile eines faszinierenden Puzzles ausgelegt. Ich erfahre, dass Joseph aus Togo kommt, »das New Jersey zu Ghanas New York«, wie er es ausdrückt; dass ein dramatischer Zwischenfall ihn nach New York und zur Wall Street führte; dass weitere, nicht näher beschriebene Drehungen und Wendungen ihn nun neben mir stehen und zu dieser Fassade aufblicken lassen. Die Lücken in seiner Geschichte füllt er einstweilen mit Schulterzucken aus.

Normalerweise befindet sich das Büro des Leiters von Bereich G oben in den Galerien mit amerikanischer Malerei, doch sie sind wegen umfassender Renovierung geschlossen. Stattdessen betreten wir eine Catering-Küche, die für private Veranstaltungen genutzt wird, insbesondere für die Met Gala auf rotem Teppich. Ich rate Joseph, sich nicht zu dieser Arbeit zu melden. (»Ich hab's einmal getan, wurde weitab vom Geschehen postiert und sah überhaupt nichts.«) Unsere Kollegen, die auf den Chef warten, strecken eifrig die Hand aus, um Joseph zu begrüßen. Ich kann mich nicht erinnern, an meinem ersten Arbeitstag ebenso freundlich behandelt worden zu sein, aber im Allgemeinen glaubt niemand, dass ein 25-Jähriger die Stelle länger behält. Bei einem älteren Neuling dagegen ist es wahrscheinlicher, dass er deren Vorzüge erkennt und nicht gleich wieder kündigt. Vom Bereichsleiter erhalten wir unseren Aufgabenzettel, dem zufolge wir in der Abteilung für Amerikanische Architektur und Inneneinrichtung postiert sind, die Wärter als den »alten Flügel« bezeichnen.

In einem verglasten Aufzug fahren wir nach unten, um

zu diesem ursprünglichen Kern des Amerikanischen Flügels zu gelangen, erbaut in den 1920er-Jahren. (Die allmählich kleiner werdenden Statuen im Innenhof betrachtend, stellt Joseph richtig fest, dass Kinder es bestimmt lieben, darauf zu reiten.) Wir biegen ab, betreten einen knarrenden Holzfußboden – »Weich«, sage ich zu ihm, »angenehm für die Füße« – und erreichen hinter einer Ecke einen Raum, der dem Old Ship Church Meeting House in Massachusetts während des 17. Jahrhunderts nachgestaltet ist. Joseph lässt die wunderschönen wuchtigen Holzsparren auf sich wirken, deren Konstruktion der Weisheit von Schiffszimmermännern zu verdanken ist. Er sei ein großer Geschichtsfan, erzählt er mir, ein begeisterter Leser von Bill O'Reilly wie auch von Howard Zinn. Wir durchschreiten die gesamte Länge des Raumes, der – wie viele historische Orte – kleiner ist als in der Vorstellung, die man sich davon gemacht hat. Ich teile Joseph mit, dass die Hexenprozesse von Salem in einem ähnlichen Versammlungshaus stattfanden. Dort konnte sogar ein Farmer in der allerletzten Reihe der verurteilten Frau in die Augen sehen.

Nach einer Weile gehen wir gebückt – in Josephs Fall ist das sprichwörtlich zu verstehen – in den Hart Room mit niedriger Decke, der aus der gleichen Periode in Massachusetts stammt und in chirurgischer Feinarbeit aus einem zum Abriss freigegebenen Haus entfernt wurde.

»Arme Leute?«, fragt mich Joseph, als er den dunklen, beengenden, zugleich aber reizvollen Raum überblickt.

»Reiche Leute«, erwidere ich, »oder ziemlich reiche«, und deute auf die zierlichen Bleiglasfenster, die damals ein Luxus waren.

»Und die Decken?«, fragt er weiter und lacht, weil ich

mit meiner Körpergröße von 1,73 Meter unter den massiven Querbalken gerade so durchschlüpfen kann.

»Die Menschen waren klein«, antworte ich. »Sie haben nicht gegessen wie Sie und ich.«

Das Ambiente ist ebenso geeignet wie jedes andere, um einige feinere Details unserer Arbeit zu erläutern, wobei mir auffällt, wie ich bestimmte Äußerungen von Aada übernehme. Ich sage kluge Dinge wie: »Sie müssen die Leute daran erinnern, sich nicht wie Idioten zu verhalten.« Außerdem spreche ich aus eigener Erfahrung – etwa dass man bei Wegbeschreibungen Ausdrücke wie »den Gang runter« vermeiden sollte, weil dann Besucher mit wackeligem Englisch nach der Treppe suchen. Gelegentlich unterbricht mich Joseph mit wohlüberlegten Fragen, und ich bin stolz auf meine Fähigkeit, jede zu beantworten. Ich verwende den ganzen Fachjargon – »Posten«, »Push-Nachricht«, »Ihre Ablösung«, »Einsatzzentrale«, »Disponentenbüro«, »das dritte Team« –, und er scheint beeindruckt.

Wir umrunden einen winzigen dritten Stock, der auf merkwürdige Weise die Verbindung zu den neueren Anbauten des Amerikanischen Flügels herstellt. Da wir an so abgelegener Stelle zu dieser Stunde kaum mit Besuchern zu tun haben, erfahre ich ein wenig mehr über Josephs sehr amerikanische Lebensgeschichte. Als Student im Aufbaustudium kam er nach Nashville, Tennessee – »das gleiche Stipendium, das Barack Obamas Vater erhalten hat«, erklärt er. Er studierte Betriebswirtschaftslehre an der Vanderbilt University, kehrte dann nach Togo zurück, wo er schnell aufstieg und schließlich »die Nummer drei« in einer großen Bank wurde. Doch er geriet in Schwierigkeiten, als er sich einmal weit vorwagte und ein korruptes Geschäft blockierte, was ihn zum Feind mächtiger Männer machte. So ereignete sich jener Zwischenfall – noch immer geht er darüber hinweg, was genau passiert ist –, woraufhin er sich in den frühen 1990er-Jahren in New York City als Flüchtling niederließ.

Um 11 Uhr werden wir von meinem alten Klassenkameraden Terrence zu unserem nächsten Posten geschoben. Endlich hat er seine Versetzung von den Cloisters erreicht und ist jetzt eine der tragenden Säulen im Amerikanischen Flügel. Wenn ich mit diesen beiden überaus umgänglichen Herren zusammenstehe und wir über Togo plaudern und Guyana, über Arbeit und Familie, schlägt mein Herz höher – vor Freude über diese besondere Fügung. Wir drei werden ein kleines Triumvirat bilden, einander beste Freunde im Met sein.

Joseph und ich steigen eine Treppe hinunter zu einem weiteren winzigen Stockwerk im alten Flügel, 2 A. Hier befinden wir uns in einem Gasthaus in Virginia, wo George Washington seinen letzten Geburtstag feierte. Über ihn habe ich Joseph viel zu erzählen. In der Galerie hängt Gilbert Stuarts berühmtes Porträt vom ersten Präsidenten der Vereinigten Staaten, und Joseph wird mehr als nur ein paar Besucher sehen, die vor dem Bild Dollarscheine hochhalten und blinzeln. Dann werden sie sich an ihn wenden und nach dem Gemälde *Washington Crossing the Delaware* (gelegentlich auch den Potomac oder den Hudson) fragen. Aber er wird sie enttäuschen müssen, da es angesichts seiner Dimensionen von der Größe einer Reklametafel während der Renovierung nicht versetzt werden konnte und daher momentan nicht zugänglich ist. Außerdem empfehle ich ihm, auf eine amüsante Besonderheit im Amerikanischen Flügel zu achten: Jeder porträtierte Mann, der eine weiße Perücke trägt – und davon gibt es unzählige –, wird früher oder später fälschlicherweise für George Washington gehalten.

Das Gasthaus – das ebenfalls kleiner ist, als man es sich vorstellen würde – ist mit feinen Mahagoni-Möbeln ausgestattet, ihr purpurrotes Holz scheint fast in Flammen zu stehen. Wir schlendern hinüber zu einem Chippendale-Stuhl, der mich daran erinnert, was Terrence mir beigebracht hat. Das Mahagoni wurde in der Karibik gewonnen, wahrscheinlich in Belize, und gewiss durch Sklaven. Er selbst stamme wahrscheinlich von einigen der letzten Afrikaner ab, die in die Karibik verschleppt wurden. Woher er das wisse? Frühere Generationen durften gewöhnlich keine Familien gründen; sie wurden bis zum Tod ausgebeutet und durch weitere, über die Mittelpassage beförderte Afrikaner ersetzt. Als er mir das erzählte, beugte er sich vornüber, um das Datum auf dem Stuhl, den wir gerade betrachtet hatten – eine einfallslose Imitation eines englischen Modells –, genau zu prüfen. »1760? Oh nein, Junge«, sagte er mit ernster Stimme. »Das wäre nicht gut …«

Nachdem ich diese Information an Joseph weitergegeben habe, weise ich ihn auf etwas hin, das in Bezug auf den Amerikanischen Flügel kaum der Erwähnung bedarf. Dessen edle Objekte erzählen die Geschichte der Vereinigten Staaten auf ihre Weise. Die amerikanischen Wärter, die über sie wachen, verkörpern eine andere.

Um diese Zeit treffen Besucher ein, und Joseph richtet sich kerzengerade auf, um sie zu begrüßen. Es sind Franzosen, was bestens passt, denn so kann er sie in ihrer Muttersprache ansprechen. Sie wechseln zu Stockwerk 2 A, halten inne, schauen sich um, murmeln, sind offensichtlich verwirrt, stellen aber keine Fragen und gehen den gleichen Weg zurück, den sie gekommen sind. Na ja. Wir beide lachen. Ich führe Joseph zu den Fenstern, durch die wir auf den Innenhof des Amerikanischen Flügels blicken, nun *durch* die Fassade der Wall Street. Ich spüre eine unbeschwerte Verbindung zu dem Mann neben mir, und das beflügelt mich. Ich bringe Ansichten zum Ausdruck, die auszusprechen mir sonst peinlich gewesen wäre. In schnellem Rhythmus offenbare ich meine Hingabe an meinen Beruf – dass mir vorschwebt, für immer Wärter zu sein, denn warum sollte ich etwas anderes tun? Es ist einfach und überschaubar, man lernt hinzu, und die Gedanken gehören einem ganz allein.

Tatsächlich mag ich meinen Job nicht nur, sondern allein schon die Vorstellung, ihn jemals nicht zu mögen, verletzt mich! Es wäre eine Schamlosigkeit, eine Dummheit, ja sogar ein Verrat, an einer so friedlichen, ehrlichen Arbeit etwas schlecht zu finden. Nein, ich bin lieber dankbar, dankbar für die weichen Holzfußböden und die Tausende Jahre alte Kunst, dankbar für all die Dinge, die ich *nicht* habe – und so brauche ich keine Produkte zu verkaufen, keine Lügen zu erzählen, keine Gräben auszuheben, keine Gewinne einzustreichen. Joseph hat seine helle Freude an meinem Vortrag, schaut mich mit großen Augen an und gibt sich gönnerhaft, aber auf angemessene Weise. Vielleicht fühlt er sich an sich selbst erinnert, denkt an die Drehungen und Wendungen in seinem eigenen Leben, die ihn schließlich hierhergeführt haben, und sagt sich vielleicht: »Dieser Junge glaubt wirklich, dass er voraussehen kann, wie sich sein Leben entfalten wird …«

»Ich bin fast ermordet worden«, wird er mir später

berichten. »Als ich eines Tages von der Arbeit nach Hause kam, haben zwei Gangster mich niedergeschossen – im Auftrag von Männern, deren schmutziges Geschäft ich gerade hatte auffliegen lassen. Ich bekam eine Kugel in den linken Arm, acht in den Bauch.« (Er sagt das ganz sachlich, ohne besondere Betonung auf der Zahl *acht.*) »Durch Gottes Gnade wurden keine lebenswichtigen Organe durchbohrt. Das war 1994, ein Dienstag. Am Freitag bezahlte meine Bank den Flug zu einem Krankenhaus in Paris, wo meine Eingeweide wieder zusammengeflickt wurden und wo ich anschließend vier Monate in der Reha verbrachte. Danach besorgte ich mir ein Touristenvisum für Amerika. Sofort nach der Ankunft beantragte ich Asyl, das mir ziemlich schnell gewährt wurde. Bei meinem ersten Job in New York betrug der Stundenlohn vier Dollar und fünfundzwanzig Cent. Die erste Arbeit als Wachmann brachte mir fünf Dollar und ein paar Zerquetschte ein. Dank einer Verbindung an der Vanderbilt University erhielt ich die Stelle an der Wall Street, aber die war im mittleren Management, nichts wie zuvor, nicht mit meinem Akzent und meiner Hautfarbe. Nach einer Fusion wurde ich entlassen, und dann hat die große Rezession zugeschlagen. Ich übernahm eine Wechselstube in einer rauen Gegend. Aber wie sich herausstellte, war ich für dieses Geschäft weder hart noch fies genug. Ich war völlig pleite, verlor all meine Ersparnisse. Doch es ist okay. Ist schon okay.« Als ich ebenso verwundert wie besorgt reagiere, zuckt er mit den Achseln. »Wirklich, es ist okay. Ich hab mein Leben, meine Familie, meine Integrität. Wenn ich heute diese Männer treffen würde, die mich umbringen wollten, würde ich ihnen die Hand reichen. Warum nicht? Es ist okay.«

Nach seiner Erzählung lässt Joseph den Blick über die Kollegen schweifen, die sich am Ende des Tages in der Großen Halle versammelt haben. »So viele Geschichten unter der blauen Jacke«, sagt er.

***

Kunst zu bewachen, ist eine einsame Beschäftigung, aber es gibt Ausnahmen, etwa die Arbeit in der Großen Halle. Im Bereich C gibt es drei verschiedene Posten, die wir »Tische«, »Punkte« und den »Kasten« nennen. »Tische« bedeutet Taschenkontrolle: Wenn Besucher von der Straße hereinkommen, legen sie ihre Siebensachen auf Tische, und wir durchsuchen ihre Taschen nach verbotenen Gegenständen. Dazu gehören – neben den offenkundigen – Nahrungsmittel, Gepäckstücke, originale Kunstwerke, Musikinstrumente und Blumensträuße mit möglicherweise darin verborgenen Insekten. Der »Kasten« oder »Kleidungskasten« ist unsere Bezeichnung für die Garderobe – eigentlich sind es zwei, die nördliche und die südliche, beide riesig und überhaupt nicht kastenartig. Jede ist mit acht automatischen Metall-Karussells ausgestattet, gewöhnlich beladen mit Hunderten von Jacken, Mänteln, Kapuzenpullis, Pelzen und sonstiger Oberbekleidung. Außerdem akzeptieren wir Rucksäcke, Einkaufstaschen, Basketbälle und Motorradhelme – all das, was man wohl nicht durch die Galerien tragen sollte.

Meine bevorzugte Aufgabe sind die »Punkte« oder »Kontrollpunkte«, an denen es im Wesentlichen um die Überprüfung der »Tickets« geht. Nach Bezahlung des Eintrittspreises erhalten Besucher eine kleine blecherne Anstecknadel in der Farbe des jeweiligen Tages, worauf wir sicherstellen, dass sie diese beim Betreten der Galerien über einen der drei Zugänge tragen.

An solchen Punkten zu arbeiten, ist eine der geselligeren Tätigkeiten, nicht nur im Museum, sondern auf der Erde schlechthin. Zwei Wärter stehen nah beieinander zu beiden Seiten einer bewusst schmal gestalteten Einlassschleuse und verplaudern den ganzen Tag. Das sind zwar keine ununterbrochenen Unterhaltungen – wir geben auch Hinweise und ermahnen diejenigen, die sich nicht an die Regeln halten –, aber sie gehen mühelos vonstatten, ohne jede Unannehmlichkeit, die sonst durch Blickkontakt und äußere Ereignisse (ein rüpelhafter Besucher, eine seltsame Frage) hervorgerufen wird, und stimulieren den wechselseitigen Austausch. Verblüffenderweise werden diese achtstündigen Gespräche manchmal unter Kollegen geführt, die sich nicht einmal beim Namen kennen. Die Belegschaft der Wärter ist so groß, dass es nie unbeholfen wirkt, die Hand auszustrecken und zu sagen: »Ich hab Sie hier schon tausendmal gesehen. Übrigens, ich heiße Patrick.« Doch einige Wärter hatten schon etliche solcher zufälligen Begegnungen und fühlen sich nicht zu besonderen Nettigkeiten verpflichtet.

An diesen Tagen bin ich motiviert, meinen Teil zu den Gesprächen beizutragen. Allmählich lerne ich, wie das am besten geht. Ich verfolge Baseballspiele noch genauer als sonst, und so kann ich etwas sagen in der Art: »Santana sieht gut aus, oder?« Ich rede über Politik und Musik, Bücher und Arbeit und gestatte mir ein wenig Theatralik, wenn ich über eine ärgerliche Aufgabe klage, denn solche Themen verbinden uns miteinander. Bei keinem davon muss ich mich wirklich verbiegen, sondern bin gezwungen, von mir selbst abzusehen und auf der Wellenlänge anderer Leute zu kommunizieren.

Am allerbesten funktioniert mein Trick, Fragen zu stellen, idealerweise weitläufige, die nach langatmigen Antworten verlangen. Ich bin froh, wenn ich jemanden dazu bringen kann, mir seine Lebensgeschichte zu erzählen; offenbar sind die meisten Menschen überrascht, danach gefragt zu werden, aber sobald man sie ermuntert, haben sie viel mitzuteilen. Aufrichtig in meiner Unwissenheit frage ich zum Beispiel: »Moldawien, echt? Würden Sie glauben, dass ich von Moldawien nicht die geringste Ahnung habe?« Und mein Gegenüber kann es glauben. Grundsätzlich verstehen sich Wärter hervorragend darauf, Wissenslücken beim anderen zu respektieren, denn ihnen ist wohl bewusst, dass die Welt, aus der wir alle kommen, sehr groß ist.

Eines Tages ist Nazanin meine Partnerin an den Kontrollpunkten. Da sie aus dem Iran stammt, versuche ich zunächst, meine Kenntnisse über ihr Land zu demonstrieren, indem ich sage, dass ich gerne einmal Teheran besuchen würde. »Teheran?«, fragt sie und verzieht das Gesicht. »Tja, da könnten Sie schon hinreisen …« Also lege ich die Maske ab, gestehe ein, dass ich eigentlich gar nichts darüber weiß, und lasse sie von ihrer Stadt Schiras berichten, Hauptstadt der Provinz Fars, Heimat der alten Perser, »die Stadt der Rosen«, mit den schönsten Gärten und Moscheen. Nazanin wuchs neben elf Geschwistern auf, die vorwiegend von ihrem Vater großgezogen wurden, während ihre Mutter als Lehrerin arbeitete.

»War das ungewöhnlich?«, frage ich.

»Natürlich! Immer wieder beschwerte sie sich, mein Vater sei ein nicht erwerbstätiger Mann, der sich ›nie die

Hände schmutzig macht‹. Er kümmerte sich um zwölf Kinder, gab jedem von uns das Gefühl, das Einzige zu sein, und trotzdem hielt sie ihn für faul! Aber gesegnet sei meine Mutter. Sie war eine hochgeachtete Lehrerin, und wann immer es mir möglich ist, kehre ich nach Hause zurück, um sie zu besuchen.« (Nazanin ist selbst Lehrerin, die nach der Arbeit Farsi unterrichtet. Nicht lange nach dieser Konversation wird sie zur Sicherheitschefin befördert.)

Das Wunderbare an den sogenannten ungelernten Berufen besteht darin, dass Menschen mit vielfältigen Fähigkeiten und Erfahrungen sie ausüben können. Bürojobs hingegen scharen Leute mit ähnlichen Ausbildungen und Interessen zusammen, weshalb dann die meisten Kollegen auch ziemlich ähnliche Talente und Anschauungen haben. Dieses Problem stellt sich im Sicherheitsbereich nicht. Wenn das Met neue Wärter verpflichten möchte, inseriert es eine Notiz (früher in der *New York Times*, heute online), die kurz und bündig ist und im Kern nur die Mitteilung enthält: *Kommen Sie zum Bewerbungsgespräch.* Die Sicherheitsabteilung sucht nach fähigen Personen, die die Arbeit ernst nehmen werden, und weiß, dass eine ganze Reihe von ihnen den Anforderungen entspricht. Das Ergebnis spiegelt sich in einer Belegschaft wider, die nicht nur demografisch breit gefächert ist – fast die Hälfte der Wärter stammt aus dem Ausland –, sondern auf allen Ebenen. Kaum jemand setzt sich im Leben das Ziel, Museumswärter zu werden, folglich füllen sehr unterschiedliche Menschentypen die Position aus, und jeder gibt sich selbst den Takt vor. Beim *New Yorker* hatten sämtliche Kollegen ihren Abschluss an einer privaten Eliteuniversität gemacht und vielleicht eine

Zeit lang im Verlagswesen gearbeitet. Im Met wiederum kenne ich Wärter, die eine Fregatte im Golf von Bengalen kommandiert oder ein Verkehrsflugzeug gesteuert haben, die Taxi gefahren oder als Polizist auf Streife gegangen sind, die Holzhäuser gebaut, Landwirtschaft betrieben, im Kindergarten unterrichtet, Reportagen für eine Zeitung geschrieben oder Gesichtszüge auf Schaufensterpuppen gemalt haben. Sie kommen von fünf Kontinenten und aus fünf Stadtbezirken. Sie lieben die Kunst oder stehen ihr gleichgültig gegenüber. Sie haben wache Augen oder schauen griesgrämig drein. Sie sind Sicherheitsfachkräfte oder eher zufällig in diesen Beruf gestolpert. Bemerkenswerterweise ist es keineswegs unangenehm oder verwirrend, mit irgendeinem von ihnen an den Kontrollpunkten zu stehen. Das Eis ist schon gebrochen. Wir tragen die gleiche Kleidung.

***

Eines Morgens arbeite ich in der Robert Lehman Collection mit einem Wärter namens Troy zusammen. Robert Lehman, ein Investmentbanker, vermachte dem Museum eine so wertvolle Kunstsammlung, dass dafür eigens ein neuer Flügel angebaut wurde. Troys Gabe – und eine durchaus beachtliche – an das Museum ist er selbst. Er ist eine echte Persönlichkeit. Geboren in Oklahoma, wohnt er in einem mietpreisgebundenen Hotel an der Upper East Side, hört Jazz-LPs und restauriert antike Möbel. Morgens beobachte ich ihn häufig dabei, wie er vor seinem Spind behutsam einzelne Seiten aus dem *Times Literary Supplement* heraustrennt, die er sich in die Taschen steckt, um sie dann in unregelmäßigen Abständen zu lesen. Das ist ihm lieber, als sich ein Smartphone anzuschaffen.

»Hey, Troy«, sage ich, »wie läuft's denn so heute Morgen?«

Mit ernster Miene schaut er auf seine Uhr. »Ich sehe, dass der Stundenzeiger seine Reise um das Ziffernblatt begonnen hat«, erwidert er trocken. »Mehr können wir vom Universum nicht verlangen.« Ich lache, also lacht er auch, und nachdem wir uns versichert haben, dass die Luft rein ist, weder Vorgesetzte noch frühe Besucher unterwegs sind, leisten wir einander Gesellschaft.

Wir sprechen darüber, wie töricht im Grunde jeder ist, Anwesende ausgenommen – nicht auf strenge oder gemeine Weise, sondern wie man es manchmal eben macht … Besucher, die sich uns nähern und lediglich sagen: »Toilette« – nicht »Hallo, wo ist bitte die Toilette?« – oder gar: »Zeigen Sie mir die Toilette«, bloß die Kurzformel, als wären wir Roboter, die Sprachbefehle entgegennehmen … Kuratoren, die Bildbeschriftungen so verfassen, als würden sich alle anderen insgeheim wünschen, begutachtete Arbeiten an der Graduiertenfakultät zu lesen … Obere Führungskräfte, die nie nach unserer Meinung fragen, denn was könnten Wärter, den ganzen Tag im Museum herumstehend, schon über Museen wissen … Wohlhabende Kunstsammler, die Millionen Dollar für den Kauf eines Werkes ausgeben, das den erbärmlichen Überbleibseln in großen öffentlichen Sammlungen ähnelt … Gerade Letzteres erscheint mir überaus amüsant.

»Hey, Troy«, wiederhole ich, »was hat dich eigentlich zu dieser Stelle geführt?«

»Nun, ich hab zwanzig Jahre im Versicherungswesen

gearbeitet«, erzählt er mir. »Eines Tages hat uns der Chef einem beruflichen Eignungstest unterzogen (frag mich nicht, warum), der zeigen sollte, welcher Beruf in der ganzen Welt am besten zu uns passt. Ich hab die Fragen angeschaut und mir gedacht: Weißt du, du wolltest doch immer nur eins, nämlich unabhängiger, vermögender Kunstmäzen sein. Das hier«, schließt er und zupft am Revers seiner blauen Anzugjacke, »kommt dem am nächsten.«

Vor nicht allzu langer Zeit wäre ich Troy gegenüber zurückhaltend gewesen – im Gefühl, dem großartigen Mann nicht auf der gleichen kollegialen Ebene begegnen zu können. Ich benahm mich wie eine Art wachsamer Geist, während er so offenkundig erwachsen und voll ausgereift war. Seine natürliche Warmherzigkeit und Freimütigkeit wirkten auf mich in meiner selbst auferlegten Einsamkeit fast bedrohlich.

Aber Dinge ändern sich.

Einige Monate nach dieser Unterhaltung sitze ich neben Troy bei dem Abendessen, das zu seiner Verabschiedung in den Ruhestand stattfindet. Wir, eine kleine Gruppe von Wärtern, genießen marokkanische Speisen. Als wir beide hinterher auf dem Weg zur U-Bahn an der St. Mark's Church in the Bowery vorbeikommen, zieht er mich zur Seite. »Weißt du«, sagt er, »es ist wirklich kein schlechter Job. Die Füße tun dir weh, aber sonst nichts.«

***

Im Frühjahr 2012 feiern wir die Veröffentlichung der dritten Ausgabe des *Sw!pe Magazine*, einer Zeitschrift für Kunst, Prosa und Poesie, produziert und editiert von Wärtern im Met. Die Herausgeber organisieren eine Gruppenausstellung in einer gemeinnützigen Galerie in SoHo, und wir trinken fröhlich auf dieser Release-Party, die zugleich als Talentschau dient. Kollegen spielen zusammen Jazz, lärmen im Stil der Rockband *Sonic Youth*, schmettern Musicalmelodien, führen Stand-up-Nummern vor, rappen unter den Künstlernamen Joey Jesus und Mike-rophone. Einige sind hervorragend, andere weniger; das Publikum ist begeistert; der Alkohol fließt in Strömen. Gegen Ende des Abends komme ich mit einer *Sw!pe*-Mitarbeiterin namens Emilie Lemakis* ins Gespräch. Sie ist seit vielen Jahren freischaffende Künstlerin – nicht von der Art, die man im Flügel für Zeitgenössische Kunst des Met findet, keine, die das große Los gezogen hat. Emilie arbeitet einfach und lebt, um nachzudenken und zu schaffen, was immer auch geschehen mag. Ihr 28-Quadratmeter-Apartment in Manhattan ist weniger als halb so groß wie ihr Atelier in Red Hook, Brooklyn, wo sie manchmal (illegal) übernachtet. Mit zwölf Jahren kam sie in die Stadt und verbrachte hier ihre Jugend »in einem Internat für böse Kinder«. Seit 1994 arbeitet sie im Met, wo sie jeden, der sie kennt, mit ihrer Besonnenheit beeindruckt. »Es ist ein Fulltime-Job, einen Fulltime-Job zu haben und gleichzeitig das kreative Leben in Gang zu halten«, sagt sie. »Und es ist schwer, all das zu tun und nicht prätentiös zu sein. Versteh mich nicht falsch. Ich hab nichts gegen prätentiöse Kunst. Ich hab bloß nicht die Zeit dafür.«

Am liebsten mochte ich Emilies Beitrag zu der *Employee Art Show* (Kunstausstellung der Beschäftigten) im Jahr 2011. Alle paar Jahre lädt das Met seine Mitarbeiter

---

* Ihr echter Name.

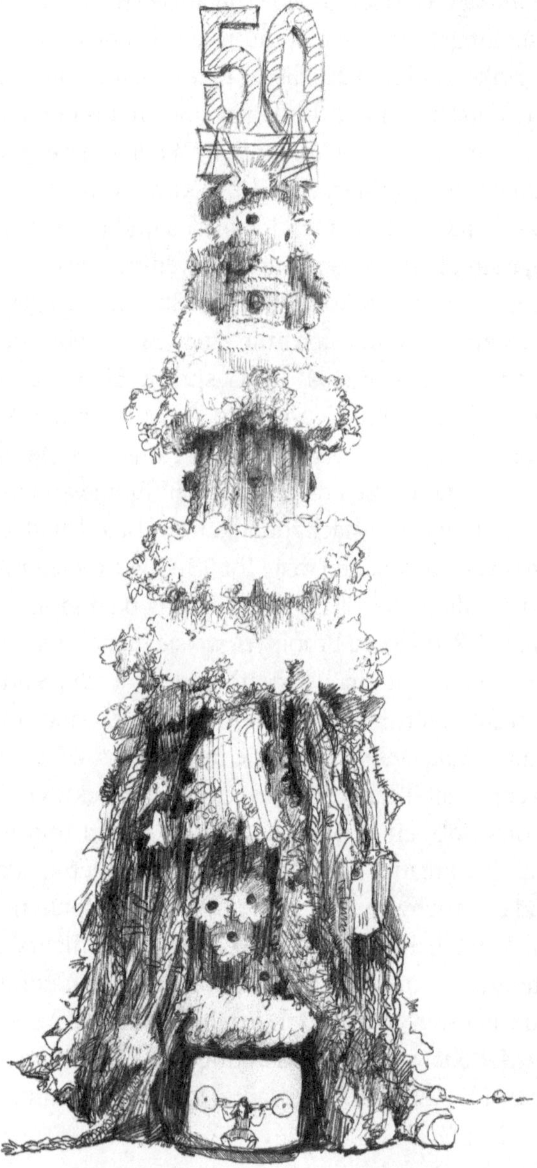
50

ein, an diesen nicht öffentlichen Ausstellungen teilzunehmen, bei denen Wärter gut vertreten sind. Tommy beteiligte sich mit einem elegischen Gemälde über den Bürgerkrieg in Liberia. Andrej kopierte Werke niederländischer Meister auf die Rückseite alter Bratpfannen. Mr. Finley, einer der Chefs, zeigte großformatige Farbfotos von glamourösen Reklamen, die er auf den schmutzigen Straßen New Yorks aufgenommen hatte. Emilies eingereichte Arbeit war kaum zu verfehlen: eine fast bis zur Decke emporragende Geburtstagstorte, gestaltet aus Holz, Drahtgeflecht, Schaumstoff, Zwirn, Flaschenverschlusskappen, Weinkorken, künstlichen Blumen sowie Plastiktüten, in denen unsere Anzüge aus der chemischen Reinigung kommen und die sie zu langen zopfartigen Seilen geflochten hatte. Die unterste Schicht der Torte enthielt ein kastenförmiges Fernsehgerät, in dem »Dumb Belle Curls« lief, ein selbst gemachtes Video mit Emilie im Outfit einer Gewichtheberin, die Hanteln stemmt. Der funkelnde Tortenaufsatz hoch oben gab uns einen Hinweis auf den Anlass: »50«.

»Es war ein Selbstporträt«, sagt sie mir auf der *Sw!pe*-Party. »Die Zöpfe« – sie trägt immer lange Zöpfe –, »die Plastiktüten aus der chemischen Reinigung, das Video, die Zettel wegen Zuspätkommens ...« (Dieses Detail hatte ich übersehen, aber offenbar waren hier und da hellgelbe Verwarnungen an der Torte befestigt.) »Das alles bin ich.«

Während ihrer Erzählung beobachte ich, wie Dutzende meiner Kollegen, die mit der Kunstszene überhaupt nichts zu tun haben, das Magazin durchblättern, gratulieren, lachen, einer Darbietung lauschen, jemand anderem auf die Schulter klopfen – und empfinde tiefen Stolz, Museumswärter zu sein. Habe ich unter meiner Uniform ein geheimes Selbst verborgen? Natürlich. Jeder Wärter ist im Grunde nichts als ein geheimes Selbst, das der dunkelblaue Anzug nur notdürftig verdeckt. Das wird mir von Gespräch zu Gespräch immer deutlicher bewusst.

***

Es überrascht mich, selbst im unscheinbaren Umgang mit Wärtern und Besuchern allmählich einen Sinn zu entdecken. Einen Gefallen erweisen, eine Antwort geben, einen Dank abstatten, einen Willkommensgruß entrichten … Solchen Bekundungen liegt ein herzerfrischender Rhythmus zugrunde, der mir hilft, mit der Welt wieder in Einklang zu kommen. Kummer ist nicht zuletzt auf einen Verlust von Rhythmus zurückzuführen. Man verliert einen Menschen, wodurch im eigenen Leben eine Lücke entsteht, in der man sich dann eine Zeit lang verkriecht. Bei meiner Ankunft am Met sah ich eine Chance, meine innere Lücke mit einer großen Kathedrale zu verbinden, an einem Ort zu verweilen, der von den Rhythmen des Alltags unberührt schien. Aber sie haben mich gefunden, und ihre Einladungen sind verlockend. Es stellt sich heraus, dass ich nicht für immer still und einsam sein möchte. Indem ich den Takt kennenlerne, in dem ich Menschen begegne, glaube ich dem Erwachsenen auf die Spur zu kommen, zu dem ich mich entwickle. Die meisten der großen Herausforderungen, denen ich mich im Leben stellen werde, sind schon zu erahnen in jenen kleinen Herausforderungen, die ich im täglichen Austausch bewältigen muss. Versuchen, geduldig und freundlich zu sein. Versuchen, mich an den Besonderheiten der anderen zu erfreuen und meine eigenen sinnvoll zu nutzen. Versuchen, großzügig zu sein oder wenigstens menschlich, selbst wenn es sich um einen rein routinemäßigen Ablauf handelt.

Im Sommer gibt es einen Tag, an dem ich in der Garderobe des Museums arbeite. Randy zu meiner Rechten, Yeta zu meiner Linken, die Ellbogen auf den Tresen gestützt, beugen wir drei uns nach vorn, plaudern und starren ins Leere. Plötzlich erscheint eine Besucherin. Randy richtet sich auf und nimmt mit der typischen Gelassenheit eines New Yorkers deren Strandtasche entgegen. »Sag'n Sie, junge Dame, was hat Sie denn hierhergeführt?«, fragt er mit tiefer Baritonstimme. »Klar, die *New York Times*! Gut für Sie. Die ist ein guter Paps!« Er verstaut die Tasche über seinem Kopf und gibt ganz nebenbei einen seiner Slogans zum Besten: »Hey, 'n weiterer Tag, und noch 'n Dollar mehr.«

Ein zweiter Besucher. Diesmal richtet Yeta sich auf, während sie unser Gespräch über Flugpreise nach Albanien fortsetzt. Als ich zuschaue, wie sie den Fahrradhelm des Mannes nimmt, ohne ihn eines Blickes zu würdigen, bin ich genug Mittelwestler, um zu wissen, dass dieses Verhalten in den meisten Landesteilen unhöflich wäre. Zugleich bin ich genug New Yorker, um zu verstehen, dass hier andere Sitten herrschen und den Berufstätigen mehr Spielraum in ihrem Umgang miteinander eingeräumt wird. Sobald sich der Mann bei ihr für den Garderobenschein bedankt, blinzelt sie ihm freundlich zu.

Schließlich der dritte Besucher. Ich richte mich auf, kenne genau die Art von Garderobier, die ich gerne sein möchte. Tatsächlich habe ich das Gefühl, jetzt den Wärter zu kennen, der ich bin. Dann ist Pausenzeit. Randy winkt mich fort, und ich schlendere nach draußen, um auf der breiten Marmortreppe zu Mittag zu essen. Hier an der Fifth Avenue kann das Leben verrückt anmuten, wenn die Sonne scheint, die Wohntürme glänzen, die Doo-Wop-Sänger nach ihrer Darbietung den Hut herumreichen und Taxis vorbeischwirren wie Pusteblumen. Am Würstchen-Wagen kaufe ich mir einen Hotdog (von Wärtern verlangt der Typ nur einen Dollar), setze mich mitten in eine Gruppe von Ortsfremden auf die Stufen und komme mir vor wie jemand, der wirklich dazugehört. Ich knöpfe meine Jacke auf, nehme die Clip-Krawatte ab und empfinde mich als Teil einer pittoresken Szenerie, fast als könnte ich mich aus der Vogelperspektive betrachten. Im Herzen einer großartigen Stadt, auf der Treppe eines großartigen Museums sitzt ein kleiner Wärter ... klein, aber nicht mehr unsichtbar ... Mein Platz ist bequem, und meine Uniform passt.

Ich hole ein kleines Notizbuch aus meiner Jackentasche und schreibe rasch ein paar Sätze über Zielsetzungen auf, die mir durch den Kopf gehen. Während ich vorher meist passiv geblieben war, das Met und seine Sammlungen gewissermaßen mit unsichtbarem Auge beobachtet hatte, kann ich nun offenbar eine neue Haltung annehmen. Bisher habe ich meine Zeit damit verbracht, die Kunst förmlich einzusaugen – was aber, wenn ich stattdessen aktiv mit ihr ringe und versuche, die verschiedenen zwiespältigen Aspekte meiner selbst auf jene Fragen zu übertragen, die sie aufwirft? Das erscheint mir als würdige Aufgabe für jeden Menschen, der ein Kunstmuseum betritt. Nachdem wir unseren denkenden Verstand ruhiggestellt haben, um Kunst unmittelbar zu erfahren, werden wir ihn wieder einschalten, uns selbst von Neuem behaupten wollen, um auf diese Weise noch mehr dazuzulernen.

9

KOUROS

Als ich an einem Sonntagmorgen in den Flügel mit griechischer und römischer Kunst geschickt werde, denke ich zuerst an meine Füße. Nach zwei Zwölf-Stunden-Arbeitstagen konnte ich heute keinen Sitzplatz in der U-Bahn finden und muss nun in einen Bereich ohne ein Stück Teppichboden, das sich eines armen Wärters erbarmen würde – nur kalter, gegen die Sohlen schlagender Marmor, so weit das Auge reicht. Ich bin dem Team zugeteilt, das sich hauptsächlich bei den Griechen aufhält. Mein erster Auftrag besteht darin, lange geflochtene Seile von schweren Eisenstützen zu lösen und sie dann zu ihrem Lagerplatz hinter antiken griechischen Vasen zu rollen. Ich frage mich, wie alt die Stützen selbst wohl sind, während ich sie auf rostfarbene Ringe setze, die sie auf dem Boden hinterlassen haben. Desgleichen kann ich auf einem nahen Abschnitt der weißen Wand eine bläuliche Schattierung erkennen – ein sogenannter »Wärter-Fleck«, entstanden durch Hunderte fußwunder Angestellter, die sich in ihren billigen Polyester-Anzügen dagegen lehnten.

Ich schmiege meine Schultern an den Fleck und schaue mich um. Ich bin in einer sehr hellen, sehr hohen Galerie postiert, angefüllt mit Kunst aus der Archaischen Periode, einer Übergangszeit etwa 150 Jahre nach Homer und 150 Jahre vor Sokrates. Durch große, nach Osten ausgerichtete Fenster sehe ich Straßenhändler, die ihre Waren vor einem Wohnturm feilbieten, den der Großvater von Jackie Kennedy erbaut hat. Es ist eine typische New Yorker Szene, zu der irgendwie auch die Berühmtheit in dieser Galerie zu passen scheint – eine Statue, die als »New Yorker Kouros« bezeichnet wird. Ein konventioneller Name, der ihn von anderen berühmten Kouroi unterscheidet, den ich aber aus persönlichen Gründen ganz besonders mag. Dieser schlanke junge Mann erweckt den Eindruck, als hätte er seine Heimat verlassen, eine Wohnung im Stadtteil Astoria gemietet (schließlich ist er Grieche) und würde wie wir alle mit der U-Bahn zum Met fahren. Ich fühle eine Verwandtschaft mit dem Kouros, betrachte ihn als einen ebenfalls umgesiedelten Kameraden, der nicht anders als ich Tag für Tag im Museum steht.

Vom Wärter-Fleck mich abstoßend und eine aufrechte Haltung annehmend, trete ich so nah wie möglich an den nackten Griechen heran, der in der Art eines ägyptischen Pharaos einen Fuß vor den anderen setzt. Doch dieser junge Mann ist weder Pharao noch König oder Gott; im Gegensatz zu einem großen Teil der Kunst vor ihm wurde er nicht zu religiösen oder magischen Zwecken aus dem Stein gemeißelt. Der Kouros war eine Grabstatue, und seine einfache Botschaft lautete: *Hier ruht ein sterblicher Mensch.*

Seltsamerweise empfinde ich, wie wohl viele Besucher,

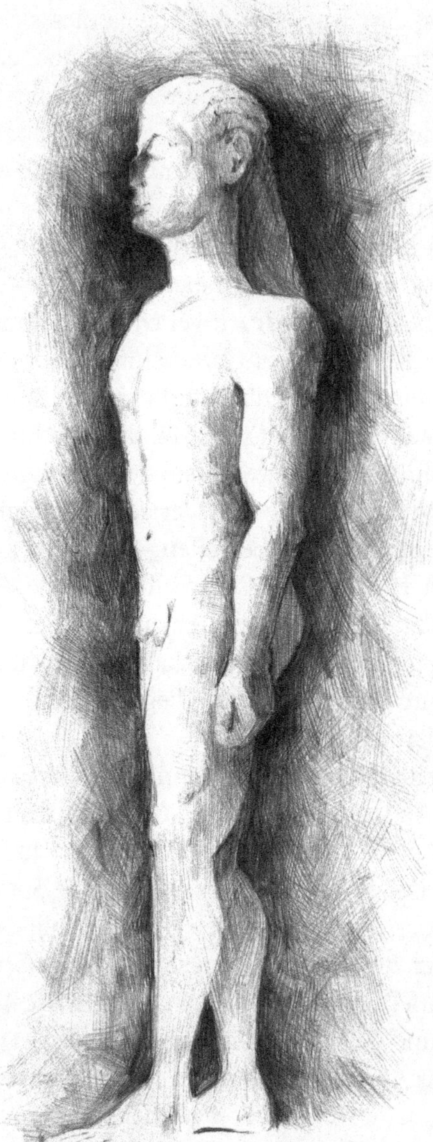

bei seinem Anblick einen Funken Stolz. Etwas an ihm sagt uns, dass wir selbst das Thema dieses einmalig zugewandten Meisterwerkes sind. Die Statue, eine der ersten frei stehenden Aktskulpturen überhaupt, ist von berührender Schlichtheit, wirkt zugleich aber auch ein wenig linkisch. Stilistisch betrachtet hat sie ein jugendliches Aussehen, verweist auf einen Künstler, der sein Können nicht bis zur Perfektion ausschöpfte, sich eher gefühlvoll vortastete und dabei entdeckte, wie man einer taufrischen Idee Ausdruck verleiht. Der Kouros scheint sich der Kühnheit des Unternehmens bewusst zu sein (indem er eine lebendige sterbliche Form aus hartem, kalten Stein verkörpert). Sein Bildhauer schuf eine Figur, die in ihrer Schönheit göttlich ist und zugleich unreif, nackt, verletzlich. Vor ihr verweilend, kann ich zwei Wahrheiten mühelos begreifen – dass sie einerseits vor sehr langer Zeit gemeißelt wurde, andererseits vor gar nicht allzu langer Zeit, von einem Künstler mit Händen wie den meinen. Auf der Zeitskala des Marmors, aus dem der Kouros gestaltet wurde, liegt das antike Athen nur einen Herzschlag entfernt.

Zu seiner Rechten fällt mein Blick auf eine betörend schöne Halsamphora, die im 6. Jahrhundert v. Chr. auf einer Töpferscheibe geformt, dann gebrannt und bemalt wurde. Der Kunsthandwerker hat große Sorgfalt darauf verwendet, den homerischen Helden Achill darzustellen, der, kurz zuvor getötet, von seinen Waffenbrüdern vom Schlachtfeld getragen wird. In der *Ilias* ist Achill voller Leben und Tatkraft – der »große Läufer«, »wohlgestaltet«, mit Augen so »groß und leuchtend wie loderndes Feuer«, seine Schreie von »leidenschaftlicher Freude« und »wilder Wut« spalten die Luft. Hier jedoch hängt sein Körper schlaff und erbärmlich herab, seine Seele oder sein Geist mit dem letzten Atemzug erloschen. (Tatsächlich entstammt der griechische Begriff *psychē* (Seele) dem Wort für Atem.)

Ich gehe hinüber zu dem herrlichen, einst als Vorratsbehältnis dienenden Gefäß und versuche, mir ins Gedächtnis zurückzurufen, was mir über den Tod im antiken Griechenland bekannt ist. An der Beisetzung war kein Priester beteiligt; die unsterblichen Götter konnten den Tod nicht verstehen, scherten sich nicht darum und schauten weg. Die Familie nahm sich des Leichnams an, der in seinem leblosen Zustand als zart, erbarmungswürdig und auffallend kindlich betrachtet wurde. (Das griechische Wort für Beisetzung bedeutet so viel wie »Sorge tragen für«.) Sie wuschen ihr geliebtes Wesen, salbten es mit Ölen, banden ihm einen Riemen um den Kiefer, damit er nicht nach unten klappte. Unterdessen, so schrieb Homer, »flatterte der Geist vom Körper zum Schattenreich, Quelle der Finsternis« – an einen Ort also, der sich nicht näher definieren lässt. Die griechische Unterwelt ist formlos, blutleer, »verschwommen und ohne Atem«. Bei der Lektüre über diese unbestimmte Welt habe ich den Eindruck, dass die Griechen nicht viel vom Geschehen nach dem Tod zu wissen glaubten. Sie kannten nur das Leben, und dieses Wissen floss in Statuen wie den Kouros ein.

Während der halbstündigen Pause sitze ich mit Papier und Stift vor meinem Spind und versuche mit aller Kraft, dem Kouros Worte zu entringen, seine mögliche Bedeutung schriftlich festzuhalten. Eine schwierige Aufgabe. Ich schreibe über die reine Vertikalität der Statue, vergleiche sie sogar mit einem Bowlingkegel. Offenbar feiert sie die Kühnheit einer Spezies, die auf ihren Hinterbeinen umhergeht. Ich benenne den »Hochmut, der in den nach hinten gezogenen Schultern zum Ausdruck kommt ..., als wäre sich das Leben bewusst, das Allerbeste zu sein«. Tatsächlich schreitet allein sie über die Friedhöfe der Vergangenheit. Ich mache Notizen über die Nacktheit der Statue – geschmeidig, wehrlos, ausgesetzt jedem Pfeil, der sie durchbohren könnte: Das war ein junger Mann, der gestorben ist. Schließlich versuche ich, einige Anmerkungen über Sie, mich, jeden von uns zu machen, die wir mit dem jungen Mann verwandt sind und unter unserer Kleidung alle ziemlich gleich aussehen.

***

Wer sich im griechischen Skulpturenhof aufhält und den Blick nach oben richtet, sieht ein Tonnengewölbe aus Gips. In den Tagen Homers hielt man den Himmel für eine durch und durch massive Kuppel. Sie ruhte auf Säulen im Meer, das die scheibenförmige Erde umgab. Jenseits des Meeres befand sich die Unterwelt, von der aus die ebenso scheibenförmige Sonne nur von hinten zu erkennen war. Und jenseits der Unterwelt gab es buchstäblich nichts – ja im Grunde nicht einmal das Nichts. Als äußerst praxisorientiertes Volk ließen die frühen Griechen in ihrer Philosophie keinen Raum für die Vorstellung von der Unendlichkeit oder der Leere, da weder diese noch jene in der Natur zu beobachten war. Wiewohl sich ihr Denken im Laufe der Jahrhunderte weiterentwickelte, ging jener konkrete Bezug zur Wirklichkeit nie ganz verloren. In der Welt der Griechen hatte alles, sogar die Götter, eine bestimmte Form – und damit eine Qualität, die ihre bildende Kunst mit vibrierender Energie erfüllte.

Ich stehe in einem Durchgang zum Skulpturenhof und bekomme zufällig die Diskussion einiger Teenager über ihre Hausarbeit mit. Anscheinend wurde ihnen folgende schriftliche Aufgabe gestellt: »Haben die alten Griechen wirklich an ihre Götter geglaubt? Erkläre, warum dies deiner Ansicht nach zutrifft oder nicht und führe zwei Kunstwerke als Beweis an.« Das ist eine großartige Aufgabe, und ich beschließe, lange genug zu lauschen, um das Urteil der Schüler zu erfahren. Eine junge Frau zupft sich an der Lippe und argumentiert, die Griechen hätten sehr wohl daran geglaubt, das sei doch klar, man brauche sich nur mal umzuschauen, oder? »Schon komisch, aber …«, sagt sie und zuckt mit den Achseln. Doch der junge Mann, mit dem sie sich unterhält, hat da seine Zweifel. Er meint, es verhalte sich wahrscheinlich eher so wie mit dem Teufel: Manche Leute würden glauben, es gäbe echt einen Teufel, so wie ein Typ in echt sich wie der Teufel benehme, aber für die meisten sei das bloß eine Geschichte, nicht wahr? Und damit blicken die beiden, in einer Zwickmühle gefangen, verständnislos auf stille Götter und Göttinnen.

Da ich befürchte, dass sie sich am Ende auf einen fadenscheinigen Kompromiss einigen werden, schalte ich mich behutsam ein. »Hey, braucht ihr Hilfe?« Für eine Schrecksekunde betrachten sie meine Uniform und denken, sie könnten in Schwierigkeiten sein. Aber mein Gesichtsausdruck wirkt beruhigend, und so sind sie gerne bereit, sich von mir helfen zu lassen. Ich teile ihnen ein griechisches Wort mit, das sie in ihren Aufsätzen benutzen können: *epipháneïa*, womit die »Erscheinung eines

Gottes« bezeichnet wurde. Die Griechen erlebten ständig solche Epiphanien, sowohl in Träumen wie auch in der realen Welt. »Hier, schaut euch das an …«

Ich führe die Schüler hinüber zum Kopf der sogenannten »Athena Medici«, einer antiken römischen Kopie eines verloren gegangenen Meisterwerks des klassischen Bildhauers Phidias (der Körper der hiesigen Skulptur ist ebenfalls verschollen). Zusammen blicken wir auf ein Gesicht, das friedlich und ungerührt ist, aber nicht verhärmt oder starr – eine geschmeidige, lebhafte Darstellung der Göttin der Weisheit, ihrer Schönheit, die vollendete Standhaftigkeit und Stärke ausstrahlt. »Athene war die Göttin einer besonderen Art von Weisheit«, erkläre ich. »Habt ihr die *Odyssee* gelesen? Das habt ihr – perfekt. In diesem Buch erscheint Athene immer dann, wenn Odysseus der Zuversicht und Inspiration bedarf. Ihr kennt das … Ihr stolpert herum, fühlt euch niedergeschlagen – und wie aus dem Nichts hellt sich eure Stimmung auf. Plötzlich habt ihr die nötige Energie, Courage und Klarheit, etwas zu tun, das kurz zuvor noch unmöglich schien. Heute würden wir sagen, dass die Veränderung von innen kam, aber die Griechen waren anderer Auffassung. Für sie hatten alle Kräfte ihren Ursprung in der äußeren Welt. Kräfte, die mächtig und unvorhersehbar waren, die von den Gefühlen der Menschen ebenso Besitz ergriffen wie sie über ihr Schicksal bestimmten. Athene wurde manchmal die ›Göttin der Nähe‹ genannt, weil sie das Denken durchdringen und grundlegend verändern konnte« – ich deute auf meine Stirn –, »zum Besseren, meint ihr nicht? Betrachtet sie eine Weile. Überlegt euch, was die Griechen unter Weisheit verstanden haben. Achtet darauf, ob Athene eure Stimmung hebt.«

Vielleicht behandeln sie mich gönnerhaft, nicken aber, als würden meine Ausführungen einen Sinn ergeben, und schreiben, Athenes Kopf umkreisend, rasch Sätze in ihre Notizbücher. Dann bedanken sie sich höflich und setzen ihren Weg fort, um einem weiteren Gott – einer zweiten Epiphanie in Marmor – zu begegnen. Sie aus der Ferne beobachtend, fühle ich mich ermutigt. Zu viele Besucher halten das Met für ein Museum der Kunstgeschichte, wo doch das Ziel darin besteht, etwas *über* Kunst und nicht *von* ihr zu lernen. Zu viele glauben, es gebe Experten, die alle richtigen Antworten kennen, und es sei nicht Aufgabe des Laien, sich in Werke zu vertiefen und ihnen eine mögliche Botschaft zu entnehmen. Je mehr Zeit ich im Met verbringe, desto überzeugter bin ich, dass es kein Museum der Kunstgeschichte ist, nicht hauptsächlich. Seine Interessen reichen hoch hinauf zum Himmel, tief hinab in die wurmstichigen Gräber und berühren praktisch jeden Aspekt davon, wie es sich anfühlt und was es bedeutet, im Raum dazwischen zu leben. *Darüber* weiß kein Experte Bescheid. Meiner Ansicht nach nehmen wir Kunst dann ernst, wenn wir aus nächster Nähe zu erkennen versuchen, was sie uns offenbart. Ich hoffe, diese Jugendlichen nehmen ihre Aufgabe ernst, und denke, sie haben einen guten Anfang gemacht.

***

Nach achtjähriger Generalsanierung bereitet sich die Abteilung für Islamische Kunst auf ihre Wiedereröffnung vor. Die Erwartungen sind hoch. Monatelang bin ich auf marokkanische Handwerker gestoßen, die, bekleidet mit weißem Arbeitskittel und rotem Fes, vor dem Eingang an der 81st Street standen und rauchten. Es heißt, der von ihnen erbaute Innenhof sei ein Wunderwerk. Einige Wochen vor der Einweihung komme ich auf dem Weg zum Mittagessen an dem Flügel vorbei und erblicke Chef Davis, der gerade hinter zwei Falttrennwänden hervorkommt. Ich recke den Hals, um dahinter zu spähen, er lächelt und winkt mich mit der Antenne seines Funkgeräts zu sich. »Ist das Ihr Ernst?«, frage ich, als er mich durch den Raum schiebt.

»Natürlich«, erwidert er. »Sie arbeiten doch hier.«

Mit einem Wärter, der an einem ebenso seltenen wie begehrten »Sitzposten« arbeitet, trage ich mich in die Liste ein und schaue auf die Uhr. 43 Minuten. Ich habe 43 Minuten, um meine Mahlzeit zu vergessen und tatsächlich ein neues Museum zu erkunden, das innerhalb des alten, mir vertrauten eröffnet wird. Aus dem Augenwinkel erhasche ich einen Schimmer des marokkanischen Innenhofs; aber nein, ich werde das richtig machen. Ich hole tief Luft, beruhige mich und beginne den Rundgang am Anfang.

Nun stehe ich in einem Eingangsbereich, wo Korane aus der ganzen Welt und quer durch die Jahrhunderte ausgestellt sind. Da ist ein einzelnes indigogefärbtes Pergamentblatt nordafrikanischer Herkunft aus dem 9. Jahrhundert; dann eine vollständige Ausgabe, so klein, dass sie an der Halskette eines ottomanischen Soldaten hätte hängen können; sowie eine Seite aus einem über zwei Meter hohen Koran, der dem turko-mongolischen Emir Timur gehörte.

Nach einer Drehung beschreite ich den Weg durch eine kreisförmig angeordnete Reihe von Galerien, deren Zentrum, wie mir bewusst wird, einen Stock oberhalb des römischen Innenhofs liegt. Damaskus, 7. Jahrhundert … Bagdad, 8. Jahrhundert … dann weiter ostwärts nach Persien und Zentralasien … Die Säle sind gefüllt mit schönen Gebrauchsgegenständen, die ich sonst manchmal übersehe – von Seiden- und Leinentextilien bis zu Glas- und Töpferwaren. Im Iran des 12. Jahrhunderts angelangt, stehe ich einem durchbohrten bronzenen Weihrauchgefäß in der Form eines Löwen gegenüber; daneben ein 800 Jahre altes Brettspiel mit Schah-Königen, Wesir-Königinnen, Elefanten-Läufern und Streitwagen-Türmen. Wie bei anderen, selten benutzten Schachspielen, die ich zu Gesicht bekommen habe, fehlt auch diesem ein einzelner Bauer.

Der großen Zeiträume eingedenk, eile ich an zahlreichen faszinierenden Objekten vorbei; jedes verheißt eine lange und interessante Zukunft. Bei einer echten Rarität muss ich jedoch verweilen: Es handelt sich um die unverhüllte Darstellung des Propheten Mohammed auf einem 600 Jahre alten Gemälde aus Zentralasien (manche Muslime würden es als blasphemisch bezeichnen). Weniger Zeit, als ich mir wünschen würde, verbringe ich mit der Betrachtung imposanter turkmenischer Rüstungen. Da mein Blick erneut auf den marokkanischen Innenhof fällt, kann ich nun nicht umhin, einen Abstecher dorthin zu machen.

Wäre dies der mittelalterliche Hof eines Schlosses oder einer *Madrasa*, in der Mitte offen zum Himmel, hätte ich mich vor dem sprudelnden Brunnen niedergekniet, um meine Hände und Füße rituell zu reinigen. Hier ist der Brunnen in weitaus kleinerem Maßstab nachgebildet, und ich werde Besucher davon abhalten müssen, Münzen hineinzuwerfen. Aber der Raum ist atemberaubend.

Auf der nahen Wand verwirrt ein dichtes Mosaik handgeschnittener Fliesen in vielerlei Farben und Formen meine Sinne. Auf der gegenüberliegenden Wand das gleiche Mosaik, das sich von weiter entfernt betrachtet zu einem höchst geordneten Muster zusammenfügt und dennoch keinen Moment stillhält. Sobald meine Augen ein Detail auswählen, um darauf zu ruhen, blinzle ich und nehme ein größeres Ganzes wahr, dessen Bestandteil es ist. Schmale weiße Bänder durchziehen die Fliesen, kreuzen und vereinigen sich zu spektakulären vielseitigen Sternen, ehe sie wieder in Zickzacklinien auseinanderstieben, um an anderen Stellen weitere Sterne hervorzubringen.

Doch das größte Wunder des Innenhofs befindet sich an der Decke. Zu seinen beiden offenen Seiten von Säulen getragen, ist das Stuckgewölbe derart fein gestaltet, dass es wie Spitze wirkt und die Verzierungen auf der Oberfläche dreidimensional zur Geltung kommen. Ein Bereich sieht für mich so aus wie eine Mischung aus Trockenteigwaren, die über einen Tisch gestreut wurden. Andere ähneln verschlungenen Weinranken, Honigwaben, der gekräuselten Zuckerglasur auf einer Torte, den s-förmigen Vertiefungen der Violinen, winzigen Blättern, die auf dem Gitter eines U-Bahn-Schachts ruhen, den Fensterrosetten europäischer Kathedralen. Ich habe nicht annähernd genug Zeit, um all das, was ich betrachte, in mich aufzunehmen. Meine Mittagspause neigt sich dem Ende entgegen. Ich verlasse den Flügel mit Islamischer Kunst, begierig darauf, zurückzukehren und sie an einem vollen Acht- oder Zwölf-Stunden-Tag zu beaufsichtigen.

Ein paar Wochen später begebe ich mich ins Disponentenbüro, wo Bob, der eine Weile braucht, um meine Kachel zu finden, sie schließlich hochhält und sagt: »Bringley, mit der Eröffnung des neuen Flügels mussten wir Ihren Stammbereich verlegen.« Er platziert meine Kachel in einer brandneuen Spalte. »Gehen Sie zu Bereich M – Islamische Kunst.«

***

So beginnt die dreimonatige Phase täglicher Arbeit in einer Abteilung, die offiziell den Namen trägt: Kunst der arabischen Länder, Türkei, Iran, Zentralasien und späteres Südasien. Seit meiner Probezeit habe ich noch nie so regelmäßig in einem Bereich des Museums gearbeitet und fühle mich ganz davon eingenommen. Als ich früher über die Gemälde alter Meister nachsann, interessierte mich vor allem der sakrale Aspekt der Kunst, ihre Beschaulichkeit und numinose Verschwiegenheit. Seither wurde sie überlagert von Gesprächen mit wissbegierigen Besuchern und fraternisierenden Wärtern, den weltlichen Attraktionen des Met. Im Flügel für Islamische Kunst hingegen entdecke ich Mittel und Wege, die mich zum Nachdenken darüber anregen, wie diese beiden Ebenen – Museum und Welt – miteinander in Verbindung stehen könnten.

Ich wurde davor gewarnt, und eines Tages geschieht es dann: Ein frommer muslimischer Besucher fragt mich, ob wir nach Osten ausgerichtet sind. Er und ich blicken auf eine Gebetsnische (*Mihrāb*), in der sich die Gläubigen Mekka zuwenden. Ich überlege einen Moment und bejahe. Er will wissen, ob er beten dürfe. Im Stillen, natürlich, erwidere ich, aber wir im Museum hätten die Sorge, dass Prostrationen zu Sturzverletzungen führen könnten. Er bedankt sich, faltet die Hände und starrt gebannt in

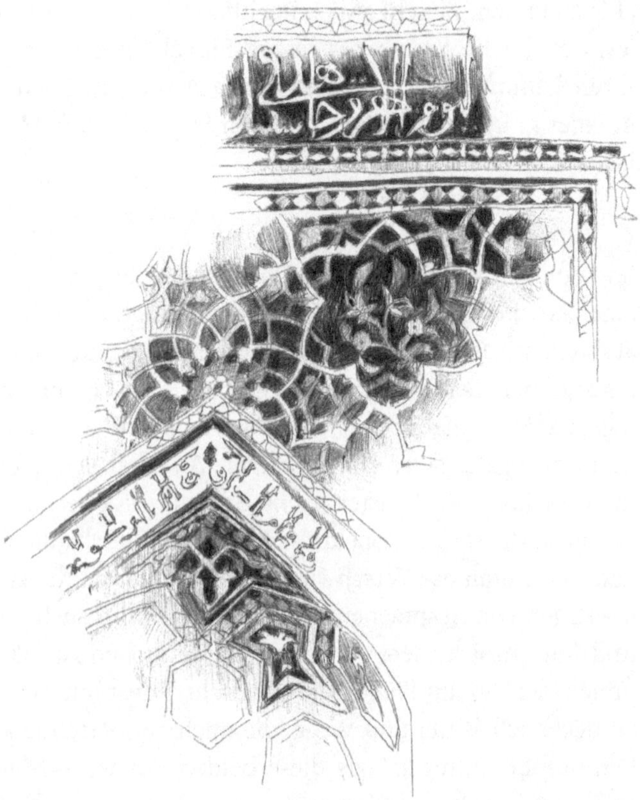

die Nische. Ich tue es ihm nach und denke daran, wie es sein muss, einen einzigen Fixpunkt zu haben – in dem Fall einen tatsächlichen Längen- und Breitengrad –, an dem sich der Glaube orientiert. Für den Besucher stellt dieses Kunstwerk einen Durchgang dar, jenseits dessen das Heilige, wie er es sich vorstellt, seinen Sitz hat.

Regeln sind Regeln, gewiss, aber diese *Mihrāb* ist eine Fliesenarbeit, die würdig genug ist, dass man sich vor ihr niederwirft. Knapp dreieinhalb Meter hoch, gut zwei

Tonnen schwer, schmückte sie im 14. Jahrhundert eine *Madrasa* in Isfahan und scheint um keinen Tag gealtert. Ein lebhaftes, ätherisch anmutendes Mosaik aus hauptsächlich blauen, weißen und türkisen Keramikfliesen, ein Himmel, flirrend vor tanzenden Arabesken und Koranversen in schwungvoller Schrift. Besondere Aufmerksamkeit widme ich einem Abschnitt über dem innersten Teil der Nische, wo gebogene, schwingende, ineinander verflochtene Linien sich zusammentun, um Formen zu bilden, die das pflanzliche Leben vor Augen führen. Die Linien selbst erinnern an Schlinggewächse und feiern so eindeutig die Natur, ihre Rhythmen und ihre Fruchtbarkeit, ihre Üppigkeit und Dichte, ihre fortdauernde Bewegung und Entwicklung.

Dann senke ich den Blick in die halbrunde, von einem Spitzbogen gekrönte Vertiefung der Nische. Dort teilen natürliche Formen den Raum mit abstrakten geometrischen Mustern, einem weiteren Grundelement der islamischen Kunst. Unten im Museumsshop gibt es ein hochgradig mathematisches Buch über islamisches Design, das ich während einiger Pausen durchgeblättert habe und das mich immer wieder vor Rätsel gestellt hat, bei denen ich mir Toms Beistand wünschte. Soweit ich es verstehe, begannen die Gestalter stets mit dem Kreis, der einfachsten und ursprünglichsten Figur, die sie dann unterteilten, um daraus die ihr eingeschriebenen Formen zu entfalten. Indem sie bestimmte Linien löschten, andere verlängerten und über ein endloses Raster wiederholten, schufen sie unzählige Muster, allesamt abgeleitet aus dem anfänglichen Kreis, der in seiner Einheit das Sinnbild Gottes darstellte. Das Endergebnis enthielt keine sichtbare Spur des Kreises mehr – und galt nun als Nachweis der Einheit, die der Vielheit zugrunde liegt: ein Lehrsatz des muslimischen Glaubens.

Bis ich diese komplexen Zusammenhänge erkennen kann, hat der Besucher sein Gebet beendet und sich entfernt. Ich male mir aus, wie es wohl sein muss, fünfmal täglich ein Ritual auszuführen, das dazu dient, den Geist auf das Prinzip der Einheit zu richten. Der Begriff »Religion« stammt von lateinisch *religare*, wörtlich »zurückbinden«, bedeutet also die Rückbesinnung auf gewisse elementare Wahrheiten, denen sich eine Gemeinschaft verpflichtet fühlt. Ich gehöre keiner bestimmten religiösen Tradition an, verspüre aber oft das Bedürfnis, zurückgebunden zu sein, triviale Angelegenheiten beiseitezuschieben und mit dem Wesentlicheren in Kontakt zu treten. So blicke ich verzückt in die wunderbare *Mihrāb*, nicht als ein frommer Anbeter, doch wie ein wahrer Verehrer.

***

Eine der Annehmlichkeiten der täglichen Arbeit im Flügel für Islamische Kunst besteht darin, den Leiter dieses Bereichs näher kennenzulernen. Mr. Haddad ist etwa 1,65 Meter groß und benimmt sich wie ein Prinz. Praktisch jedes Wort aus seinem Mund ist ebenso treffend wie komisch, obwohl er sich kaum mehr als ein leichtes Lächeln abringen kann. Einmal plauderten wir gerade miteinander, als ein Besucher ihn unterbrach und fragte, woher sein auffälliger Akzent käme. Trocken erwiderte er: »Washington Heights.«

Wie ich später herausfinde, lautet die vollständigere Antwort: Washington Heights via Irak, mit Zwischenstationen in mehreren großen Weltstädten (Mailand, London, Istanbul …). Heute lebt er natürlich in New York, wo er nebenberuflich als außerplanmäßiger Professor für Islamische Kunstgeschichte tätig ist. Mit Interesse erfahre ich, dass er New York eigentlich nicht besonders mag – »alles Asphalt, alles Aggression«, erzählt er mir, »keine Herzlichkeit, keine Luft, kein Sinn für Geschichte; alles, was alt und bedeutsam ist, wird zerstört«. Wenn ich widerspreche und darauf verweise, die ständige Wiedererrichtung und Neuerfindung sei ja gerade die Geschichte New Yorks, erhebt Haddad keinen Einspruch. »Ganz richtig«, meint er. »Das ist gut ausgedrückt. Nur mag ich es einfach nicht.«

Damit ist alles gesagt, bis Haddad mich eines Morgens in den Galerien für Osmanische Kunst postiert. Ich denke an Städte, in denen ich nie gewesen bin, an Geschichte, die ich nicht studieren konnte, an den vielfältigen Reichtum jener Welt, die ein Mann wie Haddad geschaffen hat. Das Eine ist heute weniger interessant als das Viele in seinen erstaunlichen Spielarten. Ich habe ihn von Istanbul schwärmen hören und würde gern zehn, zwanzig oder hundert Dinge über das Osmanische Reich erfahren.

Ich lehne den Ellbogen gegen ein Geländer und blicke hinab auf den berühmten »Simonetti«-Teppich. Unter sanfter Beleuchtung wirkt er magisch, wie die dunstige Oberfläche eines mehrfarbig schillernden Teichs. Wäre ich in einer gewissen Stimmung, würde ich mich bereitwillig verlieren in dieser Pracht, die sich wie ein eigenes visuelles Universum anfühlt. Aber heute bin ich in anderer Stimmung und sehe nur einen Stofffetzen aus einer größtenteils untergegangenen Welt. Ich denke an die zahllosen Füße, die den Teppich, um das Jahr 1500 wahrscheinlich in Kairo gewoben, betreten haben. Seine frühesten Besitzer waren Mameluken, deren Geschichte dazu angetan wäre, moderne Gehirne zu verwirren. Die Mameluken bildeten eine herrschende Klasse aus Elite-Sklavensoldaten – hauptsächlich Türken, Tscherkessen, Georgier und Abchasier –, die von ihrem Sitz in Kairo jahrhundertelang ein Reich regierten. Vormals abbasidischen Sultanen und Emiren treu ergeben, rissen sie im 13. Jahrhundert die Macht an sich und hielten an der Institution der Leibeigenschaft fest, selbst dann noch, als viele Sklaven zu den höchsten Rängen der dynastischen Regierung aufstiegen. 1517 – der Teppich war erst in jugendlichem Alter – wurde ihr Reich zwar von den Osmanen erobert, aber als Vasallen des osmanischen Sultans herrschten die Mameluken weiterhin über Ägypten, bis zu ihrer endgültigen Niederlage im Jahr 1811. Ein Datum, dessen moderner Klang mich verblüfft.

Den Teppich aufmerksam betrachtend, habe ich den Eindruck, als wären seine Zehntausenden Fäden und Knoten ein Sinnbild für die schiere Dichte der Wirklichkeit, Gegenwart und Vergangenheit. Ich bin mir der Welt bewusst, die sich einst von seinen vier Ecken ausbreitete, unergründlich reichhaltig im Detail, eine Bühne für jede Art von großem menschlichen Drama. Zugleich mache ich mir keine Illusionen über den äußerst dürftigen historischen Abriss, den ich gerade skizziert habe. Ich verwende zum Beispiel einen Begriff wie *Ägypten*, um mehr als eineinhalbtausend Kilometer Land entlang des Nils und mehrere Tausend Jahre seiner Geschichte zu bezeichnen, in denen jeder Moment unerschöpflich vielschichtig war. Den Blick auf den Teppich gerichtet, erscheint es mir als ein nutzloses Unterfangen, nach abstrakten Antworten auf transzendente Fragen zu suchen. Je mehr ich erfor-

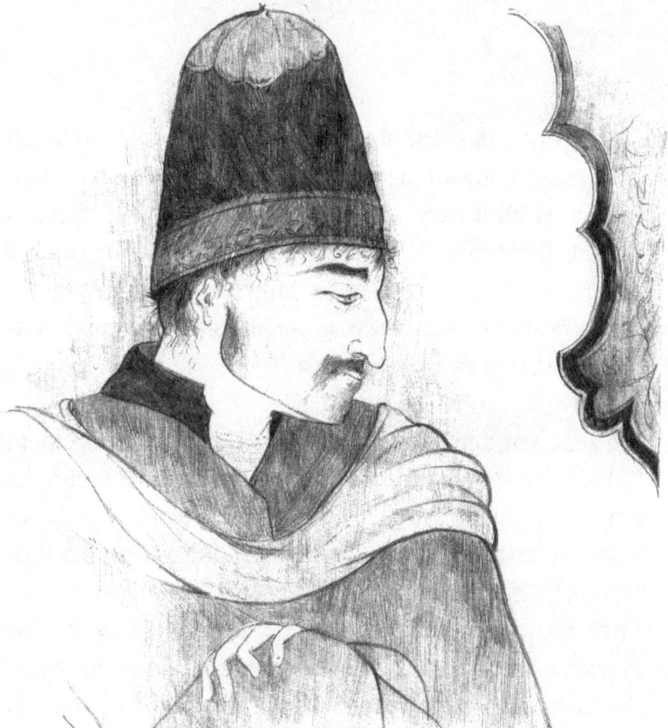

sche, desto mehr werde ich erkennen und desto mehr verstehen, wie wenig ich eigentlich erkannt habe. Die Welt birgt eine Überfülle von Einzelheiten, die sich der wechselseitigen Verbindung entziehen.

***

Gegen Ende des dritten Monats im Bereich M treffe ich frühzeitig genug an meinem Posten ein, um Platz zu nehmen. Das fühlt sich immer ebenso seltsam wie wunderbar an. Die Innenarchitekten des Flügels haben Hocker aus Holz vor die persischen Miniaturgemälde gestellt, damit Besucher bei diesen so gehaltvollen und ausgefeilten Werken verweilen können.

Ich sitze vor der Darstellung eines Derwischs aus einem Sufi-Orden im 16. Jahrhundert, eine asketische Figur, die ein wenig einem Mönch ähnelt. Das Porträt wurde im heutigen Usbekistan auf Papier ausgeführt, und der Protagonist, mit einem orangefarbenen Umhang und einer fingerhutförmigen Mütze bekleidet, geht tief in die Hocke, sein Blick fällt über die gebogene Linie der Nase. Die Gebetsperlen in seiner Hand erinnern an die täglich ritualisierte Bemühung, einer unmittelbaren Erfahrung des Göttlichen teilhaftig zu werden. Gott ist uns näher als unsere Halsvene, belehrt der Koran. Der Sufismus strebt danach, sich das zu Herzen zu nehmen.

Ich liebe das Gefühl, vor einem Kunstwerk zu *sitzen*! Und ich nehme mir Zeit, um die Bildbeschreibung zu lesen, die eine Übersetzung der arabischen Inschrift enthält:

Warum also sollte ich dem Himmel zu Dank verpflichtet sein, dass er mir eine Seele gab? Denn er hat in meinem Innern eine Quelle der Kümmernisse geschaffen, an denen diese Seele leidet.

Ich lese die Sätze zwei- oder dreimal und kann kaum glauben, wie pointiert die Anklage ist, die gegen Gott erhoben wird. Das Gemälde ist derart ausgewogen und überwältigend, dass mich der traurige Ton in den Worten des Derwischs völlig überrascht. Das Porträt zeigt einen Menschen, den ich nun in seiner Melancholie wahrnehme, konfrontiert mit einigen der Fragen, über die auch ich nachgedacht habe. Was, überlege ich, war wohl die Quelle des Kummers, der diesen Mann offenkundig quälte?

Auf den U-Bahn-Fahrten zu und von der Arbeit vertiefe ich mich in die Lektüre über Sufismus. Das beste Buch, das ich gefunden habe, handelt von einem Theologen im 13. Jahrhundert namens Ibn al-'Arabī, und ich erwarte, nur sehr wenig von seiner Weltanschauung zu verstehen. Doch es ist etwas Faszinierendes an Ibn al-'Arabī. Immer wieder betont er, dass wir mehr verstehen, als wir wissen, dass wir uns um Kenntnisse aus erster Hand bemühen sollten und auch über die richtigen Mittel verfügen, sie zu sammeln. »Ja, *du*«, scheint seine Kernaussage zu lauten, so wie sie auch die der Dichtung von Walt Whitman ist.

Gemäß Ibn al-'Arabīs Konzeption besitzt der Mensch zwei spezifische Erkenntnisweisen. Zunächst die Wahrnehmungsfähigkeit tief in unserem Herzen, einen fein abgestimmten Teil des Bewusstseins, um die Wirklichkeit zu erfassen, ein unmittelbares Vermögen, um die Schönheit und Erhabenheit der Welt in dem Maße zu begreifen, dass sich das Wahre (oder Gott) nah und unverhüllt anfühlt. Das ist jene Art des Erkennens, die etwa durch die *Mihrāb* in mir wachgerufen wird.

Darüber hinaus aber besitzen wir ein logisches Denkvermögen, das uns daran erinnert, wie wenig wir von der Welt wissen und wie beschränkt unsere Mittel sind, ihre höchste Wirklichkeit (oder mannigfaltigen Wirklichkeiten) zu entschlüsseln. Aus dieser Perspektive betrachtet, scheint die Wahrheit des Universums fern und verborgen und das Wahre an sich unbegreiflich. Das ist jene Art des Erkennens, die der »Simonetti«-Teppich in mir anregt.

Ibn al-'Arabī sieht keine Möglichkeit, die beiden Erkenntnisweisen miteinander zu versöhnen, und bringt dafür die Metapher des menschlichen Gesichts mit seinen zwei getrennten Augen vor. Wir brauchen beide Arten, bekräftigt er, und können unseren Fokus im Rhythmus des Herzschlags von der einen auf die andere verlagern. Beim Lesen dieser Passage hebe ich den Kopf. Ich sitze in der Bahn nach Manhattan, die aus dem Untergrund Brooklyns auftaucht und über die Brücke rattert. Die Fahrgäste ringsum, die an einem Sonntagmorgen zur Arbeit pendeln, betrachten die an den Fenstern vorbeiziehende Welt mit vielerlei verschiedenen Augen – leer, verträumt, scharfsichtig, schläfrig, oder sie sind geschlossen. Etwa vierzig Minuten später gehe ich ins Museum und bitte Mr. Haddad, mich in der Nähe des Derwischs zu postieren. Wieder blicke ich auf den Mann, der dermaßen niedergeschlagen ist, dass er sich fragt, warum ihm ein Herz gegeben wurde. Natürlich wäre es einfacher, ein geistiger Automat zu sein, der Gebete rezitiert, ohne eigenständig sehen, nachdenken oder empfinden zu müssen. Aber der Derwisch hat nicht diesen Weg gewählt.

Offenbar war er imstande, sein Wahrnehmungsvermögen an die Grenze zu treiben, wo manchmal Schmerz und Erschöpfung lauern. Irgendwie bin ich zuversichtlich, dass er seine Kraft wiedererlangen und beginnen wird, einen neuen Anlauf zu nehmen. Mit dem einen Auge schauend, spüre ich eine Vertrautheit mit diesem Anhänger einer esoterischen Sekte im 16. Jahrhundert. Und dann wirkt er mit einem Herzschlag fern und fremd; beim nächsten Schlag wiederum ist er mir, wie das Gemälde selbst, ganz nah.

10

DER VETERAN

Im Nordosten Manhattans – eine Gastronomiewüste, was gutes, preisgünstiges Essen und kühle Drinks ohne Schnickschnack angeht – gibt es dennoch eine schlichte Kneipe namens *Carlow East*. Draußen hängt gewöhnlich die irische Flagge, unter der sich normalerweise gesellige Raucher zusammendrängen. Drinnen ist es die gleiche dunkle, nicht sonderlich angenehm riechende Bar, wie man sie, um irgendeinen Durst zu löschen, wahrscheinlich schon unzählige Male besucht hat. Wir zechen dort hauptsächlich am Sonntagabend. Da das Museum montags geschlossen ist, müssen die meisten von uns nicht arbeiten, und die übrigen brauchen sich nicht allzu sehr anzustrengen. »Aber habt ihr schon das Gerücht gehört?«, fragt Miss Lester in die Runde und trinkt einen Schluck von ihrem ermäßigten Happy-Hour-Bier. »Ziemlich bald werden wir sieben Tage die Woche geöffnet sein. Wie schade! Wahrscheinlich werden wir Galerien absperren müssen, wenn die Fachleute Sachen durch die Gegend schleppen. Ich hab meine freien Montage geliebt.

Den Arbeitern dabei zuzuschauen, wie sie die Statuen nach oben hieven, macht mich so nervös.«

»Hast du je ein Date an einem Montag mit reingebracht?«, wirft Ronnie ein. »Die lieben das. Jeder will hinter eine verschlossene Tür geführt werden. Reicht fast schon, um eine Museumswärterin zu daten.«

Es ist 18 Uhr, und zu dieser Stunde haben sich nicht nur die üblichen Verdächtigen versammelt – junge Wärter, kinderlose Wärter, Wärter mit einem kleinen Problem; auch Männer und Frauen mit Familie sind auf einen Sprung vorbeigekommen, um »nur ein Glas« zu trinken, was im Allgemeinen so viel bedeutet wie »zwei«.

Zu dieser Gruppe gehören Terrence und Joseph, die ich für heute Abend mit dazu gebeten habe. Mit ein wenig Verspätung (wegen ihrer Langsamkeit beim Kleidungswechsel) stehen sie an der Theke und erlauben mir, eine Runde Miller High Life auszugeben – was darauf hindeutet, dass wir nach ihren spendierten Runden insgesamt drei haben werden. Im Fernsehen werden Sport-Highlights gezeigt, und wir erinnern uns an das Spiel der Brooklyn Nets, das wir zusammen besucht haben. Oben auf den billigen Sitzen wurde Joseph von derart heftigen Schwindelgefühlen ergriffen, dass man hätte meinen können, wir würden auf der Achterbahn einen Looping nach dem anderen drehen. Als wir uns dann den Weg in einen tiefer gelegenen Bereich bahnten, appellierte er an das Klassenbewusstsein eines sympathischen Platzanweisers: »Wir drei, wir sind Museumswärter, wir sind genau wie du!«

Jetzt flimmert Baseball über den Bildschirm, und Terrence wird durch die eingeblendeten Eilmeldungen aus aller Welt an ein weiteres Schlagballspiel erinnert: Kricket.

Das West Indies Team, das er »Windies« nennt, hatte »heute Morgen neun Wickets« oder etwas in der Art. Aber Joseph lenkt die Unterhaltung auf jenen Punkt zurück, den er schon viele Male angesprochen hat und einfach nicht vergessen kann. »Warum heißen sie *Brooklyn* Nets und nicht New York Nets?«, fragt er mit gequältem Gesichtsausdruck, in dem Enttäuschung mitschwingt. »Du, Patrick, bist aus Chicago und Brooklyn. Du, Terrence, bist aus Guyana und Queens. Ich, Joseph, bin aus Togo und der Bronx. Wenn die Nets eine Meisterschaft gewinnen, sollten sie über den Broadway paradieren (das Tal der Helden!), nicht über die Flatbush Avenue! Wir sind *ein* New York!«

Nachdem wir die erste Runde ausgetrunken haben, drehen wir uns ruckartig auf den Hockern und wenden uns einem weiter gefassten Themenkreis zu. Dabei geht es auch um Ronnie und Miss Lester, beide Stammgäste – und Vorgesetzte, die man gern ohne Anzug sieht; sowie um drei Freunde, mit denen ich den zehnminütigen Fußweg bis zur Bar zurückgelegt habe: Lucy aus Hawaii, Blake aus Westchester County und Simon aus Connecticut.

Blake erheitert uns mit einer Geschichte aus der Arbeitswelt. »Haltet euch fest!«, sagt er. »Ich bin in einer Galerie für Französische Malerei oben im Bereich B, die mit dem *Raub der Sabinerinnen* von Poussin, als ich seh, wie ein Kind mit dem Radiergummi seines Bleistifts an einem Gemälde rumfummelt. Du lieber Himmel!, denk ich, fordere das Kind auf, sich nicht von der Stelle zu rühren, während ich das Bild inspiziere und denke – ich *denke* –, da könnte doch eine kleine Pockennarbe drauf sein. Also ruf ich die Einsatzzentrale. Der Typ trifft ein und – das ist das Verrückte an der Sache – fährt mit seinem Finger über den ganzen Bereich, drückt fest auf, so als würd er Sonnencreme in die Leinwand reiben. Dann dreht er sich zu mir und sagt: ›Nä! Was immer das ist, es liegt unter ein paar Schichten Firnis. Ist schon alt.‹«

Lucy schaltet sich ein mit der nächsten Geschichte über einen Besucher, der wissen wollte, wo sich die Galerien 813, 432, 731, 622 befänden … Ihre Stimme wird auf komische Weise leiser, und wir alle stöhnen laut auf. Das Museum hat kürzlich einen neu gestalteten Plan mit vielen Galerienummern herausgegeben, die nur wenige der altgedienten Wärter zu lernen bereit sind. »Sagen Sie mir einfach, nach was Sie suchen«, lautet ein üblicher Refrain. »Mumien, Wasserlilien, Mary Cassatt? Nennen Sie das Stichwort, und ich weiß Bescheid.« In dem Zusammenhang reden wir über schleichende Veränderungen, die einigen von uns geschäftsmäßig oder unpersönlich erscheinen und in Gang gebracht wurden, nachdem der langjährige Direktor Philippe de Montebello seinen Hut genommen hat. »Sag, was du willst über Philly Cheesesteak«, erklärt Simon, »aber der hat uns nie aufgefordert zu lernen, wie man zählt.« Das ist ein lustiger Scherz, aber erst einmal lachen wir uns schief über den Spitznamen »Philly Cheesesteak« für den aristokratischen de Montebello.

»Ziemlich gut«, meint Terrence. »So wie wenn du einen Fettmops ›Winzling‹ nennst.«

Oft ähnelt unser Gespräch über die Arbeit einer Unterredung im Lehrerzimmer – einer Stilübung, bei der wir uns in dramatischer Manier über die kleinen Monster auslassen, in unserem Fall die Museumsbesucher. Dazu habe ich eine ganz gute Geschichte zu erzählen. »Ich bin also im dritten Team in der Sammlung Wrightsman«, sage ich zu der Gruppe, die weiß, dass es sich hierbei um die Säle mit Kunst aus der Franzosenzeit handelt. »Es ist kurz vor Toresschluss, und da steht ein Typ in meiner Galerie – ein reicher Typ, aber von der hippen Art: schulterlanges Haar, teurer Anzug, der ihm offensichtlich zu eng ist, neben ihm sein kleiner Sohn, genauso herausgeputzt wie er. ›Entschuldigen Sie, es ist Viertel nach fünf. Die Galerien schließen jetzt‹, erkläre ich ihm. Ohne mich anzuschauen, hebt er die gespreizte Hand hoch wie ein Baseballspieler, der die verbleibende Zeit anzeigt.

›Fünf Minuten‹, sagt er, einfach so: Punkt, kein Fragezeichen.

›Nun‹, erwidere ich, ›leider funktioniert das nicht so, aber ich gebe Ihnen eine Minute‹, und räume meine beiden anderen Galerien, wo jeder Besucher absolut einverstanden ist, dass ich meine Arbeit mache. Als ich nach dem Rundgang zu Mr. Five Minutes zurückkehre, verzieht er das Gesicht zu einem leichten Grinsen. Er amüsiert sich. Er findet es unglaublich lustig, dass *ich ihn* herumzukommandieren versuche, wer auch immer er ist. ›Sir‹, sage ich, ›kommen Sie jetzt …‹, appelliere an seine Menschlichkeit. Aber er rührt sich nicht von der Stelle. Natürlich stecken andere Wärter den Kopf herein, um zu sehen, was los ist, und ziemlich bald hat er es mit sechzehn von uns zu tun; alle Wärter in dem Bereich sind versammelt, wippen mit den Füßen in seine Richtung und starren auf ihre Uhren. Schließlich bricht Mr. Franklin in Gebrüll aus: ›GESCHLOSSEN! GESCHLOSSEN! GESCHLOSSEN! GESCHLOSSEN! GESCHLOSSEN! GESCHLOSSEN! GESCHLOSSEN!‹ Ihr kennt die Art von Mr. Franklin, wenn er echt ausrastet und aggressiv wird, weil er sich zugleich langweilt. Dagegen ist kein Kraut gewachsen. Also gibt sich mein Mann endlich geschlagen, aber als er sich umdreht, um zu gehen, muss er das letzte Wort haben. Er wendet sich seinem Sohn zu und sagt: ›Kleine Leute, kleine Macht … So ist das Leben.‹«

Ich ernte nicht das Gelächter, das ich erwarte. Die Pointe hat es in sich, ruft ernstes Kopfschütteln und ein »Verdammt noch mal!« hervor, während die Gruppe das Ausmaß moralischen Verfalls erörtert. Wir alle haben es schon erlebt, wie ein an der Schuhsohle klebendes Stück Kaugummi behandelt zu werden. Als Museumswärter ist man manchmal zwangsläufig mit einem Mistkerl konfrontiert, der einen wortreich daran erinnert, dass man *nur* ein Aufseher ist. Im besten Fall betrachten wir das nicht als eine Beleidigung. Schlimmstenfalls fühlen wir uns so klein und ohnmächtig, wie die Fieslinge es beabsichtigen. Aber an Tagen wie diesen können wir sie wenigstens in den Geschichten, die wir uns an der Bar erzählen, in ihrer ganzen Bösartigkeit entlarven.

Gegen 19 Uhr beginnt sich die Gruppe zu lichten. Terrence, Joseph und ihresgleichen machen sich auf den Heimweg zu ihren Familien, und nun hängt es von uns übrigen ab, den Abend weiterhin lebendig zu gestalten. Lucy winkt mich zu einem Nebentisch bei der Musikbox, also geselle ich mich zu meinen Freunden in der trauten Nische, während der Geräuschpegel ringsum steigt und die Luft stickiger wird. Ich habe mich lange Zeit dagegen gesträubt, inzwischen aber meine Gruppe gleichgesinnter junger Menschen gefunden, die mir das Gefühl geben, nicht allein zu sein. Wir sind in unseren späten Zwanzigern und frühen Dreißigern – ein Alter, in dem man sich vor seinen Freunden nicht mehr aufspielt und zunehmend auf ihre Unterstützung baut. Es ist ein verzwicktes Alter. Die Lehrjahre des Erwachsenwerdens gehen zu Ende, die Zeit der Reife rückt näher, und es gilt herauszufinden, was man mit seinem Leben anfängt, wieder einmal, und diesmal vielleicht wirklich. Unter uns vieren bin ich der einzige Sonderling, der sich bewusst für den Beruf des Museumswärters entschieden hat. Simon wollte Lehrer werden. Blake studierte Geologie im Hauptfach. Lucy besitzt einen Master in Dichtkunst. An unserem Tisch herrscht keine große Gewissheit darüber, was wir im Leben genau vorhaben, auch wenn sich immer deutlicher abzeichnet, dass wir angekommen sind, im echten Leben.

Je weiter der Abend fortschreitet und die Getränke ihre Wirkung entfalten, desto weniger albern wir herum, werden ernsthafter, freimütiger und verletzlicher. Und wer weiß, wie es von außen scheint, aber von innen betrachtet führen wir ein wunderbares Gespräch. Im Laufe dieses Sonntagabends und all der kommenden werden wir über den Tod der Eltern reden, über körperliche und seelische Probleme. Wir werden auf Lucys Gedicht anstoßen, das in einer Literaturzeitschrift erschienen ist. Wir werden uns vor Blakes nächtlichen Open-Mike-Auftritten mit Alkohol zu Hause in Stimmung bringen. Simon und Lucy werden sich an einem Tisch wie dem hier ineinander verlieben – und ihre Liebe auch dann noch bewahren, wenn sie wieder zwei gute Freunde sind. Eines Tages wird uns Simon dann die Nachricht überbringen, dass er eine junge Frau getroffen hat und mit ihr nach Utah zieht, wo er schließlich eine Anstellung als Postbote finden und in den Bergen mit ein paar

Hunden leben wird. Und über dummes Zeug werden wir auch reden – in der intimen Atmosphäre einer überlauten Bar.

***

Als am Ende meines dritten Monats im Flügel für Islamische Kunst alles reibungslos läuft, bietet sich mir die Möglichkeit, in einen anderen Bereich zu wechseln, der dann mein Stammplatz sein wird. Alle hier positionierten Wärter stehen vor der gleichen Wahl, und so wägen wir eine Zeit lang unsere Optionen ab. Vielleicht Bereich R? (Neben der Sicherheitsabteilung gelegen, umfasst er moderne, afrikanische, ozeanische, altamerikanische Kunst und je nach Jahreszeit auch den Skulpturengarten auf dem Dach.) Oh, aber er ist meilenweit vom Umkleideraum entfernt, gibt jemand zu bedenken. Ja, aber ein großer Teil davon ist mit Teppichboden ausgelegt, hält ein anderer dagegen … Schon, aber da hast du dann diese ganzen Dödel, die darauf bestehen, dass ihr kleiner Neffe einen Kandinsky malen könnte … Sicher, aber was soll's, ist doch lustig …

Gut, wie wäre es also mit Bereich F (Asiatische Kunst)? Alle stimmen darin überein, dass er ungewöhnlich ruhig ist.

Als altgediente Wärter wissen wir um die Macht der Beleuchtung – dass die Dunkelheit in Verbindung mit Spotleuchten die Besucher zum Flüstern veranlasst, als hätten sie Angst, die Statuen aufzuwecken. Uneins sind wir in der Frage, ob so viel Stille überhaupt wünschenswert sei. Einige würden eine Mischung mit Schulkindern einmal pro Stunde bevorzugen (in diesem Fall sollten sie in die Ägyptische Abteilung gehen). Außerdem scheiden sich die Geister an dem Leiter des jeweiligen Bereichs in Bezug auf seine Verträglichkeit, seine Fairness.

Gewöhnlich habe ich es vermieden, derartige Präferenzen zu entwickeln. Dieses Team, jenen Bereich, diesen Chef oder jenen Pausenplan zu bevorzugen, hätte den Bann gebrochen, unter dem ich stand. Ich kreuzte einfach dort auf, wo Bob im Disponentenbüro mich hingeschickt hatte, und glitt hinein in einen stillen Tag. Doch irgendwann brach der Bann. Es kam die Zeit, da ich nicht mehr wie der rehäugige Neuling agieren wollte und allmählich Vergnügen daran fand, mich ein wenig klüger und kritischer zu fühlen. Manchmal beteilige ich mich gern am Gespräch über die Arbeit und meckere oder klage. Doch langsam, aber sicher habe ich einige Denkweisen entwickelt, die mein weniger erfahrenes Selbst überrascht und vielleicht sogar enttäuscht hätten.

Als ich mich schließlich für Bereich G als Stammplatz entscheide (er umfasst den Flügel für Amerikanische Kunst, Musikinstrumente sowie Waffen und Rüstungen), so geschieht das nicht aus den edelsten Gründen. Dort sind reichlich Toiletten vorhanden, und der Umkleideraum befindet sich direkt darunter. Mr. Singh, in diesen Tagen meistens der Leiter dieses Bereichs, überlässt uns die Wahl des Teams. Außerdem bin ich momentan nicht in der Stimmung, unbekanntes Terrain zu erforschen oder ungewohnten Fragen nachzugehen. Nicht zuletzt schätze ich Kameradschaft (Joseph und Terrence arbeiten ebenfalls in dem Bereich) und hätte, zumal als Amerikaner, nichts gegen ein wenig Ungezwungenheit, die ich im Flügel für Amerikanische Kunst anzutreffen hoffe.

Dessen berühmtestes Gemälde ist das eher formale *Washington Crossing the Delaware*, nur dass niemand es wirklich ernst nimmt. Es entzückt, überwältigt aber nicht. Besucher gehen direkt darauf zu und sagen so etwas wie: »Mann! Dieses Ding würde nicht mal in eine Autobahnunterführung passen!«, als handelte es sich um eine Attraktion am Straßenrand, von der man so viel wie möglich mitkriegen soll. Wenn ich davor positioniert bin, was oft vorkommt, schaue ich gerne in die angrenzende Halle, um Leute zu beobachten, wie sie von Weitem einen ersten Blick auf George Washington erhaschen und dabei die wunderbaren Porträts von John Singleton Copley übersehen, in meine Richtung schlendern, ihre Kameras und Smartphones zücken. Wie Papa dann jedermann zum Lachen bringt, indem er seinen Bierbauch ins Bild hält und die Pose von Washington nachahmt. Mir gefällt es, ihnen zu versichern: Ja, das Bild ist echt und nein, auf dem kleinen Hinweisschild steht *nicht*, es sei eine Reproduktion. (Erwähnt wird, dass der *Rahmen* eine Reproduktion ist, aber die Kuratoren sollten es besser wissen und dieses Wort nicht im Zusammenhang mit einem berühmten Gemälde verwenden.) Ich freue mich, mit ihnen darüber zu diskutieren, ob Ruderboote tatsächlich Pferde zur Schlacht transportieren konnten, und höre mir von Besserwissern bereitwillig an, dass jene Version der amerikanischen Flagge, die der Künstler malte, zur Zeit der Flussüberquerung noch gar nicht existierte. Mit Vergnügen helfe ich einzelnen Personen, den Namen des Künstlers Emanuel Leutze auszusprechen, die ultimative Eintagsfliege der amerikanischen Kunst. Und es macht mir kaum etwas aus, dass ich weniger ehrfurchtsvolle Einstellungen entwickle und eher eigentümliche Interessengebiete erschließe. Der Flügel für Amerikanische Kunst scheint dafür der richtige Ort zu sein.

Direkt unterhalb der Galerien mit den wichtigsten Gemälden liegt ein Zwischengeschoss, das einer der seltsamsten und vielschichtigsten Orte im ganzen Museum ist. Dieses »offene Lager« beherbergt mehrere Zehntausend Objekte, die in den eigentlichen Galerien keinen Platz gefunden haben. Ohne ausführliche Beschilderung steuern Besucher durch lange schmale Gänge, flankiert von hohen Glaskästen, die ein buntes Mischmasch von Americana aus den vergangenen 400 Jahren präsentieren. Wer Tische mag, entdeckt hier Esstische, Teetische, Arbeitstische, Kartentische, Klapptische, Kipptische, Konsolentische, auf Böcken stehende Tische und Beistelltische. Wer Uhren bevorzugt, trifft auf Standuhren, Regaluhren, Wanduhren, Eichel-Uhren, Leuchtturm-Uhren, Banjo-Uhren und Lyra-Uhren. Das Zwischengeschoss ist einer der Bereiche des Met, wo Besucher beim Anblick eines Gegenstandes erklären: »Sieht aus wie das Teil von Tante Barb.« Dort können sie ein wenig Abstand gewinnen von geheiligten Meisterwerken und die Gesellschaft von Lupen und Zuckerzangen, Lederhelmen und Brustschilden der Feuerwehrmänner genießen.

Im Zwischengeschoss gibt es auch »schöne Kunst«, aber sie wird mit einem wohltuenden Mangel an Pomp behandelt. Statuen rücken unbeholfen nah, wie Jungen und Mädchen bei einer Tanzveranstaltung in der Mittelstufe. Hunderte von Gemälden fügen sich Seite an Seite als auch von oben bis unten aneinander, sodass durch die breiten Glaskästen, in denen sie sich befinden, verrückte Mosaiken entstehen. Zwischen diesen Kästen entlanggehend, bin ich mir der Blicke aus Dutzenden gemalten Augenpaaren bewusst, die zu Job Perit, Mrs. Thomas Brewster Coolidge oder Mr. Henry La Tourette de Groot gehören – und sogar zu einigen frühen Amerikanern ohne markante Namen. Typischerweise haben die Modelle für diese Porträts versucht, so gebildet und elegant wie möglich zu wirken, wurden aber in einem freieren und schlichteren Stil gemalt, als es ihnen wohl recht war. Frühe amerikanische Maler beneideten die hohe europäische Kultur, konnten jedoch – und darin liegt ihr Charme – deren Verfeinerungen nicht nachahmen.

An einem solch dachbodenartigen Ort ist es nur natürlich, auf den Prozess des Kunstsammelns neugierig zu werden. Eines Tages stoße ich auf einige der ersten Gemälde, die das Museum erworben hat. Informiert werde ich durch ihre Inventar- und Seriennummern am unteren Ende der Aufkleber an den Objekten. Gewöhnlich lautet die Ziffernfolge etwa 2008.11.413, eine aber weist nur drei Stellen auf: 74.3, das heißt, das Werk gelangte 1874 in die Sammlung, sechs Jahre bevor das Met überhaupt ein festes Zuhause hatte. Die Bilder sind entzückend – subtile Landschaften von John Frederick Kensett, einem der Museumsgründer. Er wuchs auf zu einer Zeit, als Landschaftsmaler hierzulande kein Beruf war, weshalb er sich zum Kupferstecher ausbilden ließ und später an seinem Arbeitsplatz Platten gravierte, von denen Banknoten gedruckt wurden. Während New York sprunghaft anwuchs, fand er Gesellschaft bei den Künstlern der Hudson River School und beteiligte sich aktiv an deren Bemühungen, das erste große amerikanische Kunstmuseum ins Leben zu rufen.

Nur war es anfangs keineswegs groß. Ein Museum wie der Louvre beherbergte eine königliche Sammlung. Die Sammlung des Met hingegen würde von Privatpersonen zusammengetragen werden müssen – von Kaufleuten,

Mäzenen, Reformern und Künstlern, die sein erstes Kuratorium bildeten. Jahrelang kämpfte man um Werke, die es lohnten, ausgestellt zu werden, und hing von Schenkungen und Nachlässen ab, die eher dem Zufall als der Planung geschuldet waren. Die Landschaftsbilder von Kensett gingen, wie ich herausfinde, auf eine Schenkung seines Bruders zurück, nachdem der Künstler beim Versuch, eine Frau im Long Island Sound zu retten, ertrunken war. Der Zyklus wird »The Last Summer's Work« (Das Werk des letzten Sommers) genannt.

Ich gewöhne mir an, bis zum Ende der Beschriftung zu lesen, und stelle fest, dass dort immer die gleichen zwei Worte stehen: Rogers Fund. Offenbar gewährleistete niemand die Kaufkraft des Met mehr als Jacob S. Rogers. Geboren 1824, in der Lebenszeit von Thomas Jefferson, war er hauptsächlich Dampflokomotiven-Hersteller und starb 1901, einen Monat bevor Louis Armstrong zur Welt kam – so kurz ist die amerikanische Geschichte. Aufgrund meiner Recherchen am Computerportal im Zwischengeschoss ist sein Name allein im Flügel für Amerikanische Kunst mit über 1500 Objekten verbunden. Ein Wagenheber aus dem 18. Jahrhundert für die Reparatur von Planwagen? Rogers Fund. Ein von Tiffany & Co. im Jahr 1879 angefertigtes Silbertablett? Rogers Fund. Dennoch war er, der kein besonderes Interesse an Kunst hatte, zu Lebzeiten dem Met fast gänzlich unbekannt. Niemand konnte ahnen, was kommen würde, als nach seinem Tod – ohne Beisetzung, wie er es verfügt hatte – das Testament verlesen wurde. Aus Gründen, die nur er kannte, überging der übellaunige Kauz fast seine gesamte Familie (lediglich ein paar Neffen und Nichten erhielten Almosen) und vermachte sein Vermögen in Höhe von fünf Millionen Dollar – damals eine astronomische Summe – dem Met. Auf einen Schlag wurde die Stiftung des Museums zu einem ernsthaften Geschäft. Rogers' Kapital wirft bis zum heutigen Tag Zinsen ab. Und das alles dank seiner Bösartigkeit oder Marotte – und natürlich der ihm gehörenden stählernen Rosse, die quer durch den Kontinent Rauch ausstießen.

Der Sammeltrieb ergreift Individuen ebenso wie Museen. J. P. Morgan, der vierte Präsident des Met, gab den größten Teil seines Geldes für die Anhäufung von seltenen Manuskripten und Kunstwerken aus, von denen sich heute etwa 7000 hier befinden. »Wenn man bedenkt«, witzelte John D. Rockefeller bei dessen Testamentseröffnung, »dass er nicht einmal ein reicher Mann war!« Weniger häufig erbt das Museum eine Sammlung von jemandem, der nicht steinreich war. Mein bevorzugtes Beispiel für dieses Phänomen ist im Zwischengeschoss zu besichtigen.

An einem Nachmittag unter der Woche bin ich bei der Jefferson R. Burdick Collection postiert. Mr. Singh leistet mir Gesellschaft. Der leise sprechende Leiter der Abteilung ist Mitte siebzig und scheint nie in den Ruhestand gehen zu wollen. Nach vierzig Berufsjahren im Met fühlt er sich in der Stille wohl. Nun stehen wir seit mehreren Minuten mit verschränkten Armen nebeneinander und haben noch kein einziges Wort gewechselt.

»Mögen Sie Baseball, Mr. Singh?«, wage ich schließlich zu fragen. Wir sind umgeben von einer Serie von Porträts, die Baseballspieler auf farbigen rechteckigen Kartons darstellen, rasterförmig angeordnet und gerahmt. Es gibt Karten von Willie Mays, Henry Aaron, Honus Wagner, bis zurück zu »King« Kelly – »10000 Dollar-Kelly« genannt wegen der enormen Summe, die die Boston Beaneaters 1886 für ihn bezahlten.

Auf meine Frage erstrahlt Mr. Singhs Gesicht vor purer Freude. »Nein!«, erwidert er entschieden. »Aber ich mag Kricket.«

»Schauen Sie dort …« Der Guyaner führt mich hinüber zu Baseballkarten aus dem 19. Jahrhundert – Farblithographien, in mehreren Stufen fachmännisch und schön gedruckt, dann in Zigaretten- und Tabakpackungen geschoben. Er deutet auf ein Foto des Center Fielder Jack McGeachey, der die Hände schalenförmig aneinanderlegt, als würde er Regentropfen auffangen. »Kein Handschuh!«, sagt Mr. Singh. »Im Kricket machen wir es weiterhin so. Verstehen Sie mich? Folgen Sie mir? Wir pflücken den Ball aus der Luft, nur mit diesen.« Er zeigt mir lebhafte faltige Hände. Terrence hat mir ein paar Dinge über Kricket beigebracht, aber ich wäre töricht, Mr. Singh in seinen Ausführungen zu bremsen. Also spiele ich den Laien, worauf er ziemlich bald Schlaghaltungen und Bowlingtechniken mimt.

»Wissen Sie, wer Baseball auch nicht mochte, Mr. Singh?«, frage ich, als die Reihe an mir ist. »Jefferson Burdick! Das Met verfügt über die beste Baseballkarten-Sammlung außerhalb von Cooperstown, 30 000 Stück, und das ist einem Elektriker aus Syracuse zu verdanken, der nie zu Spielen ging. Burdick hatte kein Interesse an Baseball, sondern an *Karten*. Postkarten, Werbebeilagen, Speisekarten, Valentinskarten … Er sammelte alles Vergängliche, bezahlte nie mehr als einen Dollar für diese Karten, von denen einige heute ein paar Tausend wert sind (oder im Fall von Honus Wagner mehrere Millionen). Als er 1947 an die Tür des Met klopfte, besaß er über eine Viertelmillion Objekte. Die letzten Jahre seines Lebens verbrachte er in der Abteilung für Zeichnungen und Drucke und versuchte, sie alle zu katalogisieren.«

»Dieser Burdick scheint eine echte Persönlichkeit gewesen zu sein«, erwidert Mr. Singh, noch immer bewegt von seinen Erinnerungen an Kricket. »Er hätte einen erstklassigen Wärter abgegeben …«

***

In letzter Zeit hat mich Mr. Singh in den Galerien mit Musikinstrumenten postiert, einer Sammlung, die bei vielen Besuchern für Überraschungsmomente sorgt und einige von ihnen traurig stimmt. Als ich gerade in der Nähe einer Gitarre bin, die der klassische Virtuose Andrés Segovia als die »größte Gitarre unserer Epoche« bezeichnete, wendet sich ein Besucher mir fassungslos zu. »Haben Sie das gelesen?«, fragt er und blickt auf das Instrument, als wäre es King Kong in Ketten. »Warum wird es in einen Kasten gesperrt? Was zur Hölle soll das?« Seiner Erzählung nach ist er ein pensionierter Musiklehrer an der Highschool, der mit seiner Jazz-Posaune »ab und zu auftritt«. Eingedenk der außergewöhnlichen Talente meines eigenen Musiklehrers frage ich ihn, wie viele dieser Instrumente (ich mache eine ausgreifende Armbewegung) er spielen könne. »Schlecht? Wahrscheinlich alle«, antwortet er. »Wenn Sie mir genug Zeit geben würden, um hier herumzutüfteln …«

Als er sich entfernt, stelle ich mir vor, in einem Museum zu arbeiten, wo man mit den Ausstellungsstücken weniger vorsichtig umgeht und eine äußerst musikalisch veranlagte Person (die Welt ist reich an ihnen) einlädt, die Vitrinen zu öffnen und sich mit den Instrumenten zu beschäftigen. Vor den Augen des Publikums könnte sie Tag für Tag lernen, auf der persischen Kamantsche zu spielen, der japanischen Koto, der Indianerflöte, dem italienischen Cembalo. Man kann sich nicht ausmalen, welcher Beliebtheit sich eine solche Vorführung erfreuen würde. Besucher schauen gerne zu, wenn in den seltenen Momenten, da es erlaubt ist, mit Kunstobjekten hantiert wird, und so wäre es herzerfrischend, einen eifrigen, geduldigen Menschen dabei zu beobachten, wie er diese Instrumente zum Leben erweckt. Ich kann schon den Einspruch von Kuratoren, Restauratoren und Versicherungssachverständigen hören, die auf eine lange Liste mit Gründen verweisen, warum dergleichen nie und nimmer geschehen könnte. Aber ich weiß nicht. Würde man wirklich hundertprozentig wollen, dass mit der Stradivari rein gar nichts passiert oder ihr nicht lieber Töne entlocken? Man kann jedenfalls nicht beides haben.

Nichtsdestotrotz gibt es in der Abteilung viel Liebenswertes. Wie es der Zufall wollte, füllt sie einige der Lücken im benachbarten Amerikanischen Flügel. Zu meinen bevorzugten Instrumenten gehört eine irokesische Rassel, die nahe den Niagarafällen aus einer Schnappschildkröte hergestellt wurde. Mit dem knochigen Schädel am Griff und einem Panzer in der Größe des Halbhandschuhs, wie Catcher im Baseball ihn tragen, ist sie ein wahrer Blickfang. Doch bei der Rassel zählten weniger ihre Eigenschaften als ihre Verbindung zum Tänzer, der sich während einer heiligen Zeremonie im geschlagenen Takt bewegte – oder ihn verlangsamte, beschleunigte, verzerrte. Das erscheint mir verspielt und zugleich todernst. Der Hohlraum ist gefüllt mit Kirschkernen, im

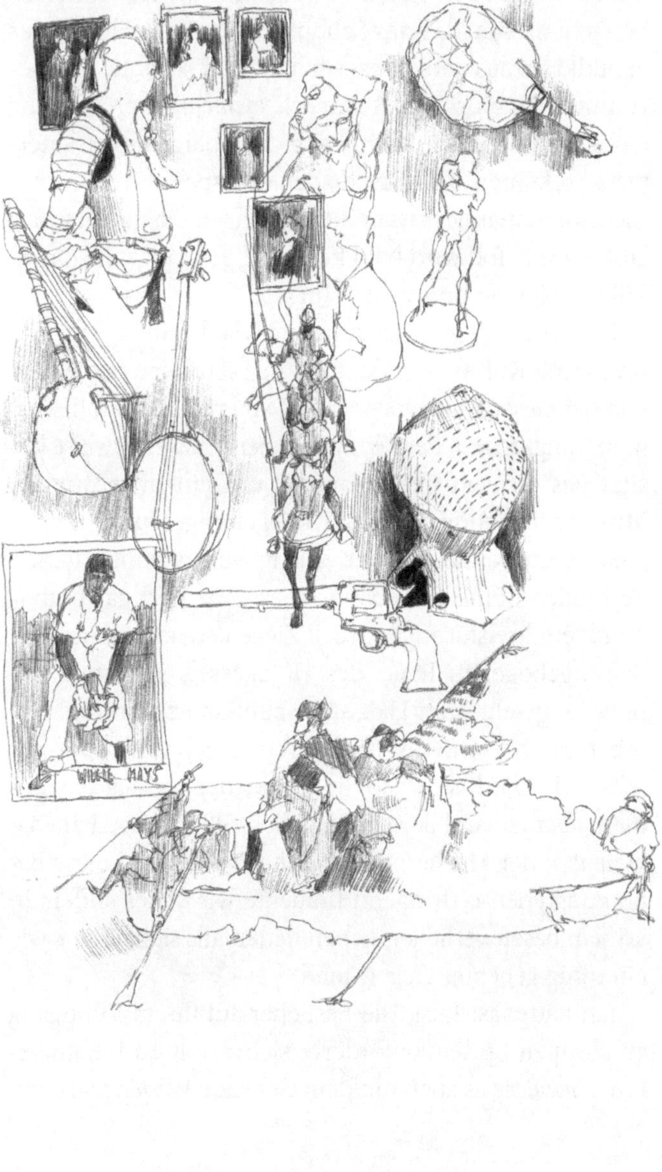
WILLIE MAYS

Grunde nicht anders als bei einer Kinderrassel – aber wenn man so will, ist auch eine Gitarre nur eine Holzkiste mit schwingenden Saiten. Ebenso mag die Rassel in Anbetracht dessen, dass ihr Schöpfer das weiche Fleisch der Schildkröte aus dem Panzer schnitt und schabte, den berühmten lateinischen Ausdruck *memento mori* (Sei dir deiner Sterblichkeit bewusst) in sich bergen. Seltsamerweise scheinen die verschiedenen Aspekte des Instruments miteinander zusammenzuhängen. Seine Botschaft lautet: Dein Tod wird bald kommen; schwinge die Rassel selbstvergessen und voller Hingabe.

Da ich in diesen Tagen immer wieder über Amerika und seine Kultur nachdenke, fühle ich mich besonders von der Geschichte eines typisch amerikanischen Instruments angezogen, dem Banjo. Bemerkenswerterweise besitzt das Met ein Exemplar, das von einem schwarzen Musiker in Georgia bereits 1850 gefertigt wurde, wenngleich sein Name mit der Zeit in Vergessenheit geriet. Verblüffend einfach gebaut, ist es ganz und gar hinreißend: ein kreisförmiges Stück Ziegenleder straff um den dampfgebogenen Rand des Holzkessels gespannt, ein bundlos geschnitzter Hals aus Walnussholz, der Kopf versehen mit hölzernen Wirbeln. Vermutlich war es äußerst schwierig, das Instrument immer wieder optimal zu stimmen, aber jemand ließ ihm tadellose Pflege angedeihen – vielleicht der Macher, der es selbst spielte und diese Betätigung ebenso dringend brauchte wie vieles andere in seinem beschwerlichen Leben. Jedenfalls sieht es aus wie ein innig geliebter Gegenstand.

Ich hätte fast Lust, die Besucher auf ihrem Rundgang zu stoppen und aufzufordern, sich damit zu fotografieren, so wie sie es auch mit dem Gemälde *Washington Cros-*

sing the Delaware tun. Das Banjo erscheint als das perfekte Sinnbild amerikanischen Musizierens, das hierzulande wohl die reichhaltigste und vollendetste Kunstform darstellt. Die frühesten ihrer Art wurden auf den Westindischen Inseln aus Kalebassen hergestellt, und ich muss nicht sehr weit gehen, um jene Instrumente zu finden, die sie inspiriert haben: afrikanische Lauten, Harfen, Lyren und Zithern ebenso wie europäische Lauten und Gitarren.

Dank eines Straßenmusikanten auf dem U-Bahnsteig 86th Street kann ich in meinem Kopf eine senegalesische Kora hören, während ich in der Vitrine die außergewöhnliche Form des Instruments begutachte. Mit 21 Saiten wirkt ihr Körper aus Kalebasse und Ziegenleder so wohlgerundet wie der Bauch eines dicken Mannes und so weich wie ein Kissen. Zum Vergleich betrachte ich erneut das zierliche Banjo, ein Abkömmling der afrikanischen Tradition und Vorläufer einer amerikanischen Tradition, zu der ich in gewisser Weise auch gehöre. Denn in meinen Jugendjahren war es meine Aufgabe, die Taschenlampe zu halten, während mein Onkel David auf dem Banjo Blues und Bluegrass, Arbeiter- und Cowboylieder am Lagerfeuer spielte. Er ist jetzt krank, aber als sein »Lehrling« werde ich bei künftigen Familientreffen derjenige sein, der im Schein der Flammen auf der Gitarre spielt.

***

Waffen und Rüstungen, der letzte Teil von Bereich G, haben mit Musikinstrumenten gemein, dass ihre Objekte *benutzt* und nicht nur betrachtet werden sollten, obwohl in diesem Fall die auferlegte Harmlosigkeit wohl zum

Besten ist. Wenn ich unter den Rittern in glänzender Rüstung postiert bin, erschreckt mich manchmal der Gedanke, was diese hohlen Männer, auf Pferdeattrappen gesetzt, eigentlich darstellen. Gewiss ist bei einigen der geätzten, geprägten, gebläuten und versilberten Stahlanzüge die handwerkliche Ausführung ganz erstaunlich. Und sehr gerne beantworte ich Fragen über die Regeln der Ritterturniere und darüber, wie viel dieser oder jener Harnisch genau wiegt. Doch ich kann nicht umhin, den Rüstungen, die ich immer besser kennenlerne, bestimmte Merkmale zuzuschreiben, und viele davon sind schauerlich. Der typische Turnierhelm etwa erweckt den Anschein einer menschenfressenden Kreatur mit einem riesigen vorspringenden Unterkiefer und zusammengekniffenen schlitzartigen Augen. Wenn ich mir seinen Träger in Bewegung vorstelle, sehe ich eine dumme, schwerfällige Killermaschine, sein ehemals kouroshafter Körper so panzerartig wie möglich ausgestaltet. Das brutalste Gesicht gehört zum Helm eines Sir Giles, der sich 1520 auf dem berühmten *Camp du Drap d'Or* (Feld des Güldenen Tuches) in der französischen Gemeinde Balinghem an einem Kampf zu Fuß beteiligte. Jeglicher Verzierung beraubt, weist er keine erkennbaren menschenähnlichen Züge auf; nur durch ein Muster winziger Vertiefungen konnte Sir Giles (mühsam, wie ich vermute) sehen und atmen. Der furchterregendste Aspekt besteht jedoch in seiner kalten, finsteren Schonungslosigkeit. Der Helm ist nichts als eine riesige hohle Metallkugel, die den eigenen Kopf schützen sollte, während man jemand anderem den Schädel einschlug.

Irgendwann in der Geschichte verschwanden all diese Stahlanzüge. Als mein Großvater 1944 an den Stränden der Normandie landete, trug er Baumwolle. Nicht weil Menschen weniger gewalttätig geworden waren, sondern weil Waffen die Rüstungen derart überflügelt hatten, dass jahrhundertelang entwickelte Innovationen zur Verteidigung nutzlos wurden. In gewisser Weise ist das noch entsetzlicher. Um zu verstehen, wie sich die Veränderung vollzog, schlendere ich zum fernen Ende des Flügels, um die Waffen zu betrachten. Gegen Ende des 17. Jahrhunderts waren Feuerwaffen stark genug, dass es keinen Sinn mehr hatte, sich wie ein Blechmann zu kleiden; Kugeln konnten einen durchsieben. Aber bis ins 19. Jahrhundert unterschied sich das Verfahren, eine Waffe abzufeuern, kaum von dem ihrer Anfänge. Vor jedem Schuss musste man das Schießpulver bemessen, es in den Lauf füllen, eine Kugel einschieben, beides mit einem Ladestock nach unten pressen, dem Schloss ein Zündmittel hinzufügen, den Feuerstein justieren und hinterher den gleichen Vorgang wiederholen. Für die moderneren Formen von Gewalt war diese Methode ungeeignet; um deren Weiterentwicklung zu verfolgen, finde ich mich erneut in Amerika wieder.

Von den wenigen amerikanischen Objekten in der Sammlung der Waffen und Rüstungen sind sechzehn Revolver in einem einzigen Schaukasten ausgestellt. Es wäre schwierig, auf so kleinem Raum mehr von der gewaltsamen Geschichte des Landes unterzubringen. Ich betrachte die früheste Waffe, eine kleine zierliche Pistole von 1838 und ihr buchstäblich revolutionäres Merkmal: ein drehbarer Zylinder, der es ermöglichte, mehrere Kugeln kurz hintereinander abzufeuern. Der Lauf dieses patentierten Modells zeigt auf den Colt 1851 Navy Revolver, dem eine Kampfszene zwischen der Republik Texas und Mexiko eingraviert ist. Der Nordstaatler Samuel Colt wählte die Darstellung, um seinem damals wichtigsten Kunden zu schmeicheln: den Texas Rangers. Wie sich herausstellte, war sein Revolver genau jene Waffe, die sie brauchten, um Krieg gegen die Komantschen zu führen und sie von ihrem Land zu vertreiben. Nicht nur in Texas, sondern auf dem ganzen Kontinent trug diese Art von Waffen im Wesentlichen dazu bei, das amerikanische Imperium aufzubauen und die Indianerstämme zu verdrängen, deren Krieger alle zwei oder drei Sekunden einen Pfeil abschießen konnten, also viel schneller waren als die Schützen mit Feuerwaffen – bis eben der Revolver aufkam. Samuel Colts Einfluss endete aber nicht auf dem Schlachtfeld. Um seine Waffen herzustellen – über 400 000 davon waren am Ende des Bürgerkriegs abgesetzt –, verfolgte er als nächstes Ziel, maschinell gefertigte und vollkommen austauschbare Teile zu produzieren. Das war ein großer Schritt in Richtung der Fließbandfertigung, die dann als das amerikanische System bekannt wurde. 1855 eröffnete er eine knapp 22 000 Quadratmeter große Anlage mit Maschinen, um Metall zu hämmern, zu walzen, zu bohren, zu feilen und zu identischen Stücken zu formen. Dies war eins der auffälligsten Zeichen dafür, dass die Welt nie mehr so sein würde, wie sie einmal war.

Aus der Nähe betrachte ich einen Revolver Kaliber 45, der 1874 bestellt wurde, dessen Produktion aber bis heute andauert: das ikonische Armeemodell mit Hahnspannung, das perverserweise an Zivilisten als »Peacemaker« (Friedensstifter) verkauft wurde. (»Gott schuf die Menschen; Sam Colt machte sie gleich«, lautete ein Spruch im fernen Westen.) Während mein Blick über den

Lauf gleitet, kann ich nicht entscheiden, ob der Revolver Kunst ist, doch wenn er es ist, dann moderne Kunst.

***

Nach inzwischen fast fünf Jahren in diesem Job habe ich meine festen Gewohnheiten und Freundschaften. Ich kenne die Galerien, in denen ich gerne arbeite, und jene, die mir weniger zusagen. Und wenn ich zufällig vertrauliche Gespräche mitbekomme – »Warum sehen impressionistische Gemälde deiner Meinung nach immer so verschwommen aus?« –, weiß ich, wann und wie ich mich einmische (obwohl ich in diesen Tagen häufiger die Sache auf sich beruhen lasse). Mit anderen Worten: Ich bin ein Veteran und fühle mich wohl. Ich werde in einen Rhythmus gebracht, der mir behagt und ohne größere Anstrengung beizubehalten ist. Meistens fühlt sich diese eigenartige Arbeit, die ich ausübe, einfach normal an, genau wie irgendeine andere auch. Manchmal jedoch erfüllt mich dieser Stand der Dinge mit Sehnsucht und Bedauern.

An einem Morgen nehme ich zum soundsovielten Mal meinen Posten in den Galerien mit amerikanischer Malerei ein. Die Bilder an den Wänden wirken leblos und langweilig; das ist nicht gegen sie gerichtet, sondern nur das Eingeständnis, dass es in der Wache eines Veteranen genügend Zeit gibt, in der Kunst beliebig wirkt, ja kaum der Betrachtung wert ist. Die kirchenartig stille Atmosphäre, die meine Vormittage erfüllte, ist jetzt flüchtiger als früher. Meine Gedanken sind etwas lauter, ersetzen die ehemals leise Poesie durch bisweilen interessante Prosa. Ich versuche mich zu erinnern, welchem Team ich gerade zugeteilt wurde – Team 1, oder war das gestern? –, und gehe im Kopf eine kurze Liste mit Besorgungen durch, die ich machen möchte (ein Vatertagsgeschenk für meinen Dad, solche Sachen). Ich stelle mich neben John Singer Sargents Gemälde *Madame X*, ein ebenso berühmtes wie glamouröses Porträt, wobei ich momentan nicht auf die schlampige Figur achte, die ich im Gegensatz zu jener Dame abgebe, noch auf die Komik, die unserer merkwürdigen Paarung entspringt. Während die Zeit vergeht und das Publikum hereinspaziert, beschäftigen mich verschiedene unzusammenhängende Gedanken. Zum Beispiel frage ich mich, wie viele Gruppen der Zeugen Jehovas heute eingeplant sind. (An manchen Tagen führt die Organisation über 200 ihrer Getreuen auf biblisch inspirierten Rundgängen durch das Met.) Dann taucht die Erinnerung auf, wie einmal ein Mann und eine Frau von mir Hinweise über *Madame X* erhalten wollten, und als ich mich ihnen zudrehte, erkannte ich den Rockstar Michael Stipe und die Schauspielerin Kim Cattrall. Außerdem hänge ich einigen unnachsichtigen Gedanken über Mr. Avery nach, einen meiner aktuellen Kollegen, der berüchtigt dafür ist, zu spät von seinen Pausen zurückzukehren. Sowie darüber, was ich mir zum Mittagessen besorge, da nun der Panini-Laden auf der Madison Avenue geschlossen ist. Schließlich fällt mir die lustige Bemerkung ein, die ich unlängst im Umkleideraum zufällig mithörte: »Ich hab ihr gesagt, ›Wir sind keine Sicherheitswärter, meine Dame … wir sind Sicherheitskünstler.‹«

Wenn die Push-Nachricht etwas später als erwartet eintrifft, verliere ich meinen Sinn für Humor und schmore vor mich hin. Während einer Tätigkeit, bei der nicht viel

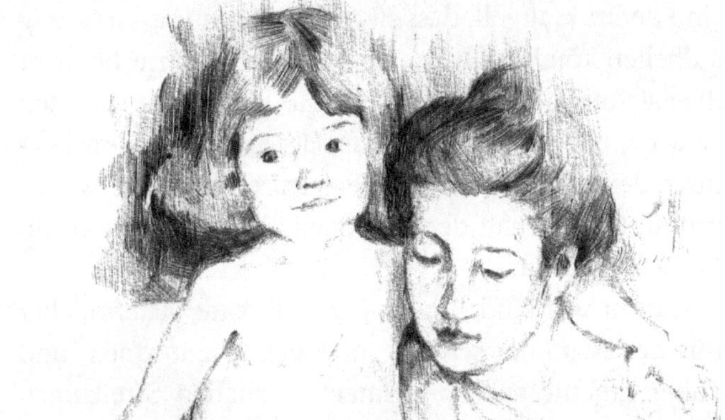

schiefgeht, kann einem noch die kleinste Kränkung als inakzeptabel erscheinen. Ich schlendere ein paar Schritte zu meinem nächsten Posten: die windumtoste Küste von Maine mit Winslow Homers eindrucksvoller Darstellung der Brandung, die gegen dunkle Felsen schlägt. Die Bilder sind derart kraftvoll, dass sie meine Stimmung ein wenig aufhellen können, aber nicht wirklich – ich rieche nicht die Salzluft oder schere mich nicht darum. Ehe ich mich versehe, habe ich beim turnusmäßigen Wechsel mechanisch den Weg zu meinem A-Posten zurückgelegt, wo ich nun in Gesellschaft der amerikanischen Impressionistin Mary Cassatt bin.

Cassatt war eindeutig eine wunderbare Malerin, aber mir fiel es immer schwer, ihr Werk einzuordnen, und daher tauchte sie bei meinen kürzlichen Streifzügen durch die amerikanische Kunst nicht auf. Geboren in Pittsburgh, wurde sie im Ausland geschult und malte ihre wichtigsten Bilder in Frankreich, wo sie mit Künstlern wie Monet und Degas ausstellte. Nicht ganz französisch noch ganz amerikanisch, keine Eingeweihte (nicht zuletzt wegen ihres Geschlechts), sondern auf respektable Weise bürgerlich, nicht so »verschwommen« wie der typische Impressionist, sondern spontaner als die alten Meister, lässt sie sich in ihrem Schaffen nicht eindeutig bestimmen. Wenn ich eine Weile nicht über sie nachgedacht habe, dann deshalb, weil mir ein fester Anhaltspunkt fehlte.

Heute jedoch gibt es etwas oder vielmehr einen Menschen, der meine Lebensgeister weckt. Am fernen Ende der Galerie steht eine Frau vor ihrer Staffelei, Pinsel in der einen Hand, Palette in der anderen, ein Tropftuch unter den Füßen ausgebreitet, die Augenbrauen konzentriert zusammengezogen, während sie auf eine Leinwand tupft, die aufgrund der Vorschriften der Sicherheitsabteilung mindestens 25 Prozent kleiner sein muss als das zu kopierende Originalgemälde. Wenn sie eine Kunststudentin ist, wie bei Kopisten üblich, dann keine junge; der ernste, fokussierte Blick hält mich davon ab, ein Gespräch mit ihr zu beginnen. Offensichtlich ist sie in der Arbeit weit fortgeschritten, ja scheint diese fast beendet zu haben. Ob zum Abschluss noch eine oder fünf Stunden nötig sind, vermag ich nicht zu sagen. Wie die meisten Betrachter von Gemälden habe ich nur einen vagen Eindruck, wie sie gemacht sind, wobei all meine Lektüren über Malerei bestenfalls eine kleine Hilfe waren. So bin ich wie jeder andere immer fasziniert, Kopisten bei der Arbeit zu beobachten, und schließe mich ein paar Besuchern an, die aus gebührendem Abstand die Bewegungen ihres langsamen und geräuschlosen Pinsels verfolgen.

Nach meiner Einschätzung ist ihre Arbeit anmutig – das Porträt einer Mutter im Ringelblumenkleid, die sich ihres kleinen nackten Jungen annimmt. Offensichtlich hat die Kopistin viel Zeit darauf verwendet; ihre Darstellung wirkt mehr oder weniger wie aus einem Guss, überzeugend, wie »schöne Kunst«. Kurz darauf hebe ich die Augen, um Cassatts Version in mich aufzunehmen – nun ja, drücken wir es so aus: Es besteht keine Gefahr, dass jemand eine Kehrtwende macht und behauptet, die genannte 25-Prozent-Regel schütze nicht gegen eine Fälschung des Originals. Cassatts Bild ist nicht anmutig, sondern in Sonnenlicht gebadet und wunderbar – kühn und schlicht, farbenprächtig und genau, irgendwie robuster als »schöne Kunst«. Das ist nicht fair gegenüber der Kopistin, die ebenso behutsam wie beharrlich arbeitet, während Cassatt sich auf den Flügeln ihrer mühsam errungenen Meisterschaft in künstlerische Höhen aufschwang. Das war ihr Stil, das war ihr Thema. Sie traf tausend Entscheidungen mit schneller, inspirierter Intelligenz, die nicht wiederholt, sondern nur unbeholfen nachgeahmt werden kann. Mit einem Wort: Ich kann weder glauben noch verstehen, wie gut ihr Bild eigentlich ist. Zum ersten Mal seit langer Zeit gerate ich ins Schwärmen.

Solche Momente ergeben sich nicht mehr so oft wie zuvor, und das zu erkennen, betrübt mich. Das große Gemälde weckt in mir schlummernde Gefühle der Ehrfurcht, der Liebe und des Schmerzes, die sich von meiner bloßen Neugier auf den Krimskrams der Americana im Zwischengeschoss grundlegend unterscheiden. Seltsamerweise trauere ich um das Ende meiner akuten Trauer. Der Verlust meines Bruders, der in der Mitte meines Lebens ein Loch hinterließ, beschäftigt mich gedanklich nun weniger als allerlei Sorgen, die es ausgefüllt haben. Und ich vermute, das ist richtig und natürlich, aber schwer zu akzeptieren.

11

UNVOLLENDET

Fünf Jahre nach dem Tag, als Tara und ich heirateten, fünf Jahre fast nach dem Tag, als mein großer Bruder starb, sitze ich wieder an einem Bett, diesmal auf der Entbindungsstation. Genauso wie damals herrscht im Krankenhauszimmer eine einfache und stille Atmosphäre. Krankenschwestern kommen herein, um nach Tara zu sehen, aber ohne besorgt oder gespannt zu wirken. Wir sind natürlich gespannt, aber nicht wie im Kino, und es vergehen lange, beschauliche Stunden, in denen wir einfach wie früher dasitzen und staunen über ein bedeutsames, geheimnisvolles und zugleich normales Geschehen, das sich in einem kleinen Zimmer abspielt. Unser Arzt erscheint zur rechten Zeit und ist niemand anderes als Dr. Singh, der Sohn von Mr. Singh, dem regulären Leiter des Bereichs G. (Seinen Vater hörte ich so oft in höchsten Tönen von ihm schwärmen, dass wir ihn aufsuchten und froh sind, es getan zu haben.) Dann folgt der versprochene Ansturm von innen, und das Pressen und die Höhepunkte sind diesmal das genaue Gegenteil ihrer

Entsprechungen vor fünf Jahren. Statt des Schweigens ein Wimmern; statt der Gnade ein Aufruhr; statt einer letzten Erinnerung, die es festzuhalten galt, eine Vielzahl verwirrender Aufgaben, die bewältigt werden müssen.

Wenn ich nachts mit meinem Sohn Oliver Thomas wach bin, kehren meine Gedanken manchmal sehnsüchtig zu Darstellungen der Jungfrau mit dem Kind zurück. Wie ruhig und beherrscht das Kind immer aussieht! Wie gefasst und gleichmütig die heilige Mutter! Im Gegensatz dazu ist das kleine Geschöpf in meinen Armen unbändig, grob, albern. Ich sehe es gierig die Milch aus der Flasche saugen, das Kinn feucht, die Gliedmaßen zappelnd, der Darm in Bewegung, den es dann entleert, um genau zeitgleich in milchtrunkener Glückseligkeit einzuschlummern. Ich versuche, es so behutsam wie möglich sauber zu machen, aber natürlich fühlt es sich durch die Kälte gestört und bekommt einen unangemessen heftigen Wutanfall. Unfair! Mehrere lange Minuten später halte ich meinen wieder schlafenden Sohn in angespannter, grotesker Pose, die ich weitere lange Minuten nicht zu ändern wage. Fast verrückt vor Erschöpfung stehe ich da, spüre den Herzschlag durch seine zusammenwachsenden Schädelplatten.

Vor Olivers Ankunft dachte ich, ein neugeborener Säugling würde sich in meinen Armen wie ein zarter Gegenstand anfühlen, und ich hätte Angst, ihn zu zerbrechen. Stattdessen stelle ich fest, dass dieser Packen Leben, dieser Haufen aus Milliarden Zellen dicklich, kräftig und robust wirkt. Dabei erinnere ich mich, wie begeistert Tom über das sagenhafte Chaos der Zellbiologie und infolgedessen des Lebens im Allgemeinen sprach. Die Natur neigt dazu, Kühnheit höher einzuschätzen als

Bescheidenheit, wodurch zwar wunderbare Geschöpfe entstehen, die aber nicht unbedingt geschickt oder unkompliziert sind. Soweit ich sehen kann, trifft das auch auf mein eigenes Leben zu, das nun nicht mehr einfach scheint. Doch dank dieses Zuwachses ist es vielleicht im Begriff, erfüllter und widerstandsfähiger zu werden.

Für drei Monate größtenteils unbezahlten Urlaub wird eine im dritten Stock gelegene Wohnung ohne Aufzug, die kleiner ist als der Bereich eines Wärterpostens im Metropolitan Museum of Art, zu meinem Arbeitsplatz. Ich habe ruhige, tadellose Galerien eingetauscht gegen Zimmer voller Krimskrams und halbfertiger Projekte, die meine Fingerabdrücke tragen. Irgendwie habe ich auf diesen 65 Quadratmetern mehr zu tun als auf den 232 000 Quadratmetern im Met. Und ehrlich gesagt muss ich meine Zeit den Umständen knallhart anpassen. Bisher hatte ich ein von Trivialitäten weitgehend befreites Leben geführt, das im Wesentlichen darin bestand, mich in einer unbeschwerten Welt einfach umzuschauen. Was für ein Schock für mich, erkennen zu müssen, dass der wesentliche Teil des Elterndaseins darauf ausgerichtet ist, mit Unmengen von Trivialitäten umzugehen. Wäscheberge. Ständige Arztbesuche. Endloses Packen und Auspacken von Windeltaschen. Das alles hat zur Folge, dass ich mich die meiste Zeit so fühle, wie ein Farmer sich fühlen muss – zu erschöpft von seinen Aufgaben, um deren Ergebnisse bewundern und lieben zu können.

Gelegentlich jedoch …

Eines Nachmittags beschließe ich, mein Glück zu versuchen. Ich ergreife eine halb gepackte Windeltasche, setze den kleinen Mann wie einen Affen auf meine Hüfte und schreite mutig hinaus in die große weite Welt. Unser

Ziel ist Brooklyns Sunset Park, der an einem Hang zwischen den Taquerias der Fifth Avenue und einem florierenden Chinatown auf der Hügelspitze liegt. Beim Aufstieg passieren wir Picknicker, Drachenflieger, Fußballspieler und erreichen dann den Gipfel, wo etwa sechs Dutzend Mandarin und Min-Dialekte sprechende Menschen leichte Aerobic-Übungen durchführen und ein Musiker einer einsaitigen Erhu bezaubernde Töne entlockt. Ollies Kopf wendet sich unaufhörlich hin und her, daher nennen wir ihn manchmal »Owl-ie« (Eulchen), eben weil er imstande ist, den Kopf fast ganz um die eigene Achse zu drehen.

Ich nehme ihn mit zum Spielplatz, damit er die Kinder aus der Nachbarschaft beobachten kann. Sie rasen umher mit unbekümmerter Agilität, und er begeistert sich dafür so sehr, wie es einem Menschen nur möglich ist. Ich lasse ihn eine Rutsche hinabgleiten, was ihm Angst und Schrecken einjagt, aber heute lohnt sich mein Einsatz, denn er stößt nur einen kurzen Schrei aus. Anschließend lege ich ihn in diesem reizenden, ungepflegten, aber gut genutzten Park auf einen Fleck Rasen. Überall drängen sich Leute. Die Geräusche des Verkehrs ringsum sind zu hören. Trotz alledem sind die Herrlichkeiten der Natur unübersehbar: Die Sonne scheint, der Wind weht, die alte Ulme ist so ehrwürdig wie jedes Lebewesen auf der Erde. Und auch mein Sohn. Ich blicke in große, weite, feuchte Augen, die mich anlächeln, und staune über die Strahlkraft dieses Moments. Er ist nicht nur schön, denke ich, er ist gut, sein Gutes wiegt all die Kämpfe auf.

***

An meinem ersten Tag zurück in der Arbeit führt Joseph das Empfangskomitee an: »Der Familienmensch!«, grölt er. »Unser Familienmensch ist wieder da!« Wir stehen vor dem Disponentenbüro, genauso wie damals, als ich ihn zum ersten Mal traf. Doch diesmal führt *er mich* herum, um sicherzustellen, dass jeder die Nachricht erfährt. Mehrere Wärter heißen mich im sogenannten Klub willkommen, schütteln meine Hand und klopfen mir auf die Schulter, als würden wir Zigarren verteilen. Dann konkurrieren Fragen mit Ratschlägen: *Wie isst er? Wie schläft er? Tut mir leid, das zu hören, aber wenn du ihn mit dir im gleichen Zimmer schlafen lässt, ist der Ärger schon vorprogrammiert. Oh, er hat eine Erkältung? Das arme Ding … Ich sag dir, was du machen musst. Du besorgst ein Glas hochwertigen Honig, reibst frischen Ingwer, nicht zu viel, gerade genug, um …*

Unter den Gratulanten ist auch Aada. Meine frühere Mentorin gehört zu jenen noblen Personen, die einen ständig nach der Familie fragen und mit aufrichtigem Interesse dem Bericht lauschen. Sie drückt meinen Arm, nimmt mich mit auf einen Rundgang und möchte unbedingt wissen, was meine Eltern fühlten, als sie ihr erstes Enkelkind betrachteten. »Und schau hier«, sagt sie, als wir auf ein neu erworbenes Gemälde zusteuern, »hast du schon mal so was Scheußliches gesehen?«

Um 10 Uhr öffnen wir die Türen für das Publikum, und ich weiß, welche Züge diese Gesichter aufweisen. Nur wenige sind wirklich vertraut, aber ich erkenne ihren Ausdruck von Ehrfurcht, Verunsicherung oder Ärger, wenn sie keine Toilette finden können. Doch das Museum hat seine Stammgäste, von denen ich im Laufe des Tages eine ganze Reihe treffe. Da ist zum Beispiel Kenji, ein junger Mann, der die Wärter fragt, mit welcher Bahn sie nach Hause fahren, und auf Warnhinweise der Verkehrsbetriebe aufmerksam macht, was sehr nützlich ist. Oder der alte Mann, der jeden Tag einen grünen Blazer trägt wie der US-amerikanische Profigolfer Arnold Palmer und jedem College-Kid, das er abpassen kann, langatmige Ratschläge erteilt. Oder der Typ, der Gemälde unter einem Vergrößerungsglas mit Elfenbeingriff betrachtet, ein bisschen wie ein Stummfilmstar gekleidet ist und einen langen Mantel umgehängt hat. (Ich bedaure, seinen Namen nicht zu kennen, aber wir reden uns mit »Sir« an.) Und da ist Dwight, der sicher ist, mit seinem ausgeprägt langsamen Gang das gesamte Museum zu durchschreiten und zu jedem Wärter, den er sieht, genau einmal am Tag »Hallo« sagt (wenn er einen zum zweiten Mal sieht, wird man nicht mehr gegrüßt). Selten ist es mir gelungen, ihm mehr als zwei Wörter zu entlocken, denn gewöhnlich schreibt (oder malt?) er eifrig auf kleine Zettel. Heute jedoch sagt er: »Hab Sie 'ne ganze Weile nicht gesehen …«, und geht weiter, ohne auf eine Antwort zu warten.

Während ich mich in meinem Tag einrichte, wird mir bewusst, welch köstlicher Überfluss an Zeit mir zur Verfügung steht – Zeit, um die Arme zu verschränken, den Blick schweifen zu lassen oder einfach nur da zu sein. Jeder mir bekannte erwachsene Mensch behauptet, wahnsinnig beschäftigt zu sein, aber an diesem Ort kann ich mir das nicht erlauben. Lange, ruhige Stunden werden von Fragen unterbrochen (»Hey, Kumpel, ist das ein Original?«) und erfordern manchmal Eingriffe meinerseits (ein kleines Mädchen zupft an einem Bilderrahmen), doch es gibt immer noch reichlich stille Momente zu genießen. Zum ersten Mal seit Monaten kann ich bewusst wahrnehmen, wie lang eine Stunde ist, wenn sie sich genau wie eine Stunde anfühlt. Zu Hause mit Oliver hatte ich gelegentlich eine kleine Auszeit, aber es besteht ein Unterschied zwischen ihr und der leeren Zeit hier. Die erstere wird aufgebraucht, vergeudet, vielleicht in der schnellen Abfolge der Fernsehbilder versenkt, was nicht nur die Zeit abtötet, sondern eine Art Entkörperung bewirkt. Letztere hingegen ist altmodisch, so als würde man an einem Sommertag auf der Veranda sitzen und beobachten, wie Steppenläufer im Wind vorbeitreiben. Während die Stunden sich hinziehen, wird mir klar, dass ich für den Wachdienst nicht mehr in Form bin; dastehen ist eine Fähigkeit, die gleichsam einrosten kann. Ich werde daran erinnert, dass »postiert sein« wirklich stehen, sich anlehnen, auf und ab gehen, sich strecken und die Beine ausschütteln bedeutet. Am späten Nachmittag fühle ich mich ausgelaugt, wie wund, aber es ist eine willkommene, unmittelbare Form von Erschöpfung, verglichen mit der in der Kindererziehung.

So ist nun mein Leben, denke ich mir. Ich werde mich zwischen zwei Welten hin und her bewegen, die genauso viel miteinander zu tun haben wie ein Moshpit mit einer Klostergemeinschaft. Wieder einmal bin ich bei Pieter Bruegels d. Ä. *Die Kornernte* stationiert, nähere mich diesem alten Freund und überlege, ob es irgendeine Möglichkeit gibt, meine beiden Leben unter einen Hut zu bringen. Wie lässt sich ein Tempel der Stille und der Kunst verbinden mit der aufreibenden Mühsal draußen vor seinen Türen?

Wie durch ein Fenster betrachte ich zum tausendsten Mal Bruegels Szenerie. Heute wird mein Blick von den kleineren Details angezogen, den Kindern, die Stöcke nach einem wehrlosen Hahn werfen, den Mönchen, die in einem Wasserloch baden, einem Viehtreiber, der eine Ladung Heu transportiert. Es ist ein lebendiges Schauspiel, wenngleich die Figuren natürlich auf der glänzenden Oberfläche der Leinwand gefangen sind. Wir können die Verwicklungen ihres bewegten Lebens nicht über Tage, Monate, Jahre hinweg verfolgen. Vielleicht hat ein Kunstwerk zwangsläufig damit zu kämpfen, die kunstlosen Seiten des Lebens abzubilden: den Überdruss, die Angst, die Perspektivlosigkeit, während man von einer verdammten Sache nach der anderen aufgezehrt wird. Heute zumindest erscheinen mir die vollendeten Gemälde in meinen Galerien so, als existierten sie über eine Kluft der Welt hinweg, die noch immer im Werden ist.

***

Zwei Jahre nach Oliver wird Louise geboren, ein blondhaariges Wesen wie ich, das wir Weezy nennen, Weez Girl, Little Miss, Weezer und The Weez. Verglichen mit ihrem Bruder, inzwischen ein Kleinkind namens Captain Ahab, wild, besessen und unzähmbar, ist sie pflegeleicht: heiter, lustig und selbstvergessen. Es stellt sich heraus, dass das Temperament eines Kindes ein Würfelwurf ist, und vieles von dem, was wir für die menschliche Natur gehalten hatten, war im Grunde Olivers ganz eigene Natur.

Der neue Alltag gestaltet sich folgendermaßen: Gegen 19 Uhr komme ich (an einem kurzen Tag) von der Arbeit nach Hause und bin sofort auf allen vieren, um mit Oliver Eisenbahn zu spielen. Das Abendessen wird irgendwie improvisiert und auf den Tisch gestellt, oft von Tara, die die Kinder in der Tagesstätte abholte und Weezy nuckelnd an der Brust liegen hat. Dann geht es zurück auf den Fußboden mit den drögen und nervigen Zügen. Die Schlafenszeit besteht aus einer Reihe von Pattsituationen. Ein ums andere Mal kämpfen wir damit, Oliver zu waschen, ihn ins Bett zu bringen und zum Einschlafen zu bewegen, um endlich einen Sieg zu erringen, dem wir allerdings nie trauen können, der nie endgültig ist. Unterdessen hat Louise die Arme ihrer Mutter kaum verlassen – in zunehmendem Maße die Vorbedingung für ihre gute, fröhliche Stimmung. Wenn beide Kinder letzten Endes schlafen, drehen wir uns um und blicken auf ein solches Chaos in der Wohnung, dass uns ein Sozialarbeiter vermutlich die Kinder wegnehmen würde. Wir räumen auf, bis sie ein wenig unter diese Schwelle fällt, schlafen dann auch ein und lassen auf der einen Seite Platz, falls Oliver zu uns ins Bett kriecht, sowie auf der anderen Seite, falls die kleine Weez zu wimmern anfängt. Im Moment habe ich montags, dienstags und mittwochs frei, das heißt, Tara sieht mich kaum am Freitag (Zwölf-Stunden-Schicht), Samstag (dito) und Sonntag. Sie muss das Wochenende allein in den Griff bekommen.

Seit über sieben Jahren gehe ich nun einer Arbeit nach, in der es naturgemäß nichts gibt, das ich nicht bewältigen kann. Unter meiner Aufsicht ist kein einziges Kunstwerk beschädigt worden oder verloren gegangen. Ich mache alles richtig. In meinem neuen Leben hingegen werde ich höllisch zu kämpfen haben mit einem Prozess, der sich um inneres Wachstum dreht.

Ich bin dabei zu lernen, wie eine Gemütsbewegung in der motorischen Bewegung zum Ausdruck kommt, wie ein Kind unvorhersehbar von heiteren in ungestüme Zustände wechseln kann – und dass es sich dabei nur wenig von einem Erwachsenen unterscheidet. Wenn ich zum Beispiel im Flügel für antike römische Kunst postiert bin, betrachte ich die Porträtbüsten mit den versteinerten Gesichtern von Patriziern und frage mich, wie lächerlich sie insgeheim wohl waren unter ihren strengen Masken. Mühelos kann ich mir vorstellen, dass der brutale Kaiser Caracalla »wegen nichts und wieder nichts in Wut geriet«, wie meine Mutter sagen würde, vergleichbar einem launischen Kind – oder dass seine Stirnfalten sich plötzlich ohne besonderen Grund glätteten, als er ein Gefühl von Leichtigkeit oder Zuversicht verspürte und froh war, am Leben zu sein.

Rückblickend auf meine ersten Monate im Met erscheint es mir bemerkenswert, dass ich tagelang in derselben ruhigen, wachsamen Stimmung verbringen konnte. Vermutlich war sie der einzigartigen Macht der Trauer geschuldet. Heute bestehen meine Tage aus so viel Hin und Her, dass ein derart fokussiertes Leben kaum denkbar ist. Ich habe nicht mehr nur ein Ziel vor Augen wie zu Beginn meiner Tätigkeit. Stattdessen habe ich ein Leben zu führen.

***

Als im Frühjahr 2016 Louise gerade beginnt, aufrecht zu gehen, unternimmt das Met die ersten Schritte bei einem brandneuen Projekt. Durch den Umzug des Whitney Museums ins Stadtzentrum steht sein früheres Gebäude leer, und das Met hat einen Mietvertrag unterzeichnet, um es als Außenstandort zu nutzen. Mit anderen Worten: Wir melden uns morgens im Disponentenbüro, wo Bob jetzt die Option hat, uns über die Madison Avenue in die 75th Street zu schicken; dort präsentiert sich verwunderten Passanten das Met Breuer. (Marcel Breuer war der Architekt des bahnbrechenden, in der Jahrhundertmitte errichteten Gebäudes.) Es ist für unsere Verhältnisse ein origineller Arbeitsplatz – sämtliche Räumlichkeiten können von wenigen Dutzend Wärtern beaufsichtigt werden – mit einer geradlinigen, modernistischen Ästhetik, nicht mehr der bequeme Muff, den wir gewohnt sind. Auch das Publikum ist nicht vertraut mit einem Met, das so aussieht oder sich anfühlt, weshalb in den Galerien eine von Neugier und zögerlichem Vortasten geprägte Atmosphäre herrscht. Jeder der Anwesenden – ob in Uniform oder nicht – versucht, diese Stätte auszukundschaften.

Während meiner morgendlichen Zeitungslektüre entdecke ich in der *New York Times* einen Verriss der Eröffnungsausstellung im Met Breuer, die den Titel *Unfinished* (Unvollendet) trägt. Es handelt sich um eine hochkonzeptionelle Schau zur Erforschung von Kunstwerken, die vor ihrer Vollendung aufgegeben wurden oder bewusst den Anspruch erheben, noch im Werden begriffen zu sein. Ich nehme das als positives Zeichen. Im eigentlichen Met erlauben sich die Kuratoren nicht viele Versäumnisse – ein sicherer Hinweis darauf, dass sie allzu häufig auf der sicheren Seite irren. Jedenfalls freue ich mich, in einer Ausstellung zu arbeiten, die wagemutig das Chaos vor Augen führen mag. Als ich zum Met Breuer geschickt werde, betrete ich eine Welt, in der weder Geschichte noch Geografie als Organisationsprinzipien dienen. In der facettenreichen Auswahl figuriert Jan van Eyck aus Brügge neben dem zeitgenössischen

US-Künstler Kerry James Marshall aus Chicago. Von Albrecht Dürer ist ein halbfertiger Salvator Mundi zu sehen, und es scheint, als würde das grundierte Gesicht Christi auf seinen fleischlichen Überzug warten. Alice Neel begann das Porträt eines gerade in den Vietnamkrieg eingezogenen schwarzen Soldaten zu malen und erklärte es nach dessen rätselhaftem Verschwinden im Anschluss an die erste Sitzung für vollendet. Von besonderem Interesse für die Wärter ist ein achtzig Kilogramm schwerer Haufen bunt verpackter Süßigkeiten, die Besucher nicht nur berühren, sondern auch nehmen dürfen; er versinnbildlicht eine Hommage des kubanisch-US-amerikanischen Installationskünstlers Félix González-Torres an seinen Lebenspartner, der an AIDS starb. Der Haufen wird ständig neu aufgefüllt, auch wenn das die verlorene Person nicht wieder zurückbringen wird.

Was genau der Zeitungskritiker beanstandete, weiß ich nicht mehr, bemerke aber sofort, dass die Besucher die Schau wirklich mögen. Sie berührt und kitzelt einen Teil ihrer Gehirne, den das Museum gewöhnlich nicht aktiviert. Eines Nachmittags beobachte ich einen Mann im T-Shirt mit der Aufschrift *Illinois Makes Time for Fun* (Illinois nimmt sich Zeit für Spaß). Er sieht nicht aus wie ein Kenner der Hochkultur, hat jedoch irgendwie seinen Weg hierher gefunden und inspiziert nun Jan van Eycks *Heilige Barbara*. Anscheinend ist er überwältigt, wobei es wohl weder kunstgeschichtliche noch theologische Aspekte sind, die ihn in diese Stimmung versetzen, sondern der Umstand, dass dieses Gemälde ähnlich einer aufgebrochenen Uhr seine inneren Mechanismen offenbart. Wie jeder Betrachter bewundert er des Künstlers fast mikroskopisch detaillierte Unterzeichnung und die Andeutung einer Atmosphäre, die mit leichtem Pinselstrich oberhalb der Horizontlinie aufgetragen wurde. Er ist beschäftigt, beteiligt durch die vielleicht nachvollziehbarste Qualität eines einzigartigen Gegenstandes – dass die Arbeit gut ausgeführt ist (oder in diesem Fall gut begonnen wurde). »Wunderbar«, sagt er mit erhobener Stimme und in sachlichem Ton, der nicht unpassend klingen würde, wenn es sich um erstklassig verlegte Badezimmerfliesen oder hervorragend installierte Küchenschränke handeln würde. Es ist die Arbeit selbst, die wunderbar erscheint, wie es das größte Kompliment an einen Handwerker ausdrückt: »Sie machen wunderbare Arbeit.« Der Mann entfernt sich, um ein weiteres bewunderungswürdiges Werk zu entdecken, und ich bin hocherfreut, ja eigentlich stolz. Wir alle wissen, was es bedeutet, eine Sache mit Sorgfalt, Fertigkeit und Geduld so zustande zu bringen, dass das Resultat am Ende besser ist, als je zu erwarten war. Wir haben erfahren, wie schwierig es ist, auf irgendeinem Gebiet wirklich gut zu sein, welch harte Arbeit das erfordert und wie viele Mühen hinter dem Anschein der Mühelosigkeit lauern. Vermutlich bin ich stolz, weil wir Menschen ungeachtet all unserer Schwächen und Fehler oft bessere Leistungen erzielen, als wir es für möglich gehalten hätten.

Die Ausstellung ist derart umfangreich, dass ich bei meinen ersten zwei, drei Rundgängen jenes Objekt übersehe, das für mich unter sämtlichen Exponaten zum denkwürdigsten wird. In einer Galerie abseits der Hauptschleife steht ein Klotz aus Apfelholz, die eine Seite verwittert, die Oberfläche gepunktet mit Wurmlöchern. Ein kleiner Bereich ist behutsam und tief ausgeschnitzt, vorbereitet für einen Tag, da Druckerschwärze darüber gestrichen und unauslöschlich gegen ein Blatt Papier gepresst würde, um ein kommerziell verwertbares Produkt zu erschaffen: einen Holzschnitt. Nur dass der Holzschnitzer aus unerfindlichen Gründen während der Arbeit unterbrochen wurde und daher nie die Gelegenheit hatte, jene Zeichnung, die ihm vorschwebte, systematisch zu beenden oder zu zerstören. Infolgedessen können wir heute eine Zeichnung von der Hand Pieter Bruegels d. Ä. sehen, die er direkt auf dem Holz ausführte.

Diese Entdeckung verblüfft mich. Die Federstriche des Meisters auf verrottendem Apfelholz zu erblicken, jagt mir solche Schauer durch den Körper, die kein vollende-

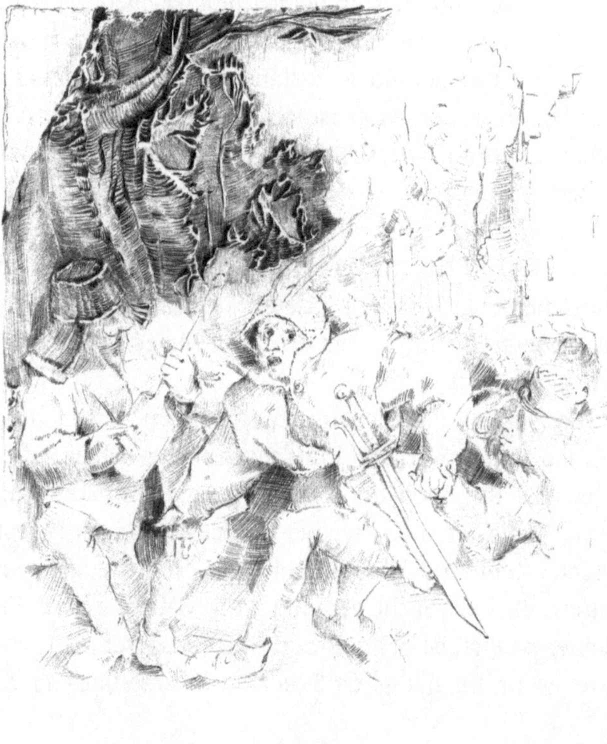

ter Druck in mir auslösen könnte. Das gezeichnete Bild ist so bezaubernd und zugleich menschlich, wie ich es von ihm erwarten würde. *Die schmutzige Braut* genannt, zeigt es Dorfbewohner, die ein Volksstück gleichen Titels spielen. Ein Mann mit falscher Nase tut so, als würde er mit einem Messer und einer Kohlenschaufel musizieren, während ein junger Mann den Bräutigam Mopsus darstellt, der seine nicht mehr jungfräuliche Braut Nisa an die Hand nimmt. Die Moral dieser Geschichte – »Mopsus heiratet Nisa, ein Schicksal, das wir Liebenden wohl nicht erhoffen« – besagt im Grunde: »Es kann eben alles passieren.« Aufgeführt zur Fastnacht, vor den dunklen Tagen der Fastenzeit, ging es darum, das Beste aus einer schwierigen Situation zu machen und Freude zu finden, wo immer möglich.

Doch die eigentliche Offenbarung besteht für mich darin, gewissermaßen die Fingerabdrücke des Meisters auf einem so schwerfälligen, entstellten, unvollkommenen und rohen Objekt zu erkennen. Dabei fällt mir ein, dass es nicht genügt, von vollendeten Kunstwerken in all ihrer scheinbaren Perfektion zu lernen. Ich sollte mir vor Augen halten, unter welchen Mühen diese Arbeiten entstanden sind. Das Werk von jemand anderem zu betrachten, ist auch deshalb ratsam, weil man untersucht, wie man selbst etwas erschaffen kann. Und wirklich zum ersten Mal in meinem Leben habe ich das Gefühl, etwas zu erschaffen. In einem schrecklich uneleganten Ad-hoc-Prozess forme ich zwei kleine Menschen und lasse die kleine Welt entstehen, in der zu leben ich ihnen wünsche – ein Projekt, das weder vervollkommnet noch beendet werden kann.

Nicht einmal dem Met Breuer gelingt es, den Mietvertrag bis zum Ende der Laufzeit zu erfüllen. Nach nur vier Jahren schließt es seine Türen wegen hoher Kosten und schwankender Besucherzahlen. Sogar eine derart mächtige Institution wie das Met muss experimentieren und ins Stolpern geraten, um etwas Neues zu schaffen.

12

TAGESARBEIT

Im Lauf der beiden folgenden Jahre beflügeln zwei Ausstellungen meine Fantasie. Die eine ist riesengroß, die andere bescheiden. Die eine präsentiert den vielleicht berühmtesten Namen der Kunstgeschichte, die andere eine Gruppe von Unbekannten, die sich möglicherweise gar nicht als Künstler betrachtet haben. Die eine führt uns zum Zentrum der Christenheit im 16. Jahrhundert, die andere zu einer kleinen ländlichen Black Community namens Gee's Bend in der Stadt Alabama des 20. Jahrhunderts, die kein besonderes Zentrum aufweist außer – und vor allem – dem Leben ihrer Bewohner. Doch trotz all der Unterschiede sind beide Ausstellungen – die Zeichnungen von Michelangelo und die Arbeiten der Quiltmacherinnen – sich darin ähnlich, wie sie mein Verständnis von Kunst, Kunstschaffen und der Gestaltung dessen herausfordern, was lohnenswert ist in einer Welt, die unseren Bemühungen so oft entgegenwirkt.

Wenn man der Decke der Sixtinischen Kapelle nahe kommen und wie Michelangelo auf einem hohen Gerüst stehen könnte, um dann den Blick zu heben, würde man genau sehen, wie viel Arbeit der Meister an einem Tag vollbracht hat. Jeden Morgen bereiteten er und seine Gehilfen einen Bereich im Gewölbe vor, der bis zum Ende des Tages, wenn der frisch aufgetragene Gipsputz getrocknet war, ganz ausgemalt sein musste. Das Ergebnis spiegelt eine *lavoro di un giorno* – italienisch für »Tagesarbeit« –, und tatsächlich bildet die Decke ein Mosaik aus diesen kleinen, unregelmäßig geformten Teilbereichen mit kaum wahrnehmbaren Rändern. Der ruhende, leicht nach hinten gelehnte, den Ellbogen aufstützende Adam füllt vier Tage aus, Gott, der sich nach vorn beugt und ihm die Hand entgegenstreckt, weitere vier. Durch Nachzählen stellen wir fest, dass Michelangelo mit seinen Spachteln, Pinseln, Farbtöpfen, Sand- und Kalksäcken ungefähr 570 Tage in dieser Höhe verbrachte.

Die Ausstellung im Met bringt mich dem Meister bei der Arbeit am nächsten, wenn auch in einem vertrauteren Rahmen. Sie versammelt 133 Zeichnungen über den Zeitraum einer siebzigjährigen Karriere – größtenteils Studien, die er nie jemandem zu zeigen gedachte. Der Titel der Schau lautet: »Michelangelo: Divine Draftsman and Designer« (Michelangelo: Göttlicher Zeichner und Gestalter), ihre Wirkung besteht aber gerade darin, den Protagonisten vor allem als Sterblichen zu zeigen. Sie offenbart einen Michelangelo, der sich nicht als MICHELANGELO sah, einen Koloss der Kunstgeschichte, denn er war zu sehr in Anspruch genommen von dem Kampf, die Arbeit eines jeden Tages zu vollenden.

***

Eines frühen Morgens stehe ich in der Ausstellung, als unten auf der Fifth Avenue eine Menschenmenge bereits ungeduldig wartet, eingelassen zu werden. In den Galerien ist es dämmrig, nur die beleuchteten Zeichnungen heben sich vom Dunkel ab. Wer in den Bannkreis eines dieser Werke gezogen wird, betritt eine intime Welt, erfüllt von flüsternden Stimmen. Einer Zeichnung mich nähernd, blicke ich durch die Augen des jugendlichen Michelangelo, während er seinerseits durch die Augen eines älteren Meisters blickt, des Malers Masaccio, dessen Fresko im Petersdom er mit Feder, roter Kreide und brauner Tusche skizzierte. Als Michelangelo solche Zeichnungen auszuführen begann, wurde er deswegen von seinem Vater brutal geschlagen. Die Buonarrotis waren zwar adlig, aber verarmt, und es schmerzte Lodovico, seinen Sohn mit den Händen arbeiten zu sehen. In einem Punkt hatte er recht, denke ich, die Zeichnung mit ihrer sorgfältigen und gewissenhaften Kreuzschraffierung betrachtend. Das war manuelle Arbeit – sich wiederholend, mühsam, körperlich. Kunstfertige Arbeit, gewiss, aber von der ernüchternden Art, die keine Abkürzung zuließ, keine andere Verfahrensweise, als geduldig einen Strich nach dem anderen zu setzen.

Ich sehe die Hand eines jungen Künstlers bei der Arbeit – und damit auch seinen Geist bei der Arbeit. Nachdem Michelangelo die Kopie des Petrus von Masaccio beendet (und subtil korrigiert) hatte, zeichnete er die ausgestreckte Hand des Heiligen erneut, diesmal um neunzig Grad gedreht, um zu erkennen, wie sie von oben erscheinen würde. Das war ein konzeptioneller Sprung, wenn auch weniger bemerkenswert, wenn ich mir vergegenwärtige, dass er eine Ausbildung zum Bildhauer absolvierte (und es später tatsächlich hasste, in anderen Kunstgattungen arbeiten zu müssen). Apropos drei Dimensionen: Die Zeichnung ist so gerahmt, dass ich um ihren Präsentationssockel herumgehen und die Rückseite anschauen kann, wo Michelangelo eine weitere Hand gezeichnet hat, ohne Fleisch und Muskeln, die schreckenerregende Hand eines Skeletts. Vielleicht sezierte er Petrus mit seinen Augen – oder benutzte das gleiche Blatt noch einmal (Papier war ein kostbares Gut), während er im florentinischen Kirche Santo Spirito einen echten Leichnam zerlegte. Jedenfalls betrachte ich lange meine eigene Hand und bewundere das Ausmaß des Projekts, das sich der junge Künstler zur Aufgabe machte. Wie genau und wie tief er zu sehen wünschte!

Schlendere ich frühmorgens allein durch diese Galerien, in denen auch die Zeichnungen von Michelangelos Lehrmeistern ausgestellt sind, werde ich an einen wesentlichen Aspekt im Prozess des Kunstschaffens erinnert. Die Welt lässt sich nicht leicht zeichnen. Der sichere Weg führt dahin, die vielfach erprobten und bewährten Formeln der anderen nachzuahmen, wodurch das breite Spektrum an Möglichkeiten von vornherein eingeschränkt wird. Der gefährliche Weg hingegen erfordert, die Grenzen des eigenen Horizonts hinauszuschieben und Verfahren zu entwickeln, mit denen die Feder oder der Pinsel Schritt halten kann. Michelangelo verliebte sich in den vielleicht schwierigsten Gegenstand überhaupt: den menschlichen Körper mit seinen etwa 600 Muskeln und 200 Knochen. Er verließ sich auf seine Augen, Hände und geistigen Fähigkeiten, um zu lernen, ihn zum Leben zu erwecken und in Bewegung zu versetzen.

Als um 10 Uhr das Museum öffnet und ich durch die Push-Nachricht von Florenz nach Rom weitergeleitet werde, überspringe ich Michelangelos frühe Triumphe und lande im Innern der Sixtinischen Kapelle – oder vielmehr in einer Galerie, die sie mit ihrem großartigen Deckengewölbe nachbildet. Ein paar Minuten später bin ich eingekreist von ankommenden Pilgern, die an ringsum aufgehängten Zeichnungen vorbeigehen und ihre Kameras in die Höhe recken. Ich schmunzle, da nur wenige Meter entfernt Michelangelo auf einem hingekritzelten Selbstporträt seinen Pinsel hochhält, den Kopf um neunzig Grad nach hinten geworfen, den Arm auf zwölf Uhr gerichtet – seine Pose für mindestens 570 Tage. Außerdem hat er Sonette verfasst, in denen er sich über seine Wirbelsäule beklagt, seine Gesäßbacken, sein mit Farbe bespritztes Gesicht und sein im »Sarg« des Schädels eingeschlossenes Gehirn. Das Gedicht endet mit einem trübsinnigen Vers, der meine bilderseligen Nachbarn in der Galerie überraschen mag: »Ich bin in keinem guten Zustand. Und ich bin kein Maler.«

Eingedenk dieser Worte muss ich wieder schmunzeln. Es gefällt mir, etwas über die Verunsicherungen eines Meisters zu erfahren. Wahrscheinlich besteht deren Wirkung darin, dass sich die meisten von uns mit den eigenen Ungewissheiten weniger allein fühlen. Seit Eröffnung der Ausstellung habe ich Michelangelos launenhafte, verzweifelte Briefe förmlich verschlungen. »Ich vergeude meine Zeit ohne Ergebnisse … Möge Gott mir beistehen!«, lautet eine Zeile, die mir immer wieder in den Sinn kommt. Tatsächlich waren die ersten paar Dutzend *Tagesarbeiten* gekennzeichnet durch elende Fehlschläge, verursacht durch unsachgemäßes Auftragen von Putz, ein leidiger Anfängerfehler. So bat er den Papst um Erlaubnis, das Projekt aufzugeben. Er schien die ehrfurchtgebietende Größe des Auftrags nicht genossen zu haben.

Und dennoch …

Mit vielen Entschuldigungen bahne ich mir einen Weg an den Wänden entlang, um jene berühmteste Zeichnung in der ständigen Sammlung des Met zu begutachten, die zugleich einen Höhepunkt der aktuellen Schau darstellt. Wegen ihrer Lichtempfindlichkeit habe ich sie in meiner Zeit als Wärter nur bei einer Gelegenheit sehen können. Wenn Michelangelo nicht oben auf dem Gerüst stand, kehrte er zum Zeichenbrett zurück. Diese Zeichnung mit roter Kreide ist eine von Tausenden, die er offenbar angefertigt hat. Ich betrachte eine Figur namens »Libysche Sibylle«, im Grunde aber handelt es sich um ein Modell, das in Michelangelos Atelier posierte – ein nacktes männliches Modell, vielleicht ein Kunststudent oder Assistent. (Die Sibylle war dem Mythos nach eine Prophetin, doch Michelangelos Hauptinteresse galt dem männlichen Körper.) Er wies den Jüngling an, eine schwierige verdrehte Haltung einzunehmen, wobei ich mich frage, ob er angesichts der eigenen ergonomischen Probleme verständnisvoll reagierte, sobald sein Gegenüber von Krämpfen geplagt wurde. Ich probiere die Pose selbst aus, werde dann unsicher und tue so, als führte ich eine Dehnungsübung aus. Anschließend beuge ich mich weiter nach vorn zum Schaukasten.

Wie kann – eingedenk Michelangelos Missmut – eine derart wunderbare Zeichnung entstehen? Einerseits ist sie genial, andererseits unendlich sorgfältig ausgearbeitet. Er hat sich die Zeit genommen, jeden Rücken- und Armmuskel des Modells abzutönen. Michelangelo war für

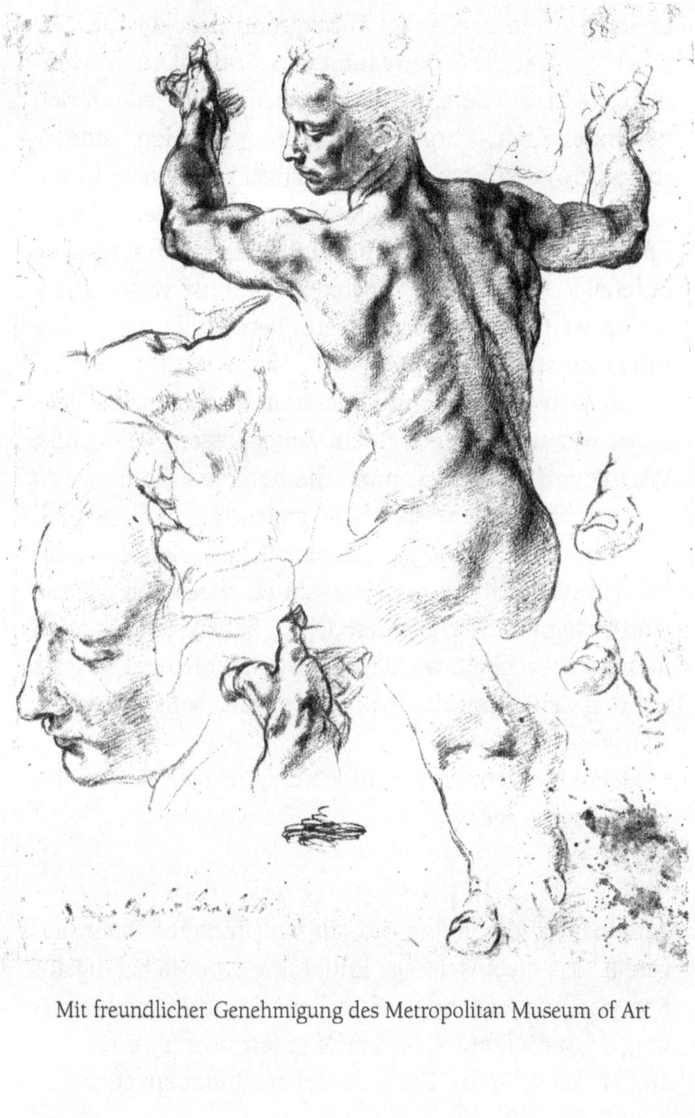

Mit freundlicher Genehmigung des Metropolitan Museum of Art

etwa 430 über das Deckengewölbe verteilte Figuren verantwortlich. Doch hier konzentrierte er sich ganz auf den Fuß der Sibylle, zeichnete einen großen Zeh, der auf dreierlei Arten gegen den Untergrund drückt, und vermochte selbst diese Bewegung in Schönheit zu verwandeln. Nichts auf dem Blatt wirkt mechanisch. Jeder Strich bekundet Kraft, Ehrgeiz, Hingabe an die Herausforderung. Gewiss konnte sich Michelangelo mit einem leeren Blatt hinsetzen, seine Mühen vergessen, alle verfügbaren Energien in die Arbeit vor ihm einfließen lassen und seine bitteren Klagen auf einen späteren Zeitpunkt verschieben. Ich bezweifle, dass es ein besseres Rezept gibt, um heikle Aufgaben zu bewältigen.

Als nach vier Jahren die gesamte Deckenmalerei beendet war und, gemäß einem Zeitgenossen, »die ganze Welt gehört werden konnte, die herbeieilte, um sie zu sehen«, hatte Michelangelo nur dies mitzuteilen: »Ich habe die Kapelle, die ich ausgemalt habe, fertiggestellt. Der Papst ist sehr zufrieden«, schrieb er an seinen Vater. Und er fügte hinzu: »Andere Dinge haben sich für mich nicht so entwickelt, wie ich es mir erhofft hatte. Das laste ich den Zeiten an, die für unsere Kunst sehr ungünstig sind.«

Heute bezeichnen wir diese »ungünstigen Zeiten« als Hochrenaissance.

***

An einem anderen Tag bin ich dem hinteren Team zugeteilt, das die ausgiebige Entfaltung von Michelangelos Spätwerk beaufsichtigt. Sein Leben war so unerwartet lang – fast 89 Jahre –, dass er über Jahrzehnte vermutete, an der Schwelle des Todes zu stehen. Trotzdem gelang es ihm nie, sein Arbeitspensum herunterzuschrauben. Vierzig Jahre bereitete er, mit Unterbrechungen, das Grabmal von Papst Julius II. vor, bat inständig um Bezahlung und hatte die ganze Zeit Auftragsänderungen zu ertragen. In der ersten Hälfte der Schau gibt es eine »Demonstrationszeichnung« für das Grabmal, auf die Michelangelo nur ungern zurückgeblickt hätte: Er vollendete weniger als ein Drittel der geplanten Skulpturen. Auch in seinem persönlichen Leben kam er nicht zur Ruhe. Im Alter von 57 Jahren verliebte er sich in einen 23-jährigen Adligen und schenkte ihm Zeichnungen, die nun Teil der Ausstellung sind. Einige Jahre zuvor verlor er einen Bruder in der Pest von 1528 und übernahm die Verantwortung für dessen drei kleine Kinder (von denen das jüngste ebenfalls starb). Zu all dem Unheil kam noch hinzu, dass sich damals eine feindliche Armee der Stadt Florenz näherte.

»Soweit ich es verstehe«, sage ich zu einem wissbegierigen Besucher, »schauen wir hier auf eine Zeichnung, die Michelangelo ausführte, um die Festungsanlagen von Florenz zu verstärken. Diese stachelförmigen Gebilde, die wie Krebse aussehen, sind Bollwerke und Schutzwälle, um das Kanonenfeuer zu erwidern. Er fertigte nicht nur die Zeichnungen an, sondern war auch beauftragt, eine große Gruppe von Arbeitern zu leiten, die zum Teil schon Marmor neben ihm abgebaut hatten und jetzt Verteidigungsanlagen errichten mussten, um ihr Leben zu retten.«

Als der Besucher mir erzählt, er sei ein »Kriegsnerd«, versuche ich mich so gut wie möglich an die Details jener speziellen Auseinandersetzung zu erinnern. (Ich habe mich eingelesen.) »Ich glaube, der Papst hatte sich mit dem Kaiser verbündet, um die Familie Medici wieder an die Macht zu bringen. Michelangelos Festungsanlagen hielten den Angriffen zwar stand, aber das spielte am Ende keine Rolle. Der Feind umzingelte die Stadt und ließ die Bewohner aushungern, bis sie schließlich kapitulierten.«

Der Kriegsnerd und ich verbringen weitere zwanzig Sekunden damit, eine Zeichnung zu studieren, die das Ergebnis wochenlanger Feldforschung gewesen sein muss (schriftliche Notizen über die umliegende Landschaft weisen darauf hin), dann zieht er weiter. Nach etwa einer Stunde beenden die meisten Besucher den Rundgang durch eine Ausstellung, für deren Exponate Michelangelo siebzig Jahre gearbeitet hat. Das ist keine Kritik, doch in Anbetracht seines Temperaments kann ich mir vorstellen, dass dieser Mangel an Gründlichkeit den Meister verärgern würde. Die Kriegszeichnungen zehrten Hunderte seiner Arbeitstage auf, und für uns sind sie lediglich ein nettes Beiprogramm.

Infolge einer Push-Nachricht bin ich jetzt in der Galerie postiert, wo Michelangelo selbst nach heutigen Maßstäben ein alter Mann ist. Seinen Gedichten nach zu urteilen, war er über das Altern alles andere als glücklich: »Durch welche scharfe Feile / nimmt ab beständig deine müde Schale, / du arme, kranke Seele …?« In seinen Siebzigern wurde er zum Baumeister am Petersdom ernannt. Auch dies beglückte ihn keineswegs, war ihm die Ehre doch »zu seinem tiefen Entsetzen und völlig gegen seinen Willen« zuteilgeworden, wie sein Freund und Biograf Giorgio Vasari berichtete. Ein verzwickteres, undankbareres Projekt wäre kaum denkbar gewesen. Nicht nur musste er die vatikanische Politik steuern, sondern war zudem eingeschränkt durch die Arbeit zweier früherer Architekten. Die Beschäftigung mit dem Petersdom sollte seine ihm verbleibenden siebzehn Lebensjahre ausfüllen.

Als Nächstes betrachte ich ein etwa 25 Zentimeter hohes und breites Blatt, auf dem er die Form der großartigen Domkuppel entwarf. Hoch aufragend über Rom, stellte sie eine übermenschliche Aufgabe dar, und das ist einer der Gründe, warum Michelangelos Name in unseren Ohren einen übermenschlichen Klang hat. Auf diesem bescheidenen Blatt aber zeichnete er freihändig mehrere Regenbogenformen, um eine Kurve zu finden, die seinen Vorstellungen entsprach. Wie hoch er auch über den Dingen stand, war er sich für eine solch kindliche Übung nicht zu schade.

Ich verlasse die Domkuppel und suche nach Zeichnungen im Zusammenhang mit seinem anderen letzten Projekt, einer Skulptur der Pietà, die unvollendet blieb. Auf einem Blatt sind fünf Studien zu sehen, ausgeführt mit der zittrigen Hand eines Achtzigjährigen. Klein, eindringlich und aufrichtig lassen sie nicht auf den berühmtesten Künstler der Welt schließen. (Noch in seinen Achtzigern konnte er sich für einen Fehler tadeln, der Bauverzögerungen am Petersdom zur Folge hatte: »Wenn man an Scham und Kummer sterben könnte«, schrieb er, »wäre ich tot.«) Zwei der Zeichnungen ähneln der Marmorskulptur, die er schließlich schuf – mit dem toten Christus in fast aufrechter Haltung und seiner Mutter, die den schweren Körper abstützt. Ursprünglich meißelte Michelangelo einen kräftigen und muskulösen Christuskörper, behaute und schliff ihn dann aber immer weiter, bis die Figur gebrechlich, abgezehrt und seltsam wie eine moderne expressionistische Skulptur aussah. Seine *Pietà*

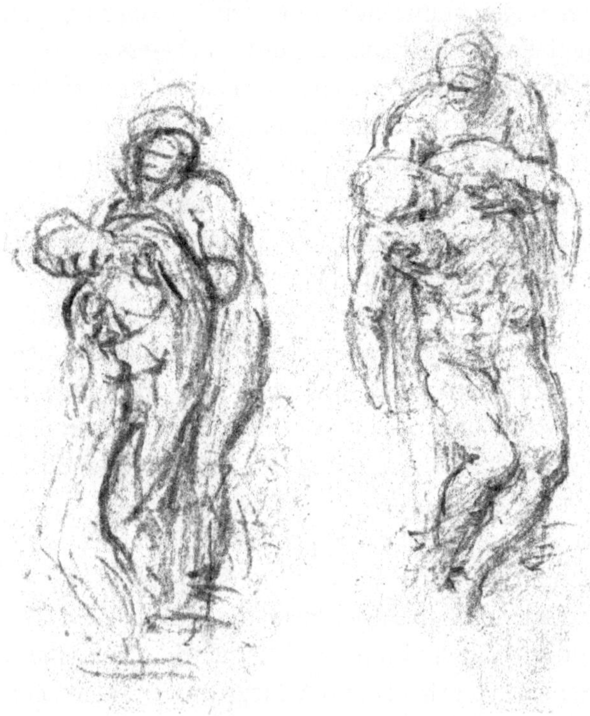

Mit freundlicher Genehmigung des Ashmolean Museum, Oxford

aus den 1490er-Jahren wurde zu einer virtuosen Darstellung des Leidens Christi – noch schmerzerfüllter und intimer, als es in den Skizzen zu erahnen war.

Erneut blicke ich auf die Zeichnungen, die Liebe und Frömmigkeit zum Ausdruck bringen, zugleich jedoch Mattigkeit und Erschöpfung. Vor meinem inneren Auge erscheint ein alter Mann, gebeugt über ein weißes Blatt, mit aller Kraft bemüht, seine Hand ausführen zu lassen, was Geist und Herz verlangen. So machte sich Michelangelo bereit für den nächsten Schritt. Nach Vollendung der Studie stand er auf und ging daran, sie in die Wirklichkeit umzusetzen. Noch wenige Tage vor seinem Tod schlug er mit dem Meißel gegen unnachgiebigen Marmor.

***

Die nächste Ausstellung rückt näher an mich heran. Während Michelangelos Ankunft im Met von Bannern entlang der Fifth Avenue verkündet wurde, erfahre ich von der Black Community namens Gee's Bend erst, als ich in einer kleinen Ausstellung im Flügel für Moderne und Zeitgenössische Kunst postiert bin. Zehn Quilts hängen an den Wänden zweier geräumiger Säle. Sie stammen von acht Frauen, von denen vier den gleichen Nachnamen tragen: Pettway. »Was ist das?«, frage ich mich leise und spüre, von einem rätselhaften Objekt zum nächsten wandernd, meinen beschleunigten Puls. Kühn kontrastierende Farben, asymmetrische Muster, grobe und abgenutzte Stoffe durch sichtbare Stiche zusammengefügt ... Das ist alles, was ich an meinem ersten Arbeitstag in der Schau über die Patchworkdecken sagen kann; aber meine Herzfrequenz gibt mir zu verstehen, dass sie wunderbar sind.

Im Lauf der kommenden Wochen versuche ich, so viel wie möglich über ihre Gestalterinnen zu erfahren. Ich lese Interviews mit Dutzenden von ihnen, die in Gee's Bend, Alabama, Decken steppten, über ihre Arbeit und ihr Leben sprachen. Das Wort »hart« taucht dabei so häufig auf, dass es wie ein Refrain klingt. »Wir sind unter harten Bedingungen aufgewachsen ...«; »Die Zeit war hart ...«; »Wir mussten einen harten Weg gehen ...«; »Mein Gott, unsere Arbeit war hart ...«; »Nicht leicht. Hart.« Lucy T.

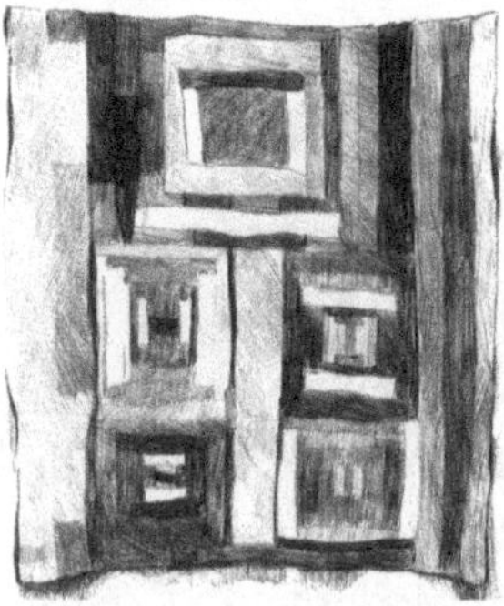

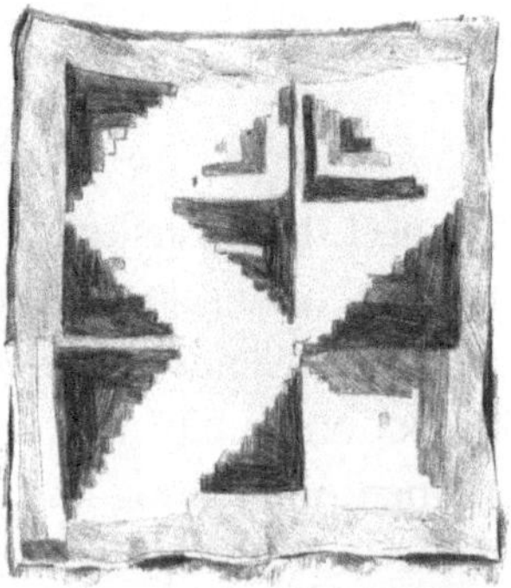

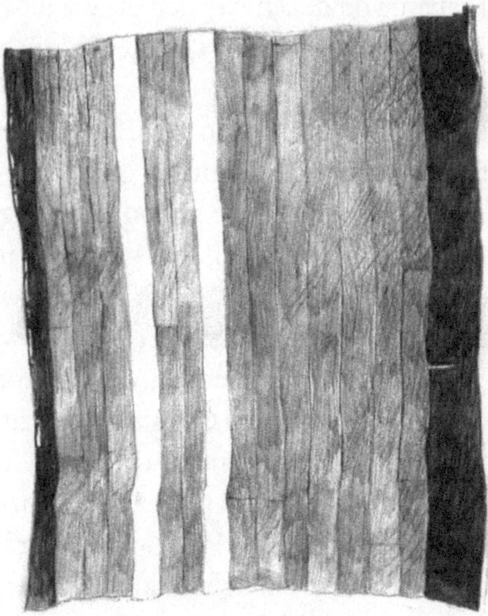

Pettway (1921–2004) zum Beispiel besuchte die Schule von Ende November bis Ende März, und in dieser Zeit wurde sie gebraucht, um »die Baumwolle von den Zweigen zu schlagen, Büsche zu schneiden, Neuland zu roden, Böden und Pflanzen umzugraben«. Fast alle diese Familien waren Pachtbauern, aber Lucy brachte auch andere Arbeit mit auf die Felder – eine Handvoll Stoffstücke, die sie während der Essenspausen zusammennähte. Sie hoffte, »einen Block oder so« zu beenden (viele Quilts bestehen aus neun Blöcken). Das war Lucys Version einer *Tagesarbeit*.

Ihr Quilt aus dem Jahr 1955 ist in der Schau der einzige mit geografischen Motiven und zeigt das Siedlungsgebiet Gee's Bend. Ein blauer Streifen auf der einen Seite stellt den Alabama River dar, der zwischen roten Stoffstreifen verläuft, seine schlammigen Ufer. Auf der anderen Seite werden Baumwollfelder durch gemusterten Kattun wiedergegeben. Die übrige Fläche füllen konzentrische Quadrate aus, obwohl dieser »Hausdach«-Stil zahlreiche Variationen von Mustern und Farben zuließ. Hier blicken wir aus der Vogelperspektive auf wirkliche Hausdächer, die zu einem großen Haus und vier kleinen gehören. Wenn wir noch weiter herauszoomen könnten, würden wir sehen, wie der Fluss eine scharfe, hufeisenförmige Biegung macht und das Gebiet auf drei Seiten von der weiteren Welt abtrennt. Könnten wir tiefer hineinzoomen und die Häuser von ganz nah erblicken, bekämen wir ein deutlicheres Gefühl für die Geschichte des Ortes. Das stattlichste Gebäude ist das »große Haus« der alten Pettway-Plantage, die vier kleinen sind Sklavenquartiere.

Der erste Pettway, der in der Region eintraf, war Mark

H. Pettway, der 1845 von Joseph Gees Erben eine Baumwollplantage erwarb. Mit ihr erhielt er 47 Menschen als Eigentum; zusätzlich ließ er hundert Personen von seiner früheren Plantage in North Carolina übersiedeln (sie kamen zu Fuß). Die Pettways, die Quilts herstellten, stammten von Sklaven ab, denen der Nachname Pettway gegeben wurde, obwohl er im örtlichen Dialekt eine neue Betonung annahm: »Pett-a-way«.

Beim Rundgang durch die Ausstellung sehe ich auf den Hinweisschildern immer wieder den Begriff »Autodidaktin«. Der fachsprachliche Ausdruck ist an die Stelle von »Volkskunst« getreten – eine seltsame Wahl, die kaum etwas mit der eigentlichen Bedeutung dieses Wortes zu tun hat. Meines Wissens hat sich keine der hier vertretenen Frauen das Kunsthandwerk selbst beigebracht. Lucy T. Pettway lernte es von ihrer Mutter und ihrer Großtante. Die wiederum wurden von älteren Frauen in jener Tradition unterrichtet, die wahrscheinlich vom Umgang mit Stoffen in Westafrika herstammte und gewissermaßen der Emanzipationsbewegung voranging. Außerdem lernte sie von ihren Arbeitsgenossinnen, mit denen sie wetteiferte und von denen sie sich so manches abschaute. Wie Florenz zur Zeit Michelangelos verfügte Gee's Bend über eine außerordentliche Fülle von künstlerischen Begabungen.

Darüber hinaus war diese Tätigkeit eine ungewöhnlich öffentliche Kunst. »Wenn der Frühling kam«, erklärte Creola Pettway, mussten Frauen »die Quilts auf der Leine in die Sonne hängen …«. Lucy T. zeigte auf diese Weise »manchmal fünfzehn, manchmal zwanzig Quilts. Manchmal sogar mehr. Und Leute sind vorbeigegangen und manchmal in den Graben gestiegen, um Steppdecken zu betrachten!« In jüngeren Jahren tat sie das zu Fuß, schlenderte durch die Nachbarschaft mit Papier und Bleistift und kopierte die Werke von Meisterinnen – »zeichne ein Muster davon, mach dir deine eigene Steppdecke«.

Die früheste Arbeit in der Ausstellung wurde möglicherweise von ihr entworfen. Mary Elizabeth Kennedy (1911–1991) hat sie ausgeführt und wohl Mitte der 1930er-Jahre in die Sonne gehängt. Ich versuche mir zu vergegenwärtigen, wie der Quilt sich in einer Brise bauschte. Das Muster setzt sich aus vielerlei Weiß-, Blassblau- und Blaugrüntönen zusammen. Ich wusste nicht, dass Weiß so unterschiedliche Schattierungen haben kann, aber diese gelangen ihr, indem sie Stoffe wiederverwertete, vielleicht Streifen von alten Kleidungsstücken, die auf dem Feld getragen und von der Sonne gebleicht worden waren. Das sind die Farben des wirklichen Lebens, nicht die von hochwertigen Kunstprodukten. Mit neun konzentrischen Quadraten lehnt sich das Muster an den Hausdach-Stil an. Aber die darunterliegende Struktur wird gänzlich verschleiert von Mustern, die aus ihren Blöcken ausbrechen und voller Energie förmlich über die Steppdecke jagen: Eine Art verpixelter Blitzstrahl zuckt auf inmitten einer blauen Fläche.

An den Wänden des Flügels für Moderne und Zeitgenössische Kunst wirkt diese Decke ungestüm, kühn und verwegen. Ich stelle mir vor, wie sie wohl aussah, als sie in einer zugigen Blockhütte um eines von Kennedys Kindern gelegt war. Die 1930er-Jahre waren in Gee's Bend eine entbehrungsreiche Zeit. Als während der Großen Depression die Preise für Baumwolle einbrachen, konnten nur wenige Bewohner die Pacht an ihre abwesenden weißen Großgrundbesitzer bezahlen. Schuldeneintreiber verübten koordinierte Raubzüge, beschlagnahmten landwirtschaftliche Geräte, Viehbestände, Haushaltswaren und schickten Menschen in den Wald, wo sie nach Nahrung und Brennmaterial suchen mussten. In dieser prekären Lage steppte Kennedy ihre Decke. Ich weiß nicht, ob sie sich so ausdrückte, aber für mich verkörpert ihr Werk die eigentliche Definition von Kunst: Es besitzt mehr Schönheit, als man unter solch widrigen Umständen je hätte erwarten können.

Meine bevorzugte Künstlerin in der Schau ist Loretta Pettway – die einzige, von der mehrere Arbeiten gezeigt werden (drei). 1942 geboren, weilt sie noch immer unter uns. Sie wuchs auf in einer Zeit, als die sogenannten »Roosevelt-Häuser« das Ortsbild von Gee's Bend bestimmten – Ergebnis eines *New Deal*, um die ausgeplünderte Gemeinschaft zu unterstützen. Da die Bewohner nun Kredite aufnehmen und Häuser kaufen konnten, wanderten sie nicht im gleichen Maße wie andere schwarze Südstaatler in Städte ab, was der Tradition des Quiltens zugutekam. Doch die Armut bestand fort, und Loretta Pettways frühe Jahre waren ungewöhnlich hart. »Ich hatte keine Kindheit«, erzählte sie einem Interviewer. Ähnlich freimütig äußerte sie sich über ihren Ehemann, einen Alkoholiker und Glücksspieler. »Er hatte viele Gewohnheiten. Ich hatte keine. Konnte ich mir nicht leisten.« Am schockierendsten in dem Gespräch war die Mitteilung, dass sie »Nähen nicht mochte«. Wie Michelangelo machte sie kein Geheimnis aus dem Ringen mit ihrem Handwerk und stöhnte unter der Last ihrer Verpflichtungen. Sie hatte ein »schäbiges altes Haus«, und ihre Kinder schliefen auf Matratzen aus Maishülsen, die ohne Steppdecken unerträglich waren. Die Quiltmacherin Helen McCloud vermittelt uns eine Vorstellung davon, was die Herstellung der Decken erforderte. »Ich musste sechs Betten in Schuss halten«, erinnerte sie sich. »Damals teilten sich zwei Kinder ein Bett, manchmal brauchte es, je nach Wetter, vier oder fünf Decken auf einem Bett.« Viele Frauen steppten in Gruppen, plauderten und sangen Kirchenlieder während der Arbeit. Loretta hingegen mühte sich allein ab. Sie kämpfte mit Depressionen und Schlaflosigkeit und hatte nach eigener Aussage »keine Freundinnen«.

»Mir blieb keine andre Wahl, weil wenn ich Leute um Decken gebeten hab und sie keine rausgerückt haben, hab ich mir gesagt, mach sie selber, so gut du kannst, und stepp sie. Dachte, die würden mich und meine Kleinen warm halten, und das war dann auch so.«

Es ist ein Sonntagmorgen. Ich stehe vor dem schönsten Quilt, den ich je gesehen habe, und denke an seine Schöpferin. Da ich mich in diesem Museum normalerweise mit Künstlern auseinandersetze, die seit Langem tot sind, ist das eine willkommene Abwechslung. Ich kann erahnen, wo sie sich momentan befindet – gewiss in Gee's Bend (sie reist nie, nicht einmal, um auf Ausstellungen wie dieser gefeiert zu werden) und vielleicht in der Pleasant Grove Baptist Church. Die Decke, die ich liebe, stammt von 1965, aus dem Jahr, in dem Martin Luther King in derselben Kirche eine Rede hielt – mitten im erbitterten und mit hohem Einsatz geführten Kampf um das Stimmrecht für Schwarze. Als Vergeltung für diese Bemühungen wurde in Gee's Bend der Fährbetrieb – eine wichtige Verbindung zu den benachbarten Gemeinden – eingestellt, und daran hat sich bis heute nichts geändert.

Ich könnte beschließen, das Kunstwerk so zu betrachten, als wäre es ein abstraktes Gemälde; es ist nicht weniger zurückgenommen und beeindruckend als irgendein modernistisches Bild. Aber das werde ich nicht tun. Es handelt sich um einen Quilt, den ich aus mehreren Gründen bewundere – wegen seiner Geschichte, Schönheit, Textur und Alltagstauglichkeit. Ich komme ihm so nah wie möglich. Er bauscht sich ein wenig, wirft einen Schatten auf die Wand. Vor meinem geistigen Auge sehe ich Loretta, die die Stoffe ihren Worten gemäß so zusammenstellt: »alte Hemden und Kleiderzipfel und Hosenbeine«, was auch immer »nicht abgetragen war – wie die Rückseite von Hosenbeinen«. Vielleicht legte sie vor Beginn der Arbeit alle Teile der Decke zurecht. Umso wahrscheinlicher aber folgte sie dann einem Stil, der »im Schoß« genannt wird, wobei nur ihre unmittelbare Aufgabe sichtbar war, während sie sich Tag für Tag nähend weiter vorantastete, bis das so dringend benötigte Werk vollbracht war.

Ein paar Schritte zurücktretend, lasse ich eine andere Decke auf mich wirken, gestaltet aus senkrechten Streifen oder »Balken« etwa von der Breite meiner Hand und fast unmerklich gewellt. Rechte und linke Ränder bestehen aus dunkelblauem Jeansstoff. Die meisten Streifen sind lavendelfarben, zwei aus weißem Stoff nah aneinandergefügt, ohne sich zu berühren – das zentrale Motiv der Decke, wenn auch ein wenig seitlich verlagert. Die Arbeit trägt den Titel *Lazy Gal Bars* (Streifen eines faulen Mädchens). Während meine Augen waagerecht darübergleiten, habe ich den Eindruck, Klaviertasten anzuschlagen. So betrachtet, ergibt sich eine Reihe rascher, durch Nähte voneinander getrennter Übergänge. Dann wieder schwebt mein Blick langsam, träge an den Streifen entlang nach unten, und sie – mir fehlen die Worte, den Vorgang angemessen zum Ausdruck zu bringen – versetzen mich in Erstaunen. Das hellere Streifenpaar ähnelt zwei Engeln, aus Lichtstrahlen geformt, freudig entspannt. Ich bin gerührt von der Geometrie des Musters wie auch von den scheinbaren Mängeln – den leicht unsteten Linien, den schnörkellosen Nähten, den improvisierten Materialien. Die Decke besitzt eine Fülle der ermutigendsten Qualitäten der Kunst, einschließlich Gewissenhaftigkeit und Eingebung.

Ich denke mir: In diesen Werken verbirgt sich eine Lektion, und es mutet seltsam an, sie gerade an einem so prächtig kosmopolitischen Ort wie dem Metropolitan Museum of Art zu lernen. Sinn wird immer im lokalen Rahmen geschaffen. Die größte Kunst bringen Menschen unter restriktiven Bedingungen hervor, indem sie patchworkartige Anstrengungen unternehmen, um etwas Schönes, Wahres, Nützliches zu gestalten. In der Hinsicht weist Michelangelos Florenz, ja sogar Michelangelos Rom durchaus Parallelen zu Loretta Pettways Gee's Bend auf. Fortan werde ich versuchen, nicht mehr in Begriffen wie »Hochrenaissance« zu denken, sondern an eine Person, die ein wenig frischen Gipsputz aufträgt und ihn bemalt, dann noch ein bisschen mehr, und wieder mit dem Pinsel darüberstreicht …

13

SO VIEL ICH TRAGEN KANN

Das Leben ist lang, stelle ich fest. Wenn man jung stirbt, ist es nicht lang. Stirbt man hingegen nicht jung, wird einem die seltsame Lage bewusst, dass man die ganze bisherige Zeit herangewachsen ist und dennoch weitere Jahrzehnte vor sich hat – fünf, sechs, vielleicht sieben –, während derer man weiter vorankommen muss. Nach Toms Tod entdeckte ich den Weg, der mich zum Met führte, und konnte mir das Erwachsensein leicht als endgültigen Zustand vorstellen, in dem innere Entwicklung und Veränderung weniger eine Rolle spielen würden als die Reise selbst. Mittlerweile habe ich jenen Punkt erreicht, an dem ich älter bin als mein älterer Bruder – das ist merkwürdig, ja irgendwie unnatürlich, so als wäre man größer geworden als der Kletterbaum in der Kindheit. Zugleich aber besitze ich nun genügend Weitblick, um zu erkennen, dass sich mein Leben über seinen gegenwärtigen Horizont ausdehnen wird. Dass es schlingert, schleift, vorwärts taumelt, und dass ich diesen Prozess besser steuern sollte. Kurzum, ich habe allmählich verstanden, dass mein Leben aus Kapiteln besteht, was mir wiederum die Möglichkeit bietet, mein aktuelles Kapitel zum Abschluss zu bringen.

Die Ausstellung mit den Quilts aus Gee's Bend endet im Herbst 2018. Etwa zur gleichen Zeit beginne ich damit, vor meiner morgendlichen Pendelfahrt Oliver zum Kindergarten zu bringen, während Tara unsere Tochter Louise in der Kita absetzt, an die ein Großteil meines Gehalts überwiesen wird. Schließlich habe ich sonntags frei, werde aber wohl nie ein ganzes Wochenende freibekommen, dieses Privileg ist nur den ältesten unter den altgedienten Wärtern vorbehalten. Auch verfüge ich nicht über genügend Dienstjahre, um die Urlaubswochen im Sommer einzuplanen – eine Belastung für die restliche Familie, die an den Schulferienkalender gebunden ist. (Und die Weihnachtswoche? Kann man getrost vergessen.) Wenn ich an Samstagabenden gegen 22.45 Uhr zu Hause eintreffe, finde ich gewöhnlich eine Ehefrau und zwei Kinder schlafend in meinem Bett vor. Das ist rührend, aber ich bin es leid.

Trotzdem nehme ich weiterhin mit Vergnügen meinen Wärterposten ein. Der Job erscheint mir nach wie vor fast perfekt, obwohl es vielleicht nicht mehr die Perfektion ist, die ich suche oder brauche. Früher hatte ich oft das Gefühl, dass sich der hauptsächlichste Teil meines Lebens in diesen Galerien abspielt, und genoss die meditative Stille. Neuerdings schweifen meine Gedanken über die Mauern des Museums hinweg und bewirken in Kopf und Körper ein unruhiges Kribbeln. Ich benötige nicht länger eine makellose Umgebung. Ich muss nicht mehr am

Rande stehen, ein schweigsamer Wärter. Mir fällt auf, wie ich in den Sälen Eltern und Kinder beobachte und überlege, was ich alles tun kann, um meine Kinder mit der großen Stadt und weiten Welt bekannt zu machen. Die Aussicht ist ebenso beängstigend wie aufregend. Offen gesagt überfordert es mich noch immer, unsere Wohnung in Ordnung zu halten; außerdem würde ich gerne lernen, in meinen nun häufigeren Wechselbeziehungen mit der Außenwelt robuster und mutiger zu werden.

Den Herbst und Winter über ziehe ich ernsthaft in Betracht, den dunkelblauen Anzug an den Nagel zu hängen. Da Bob mich in letzter Zeit zum Flügel der alten Meister schickt, erörtere ich die Frage vor den Gemälden Bruegels, Tizians und anderer vertrauter Freunde. Gewiss kann ich nicht in die Bürowelt zurückkehren; ich bin viel zu verwöhnt. Ich brauche etwas, das mich buchstäblich auf den Beinen hält. Also vereinbare ich mit einem Tourguide-Unternehmen ein telefonisches Vorstellungsgespräch, das ich für eine meiner Nachmittagspausen um 15 Uhr einplane. Hinterher rufe ich Tara an. »Rat mal, wer Stadtrundgänge in Downtown Manhattan leiten wird?«

Es ist nur ein Teilzeitjob – nicht jene Tätigkeit, die ich mir für mein ganzes weiteres Leben vorstelle. Aber das Leben ist lang, und so habe ich die Möglichkeit, auf Exkursion zu gehen, indem ich eine Gruppe anführe, statt abseits aus einer Ecke das Geschehen zu verfolgen. Als mein Starttermin im Frühjahr näher rückt, wird mir bewusst, wie sehr es mich reizt, Touren zu unternehmen, Orte zu erforschen und darüber zu schreiben. Dinge auszusprechen. Etwas Eigenes zu machen.

***

An meinem letzten Tag in Uniform werde ich zum Büro des Leiters von Bereich B auf dem Balkon mit Blick auf die Große Halle geschickt. Auf dem Weg dorthin lasse ich die Szenerie auf mich wirken. Über mir befinden sich drei untertassenförmige Kuppeln, jede groß genug für eine Kathedrale. Unten rollen zwei meiner Kollegen Eisenstützen über einen weiten leeren Boden. Hinter meinem Rücken paradiert der römische Feldherr Gaius Marius hoch zu Ross auf Tiepolos raumgreifender Leinwand und führt seinem Volk den gefangenen König Jugurtha von Numidien vor. Als ich um die Ecke biege, stellen sich die Wärter im Flügel der alten Meister der Reihe nach auf, um ihre Posten zugeteilt zu bekommen.

»Kurti, erste Pause im dritten Team!«, befiehlt der Leiter Mr. Sutton. »McMillan, Ablöse im dritten! Petrow, Sie gehören zum zweiten Team? Dann sind Sie zu spät dran … Verständigen Sie Bob im Disponentenbüro. Weishaar, erste Pause in der Ausstellung!«

Zum letzten Mal höre ich diese Ausdrucksweise, habe jedoch das Gefühl, dass ich sie bis zum Tag meines Todes fließend beherrschen werde. Als ich an der Reihe bin, sagt mir der Leiter durch die Blume, dass ich verduften soll. »Bringley, kommen Sie, es ist Ihr letzter Tag! Ich werde Sie heute nicht an einem Posten festnageln. Schlendern Sie durch die Galerien, verabschieden Sie sich. Und wenn Sie sich nützlich machen wollen, dann geben Sie Ihren Freunden eine Toilettenpause. Viel Glück, Mr. Bringley. Der Nächste!«

Es war mir gelungen, mich unbemerkt in die Reihe einzuschleichen, aber sobald ich mich umdrehe, ist das Spiel aus. Gratulanten schütteln mir die Hand, klopfen mir auf die Schulter, traktieren mich mit Fragen, was ich anschließend tun werde. Ich erzähle ihnen von meinem Job als Tourguide. Nein, gestehe ich, diese Stelle ist nicht gewerkschaftlich organisiert, aber ja, in der Tat rechne ich damit, dass die Trinkgelder höher ausfallen werden als unten in der Garderobe.

Mr. Ali glaubt für die ganze Gruppe zu sprechen, als er erklärt: »Sie haben es nach draußen geschafft, junger Mann. Und Sie haben immer noch genug Haare auf dem Kopf.«

Doch ich gestatte nicht, dass jemand sich für allezeit von mir verabschiedet. »Im Grunde muss ich kein Angestellter sein, um hierherzukommen«, erinnere ich sie, worauf sie einräumen, dass Leute gelegentlich das Met besuchen, ohne dafür bezahlt zu werden. Zum Glück gehört es zu den Eigenarten meines bald ehemaligen Arbeitsplatzes, alle Ankömmlinge zu empfangen und frei herumwandern zu lassen. Und wenn ich einen Besuch abstatte, weiß ich, wo meine Freunde zu finden sind: Sie stehen deutlich sichtbar auf ihren Posten.

Ziemlich schnell kennt jeder seinen Standort, zu dem er gehen muss – jeder außer mir. Das ist ein ungewohntes Gefühl, also lehne ich mich einfach für einen Moment an das Geländer und spähe hinunter in die Große Halle. Ich lausche, wie es sich anhört, wenn nur wenige Stimmen durch das Kalksteingewölbe hallen. Ich sehe, wie Lucy und Emilie sich für die Arbeit an den Garderobentischen vorbereiten, miteinander plaudern und dabei ihre Finger in Latexhandschuhe zwängen. Da unten ist es ein Tag wie jeder andere, und ich überlege, was sich von meinem ersten Tag bis zum letzten geändert hat und was nicht. Aada ist jetzt pensioniert. Troy ebenfalls. Randy, König der Garderobe, ist gestorben, ebenso wie Johnny Buttons, der Schneider. Mehrere Flügel des Museums wurden renoviert, Hunderte von neuen Objekten erworben. Aber im Wesentlichen sind Kunstwerke aus fünfzig Jahrhunderten einfach nur zehn Jahre älter geworden. Wenn das Met anders aussieht, so ist es oft der Betrachter, der sich verändert hat.

Als die Wärter um 10 Uhr die Türen öffnen, beschließe ich, einen Streifzug zu machen. Für einen Wärter ist es etwas Neues, keinen festen Standort zu haben. Ich steige die Treppe nach unten und weiche Vertretern des früh eintreffenden Publikums aus. Ich beobachte den dahineilenden Touristen, die Kamera griffbereit; den ehrfürchtigen Kunstliebhaber, unsicher, wo er beginnen soll; die verwirrte Debütantin, die aufgeregt die Dinosaurier oder Thomas Chambers' Gemälde *The Constitution and the Guerriere* (Die Verfassung und die Guerriere) oder was auch immer sehen möchte. Doch hoffentlich kann ein freundlicher Wärter ihr weiterhelfen. Hinter dem Ticketschalter biege ich in den griechischen Skulpturenhof und ziehe mich in eine Seitengalerie mit antiken Gefäßen zurück. Der Ort gefällt mir als Ausgangspunkt für meinen letzten Rundgang: Tonerde, in Feuer gebrannt, bemalt von einem unbekannten Künstler, der im Freien arbeitete, Ziegen hütete und Sokrates kannte. Schlichte Gefäße, die Haushaltsöl und Wein enthielten, dennoch genug Platz boten für Szenen des Lebens, des Todes und der Götter selbst.

Vorbei an der mächtigen Säule aus dem Artemistempel in Sardis schlendere ich noch einmal durch den Römischen Innenhof, nach wie vor außerstande, die zahlreichen in Marmor gemeißelten oder auf Münzen geprägten Porträts von Kaisern auseinanderzuhalten. Es sind diese

Büsten, die meine Aufmerksamkeit fesseln – zerfurchte Gesichter von alten, aufrichtigen Römern, eigentlich gar nicht so verschieden von denen meiner Kollegen, die zwischen ihnen auftauchen. (»Hey, Ronnie«, sage ich. »Hey, Ms. Pike.«)

Nach einer Rechtsbiegung lasse ich die klassische Welt hinter mir und treibe auf Meereswellen nach Ozeanien ... Schlitztrommeln, Totempfähle, ein Zehn-Mann-Kanu, eine Rolle mit 60 000 roten Federn, die in einer jener weit entfernten Inselwelten als Zahlungsmittel benutzt wurden. Zu einer solchen Galerie könnte ich unzählige weitere Male zurückkehren, ohne je all ihre Objekte erfassen zu können. Aber sie erinnert mich auch daran, wie wenig ich von der Welt jenseits dieser Mauern gesehen habe.

Wiederum rechts abbiegend, durchquere ich die Abteilung für Europäische Skulptur und Kunstgewerbe, wo Perseus den Kopf der Medusa hochhält.

Apropos abgeschlagene Köpfe: Als Nächstes begebe ich mich durch Räume, in denen sich das Ancien Régime präsentiert und der Geruch der Guillotine immer penetranter wird. Nach diesen Beispielen für vergoldeten Prunk wechsle ich in eine frühere Zeit der Religion und der Pest, betrete den kathedralenartigen Innenhof für Mittelalterliche Kunst. Er ist so majestätisch wie seit jeher, wirkt zugleich aber heimisch und vertraut: Ein Kollege gähnt an seinem Platz. Als ich dem B-Posten des ersten Teams näher komme, verwickelt mich Ms. Collins in ein Gespräch. Da sie offenbar von meinem bevorstehenden Ausscheiden nichts gehört hat, möchte sie mich einer Wärterin vorstellen, die kürzlich von ihr ausgebildet wurde. Ich sage »Hallo« und »Willkommen« zu der jungen Frau, aber wenig mehr. Ich werde sie beide ja wiedersehen.

***

Auf dem Weg zur Sammlung der Waffen und Rüstungen summt mein Mobiltelefon. Es ist eine Textnachricht von Joseph mit dem einfachen Wortlaut »van Gogh«. Verstanden. Ich mache auf dem Absatz kehrt und gehe aus reiner Gewohnheit, meine Beine und Füße zu schonen, nicht Richtung Treppe, sondern Aufzug, der zur Abteilung für Moderne Kunst führt. Ich fahre in den zweiten Stock, biege bei Picasso nach links, dann bei Cézanne nach rechts ab und halte inne, als ich Joseph gedankenverloren klassisch an einem Türpfosten lehnen sehe. Er ist etwa von der Hälfte der van Goghs umgeben, die das Museum besitzt. Es gibt Sonnenblumen, kartoffelschälende Bauern, die Café-Inhaberin Madame Ginoux, einen Bauern auf Knien, der seine Tochter zu den ersten Schritten ermuntert. Und schließlich hängt da der rotbärtige, leidgeprüfte Künstler selbst, klarsichtig, der Kopf mit einem großen Strohhut bedeckt – und nun gezwungen, Selfies mit Touristen machen zu lassen.

»Hey, du dort drüben, willst du ein bisschen Privatsphäre?«, rufe ich durch den Raum schlendernd und schrecke damit Joseph auf. Er lacht. Als »Privatsphäre« bezeichnen wir eine zehnminütige Toilettenpause.

»Nein, danke, nicht für mich.«

Stattdessen stehen wir neben dem Stillleben *Oleander mit Büchern*, plaudern wahllos über die NBA-Playoffs, eine Novelle von Stendhal, die zu lesen Joseph mich drängte, sein neues Enkelkind, Louises bevorstehende dritte Geburtstagsfeier, darüber, wie die Zeit verfliegt. Mir ist deutlich bewusst, dass ich nach meinem Ausscheiden aus dem Museum eine Welt betreten werde, in der man nur selten einen doppelt so alten guten Freund hat, der auf der anderen Seite der Erdkugel geboren wurde. Unter den Wärtern am Met versteht sich das von selbst. Ich werde nicht Joseph vermissen, den ich weiterhin treffen möchte, sondern das tägliche, unverbindliche, herzliche und zeitvertreibende Gespräch zwischen Kollegen, die über nichts als Zeit verfügen. »Nichts zu tun, und den ganzen Tag dafür haben, es zu tun«, scherzen wir manchmal.

Nach einer Viertelstunde sagt Joseph an mich gewandt: »Weißt du was? Ich glaube, ich werd mir doch eine kleine Privatsphäre gönnen.« Mit meinem Zuspruch lässt er mich allein an seinem Posten zurück. Auch das werde ich vermissen. Natürlich kann ich zurückkehren, um die van Goghs zu betrachten, werde dann aber nicht Ausschau halten nach Besuchern, denen es in den Fingern juckt, Kunstwerke zu berühren; niemand wird mich fragen, ob ein Gemälde echt ist; und kein Fremder wird sich nähern, um mir (einem geneigten Ohr) radebrechend zu erklären, was ihm durch den Kopf geht. Wenn ich auf Besuch komme, werde ich ein Besucher sein – stets mit der Freiheit, jederzeit zur nächsten Galerie weiterzuziehen – und wahrscheinlich nicht acht oder zwölf Stunden hier herumhängen.

Eine der bewegendsten Aussagen über Kunst, die ich je gelesen habe, handelt von Vincent van Goghs Besuch im Amsterdamer Rijksmuseum im Jahr 1884. Anscheinend gehörte er zu jenen Museumsbesuchern, die ihre Begleiter ständig bremsen, in diesem Fall seinen Freund, den Maler Anton Kerssemakers. »Die längste Zeit verbrachte er vor Rembrandts *Die Judenbraut*«, schreibt Kerssemakers.

> *Ich konnte ihn nicht vom Fleck bewegen; er blieb stehen und setzte sich in aller Ruhe hin, während ich weiterging, um andere Werke zu betrachten. ›Auf deinem Rückweg wirst du mich hier finden‹, sagte er mir. Als ich nach ziemlich langer Zeit zurückkam und ihn fragte, ob wir nicht etwas schneller machen sollten, warf er mir einen überraschten Blick zu und sagte: ›Würdest du es glauben – und ich meine ehrlich, was ich sage –, dass ich liebend gerne zehn Jahre meines Lebens dafür hergeben würde, noch zwei Wochen vor diesem Bild sitzen zu können, nur mit einer Kruste von trockenem Brot zum Essen?‹ Schließlich stand er auf. ›Nun, schon gut‹, meinte er, ›wir können nicht für immer hierbleiben, oder?‹*

Nein, das können wir wohl nicht. Solche Momente spenden Trost; sie erfreuen das Herz; sie sind rein. Wenn ich Vincents Schwertlilien betrachte, spüre ich seine Sehnsucht, ununterbrochen in ihrer leuchtenden Schlichtheit zu leben, der Armut und seinen Dämonen zu entfliehen. Aber es kommt die Zeit, sich von den Dingen abzuwenden und dem ins Auge zu sehen, was vor einem liegt. Vincents Geschichte war traurig, weil ihm das Rüstzeug fehlte, das Leben an sich zu bewältigen. Auch von daher bin ich für mein günstigeres Schicksal unbeschreiblich dankbar. Ich glaube, meine Lebensgeschichte wird einen glücklichen Verlauf nehmen.

Insbesondere daran denke ich, als Joseph zurückkehrt und aufgeregt über die Zukunft zu reden beginnt, sowohl meine wie auch seine. »Ich steck hier noch vier Jahre rein«, sagt er mit Bestimmtheit, »dann zieh ich mich an meinen Lieblingsort zurück, das Dorf meiner Mutter in Ghana. Was ich tun werde? Ich werde morgens aufwachen und den Anglern zuschauen. Wenn sie einen guten Fang machen, kauf ich ihre Fische, und wenn nicht, kauf ich eben keine. Du kennst das Gemälde von Winslow Homer im Bereich G, das mit dem Schwarzen, der sich auf einem kleinen Boot ausstreckt? Haie umkreisen ihn, am Horizont zieht ein Sturm auf, aber er hat das Schlimmste schon gesehn und entspannt sich einfach so« – Joseph nimmt die entsprechende Pose ein. »Das bin ich. Lange hab ich mit Geldern der Bank gespielt. *Que será, será*. Aber *du*, mein junger Freund, *du*, mein Familienmensch, du wirst hinausgehen in die Welt und Milliarden verdienen. Und wenn nicht, wen kümmert's? Schau dir deine schönen Kinder an! Du machst deine Sache schon gut! Wenn Ollie … sagen wir zwölf ist und Weezy zehn, wirst du uns in Ghana besuchen kommen.«

***

Den übrigen Tag verbringe ich größtenteils plaudernd mit Kollegen, die mir zufällig über den Weg laufen. Mit den meisten der fast 300 Wärter auf dem Stockwerk bin ich befreundet, und natürlich könnte ich in ihrer Gesellschaft die ganze verfügbare Zeit ausfüllen. Ebenso aber würde ich gerne zum letzten Mal etwas von der Anonymität verspüren, die einem der blaue Anzug verleiht. Deshalb begebe ich mich in den Flügel der alten Meister und vereinbare mit Mr. Foster, seinen Posten zur Hälfte zu übernehmen. Er steht in der einen Galerie, ich in der anderen, was mir die Möglichkeit bietet, ein Gemälde zu betrachten, das mittlerweile zu meinen Favoriten im Met zählt.

Eine meiner letzten Aktionen als Museumswärter resultiert aus einer der ersten Lektionen, die ich gelernt habe – nämlich wie man in einem Kunstmuseum vorgeht. Vor ungefähr zwanzig Jahren nahm meine Mutter mich, Tom und Mia mit zum Art Institute in Chicago, wo sie uns erst dann erlaubte, eine Galerie zu verlassen, wenn jeder das ihm oder ihr liebste Bild ausgesucht hatte. Nach einem Jahrzehnt im Met kann ich nicht von hier aufbrechen, ohne zu wissen, welche seiner Kunstwerke ich am meisten liebe. Monatelang habe ich diverse Kandidaten in einem Notizbuch festgehalten, Listen erstellt, sie skrupellos gekürzt und den ungeheuren Reichtum des Met auf eine persönliche Sammlung verkleinert: der Kouros, die *nkisi*, der »Simonetti«-Teppich, Bruegels *Kornernte* … Ich möchte weder zu viele noch zu wenige auswählen, sondern genau die richtige Anzahl von Werken, die ich sozusagen mit mir führen und als Bezugspunkte auf meinem weiteren Weg nutzen kann. Im Flügel der alten Meister wird mir bewusst, dass ich eine Kreuzigung von Fra Angelico, einem italienischen Mönch und Maler des 15. Jahrhunderts, mit am dringendsten benötige.

Meine Vorliebe für das Gemälde beruht in gewisser Weise auf meinen allgemeinen Neigungen. Ich mag es, wenn Kunst alt ist. Ich schätze den Anblick von Temperafarbe auf schweren Holztafeln und von brüchigem Blattgold, durch das die Grundierung aus rötlicher Tonerde hindurchschimmert. Ich begeistere mich für christliche Kunst und ihre leuchtkräftige Schwermut. Ich finde Gefallen daran, dass mich dieses Bild an Tom denken lässt, wie schmerzlich das auch sein mag. Der Christuskörper sieht aus, als wäre er an den Mast eines sturmgepeitschten Schiffes genagelt worden. Er bildet das Zentrum, um das die übrige Welt schwankend zu kreisen scheint. Ein zugleich anmutiger und vernichteter Körper, der uns abermals an das Offensichtliche erinnert – dass wir sterblich sind, dass wir leiden, dass Tapferkeit im Leiden wunderbar ist, dass Verlust umso größere Liebe und heftigere Klage hervorruft. Dieser Teil des Gemäldes vollbringt das Werk heiliger Kunst, vergegenwärtigt uns, was wir zu-

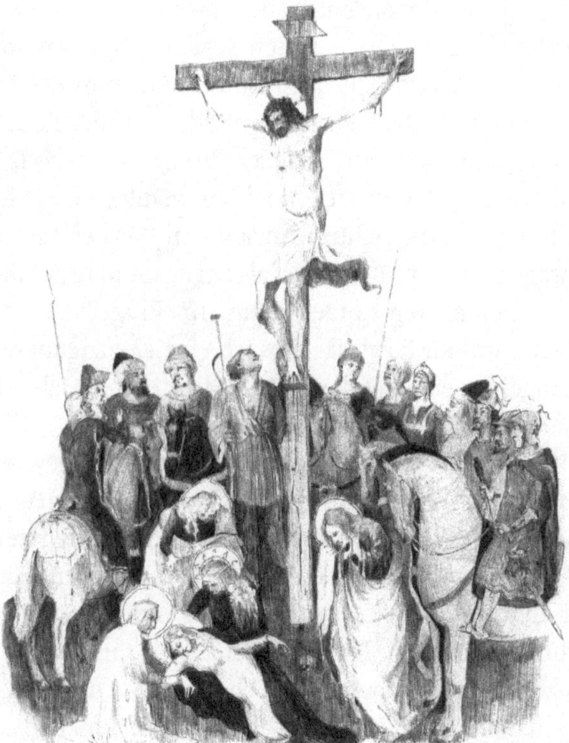

tiefst nachempfinden können und sich dennoch unserem Verständnis entzieht.

Aber der Maler hat nicht nur den Leib Christi dargestellt, sondern zu Füßen des Kreuzes auch eine schillernde Gruppe elegant gekleideter, teils berittener Personen, deren Gesichter ein breites Spektrum unterschiedlicher Gefühle und Reaktionen zeigen. Einige sind in Andacht versunken, andere neugierig, manche gelangweilt, wieder andere besorgt. Altmeisterliche Gemälde weisen oft diese Art von Realismus auf. Wie der englisch-amerikanische Dichter W. H. Auden in seinem Gedicht »Musée des Beaux Arts« feststellt, findet das »schreckliche Martyrium« sogar statt, »während jemand anders isst oder ein Fenster öffnet oder nur stumpfsinnig dahingeht«. (Er schreibt auch über die alten Meister: »Hinsichtlich des Leidens haben sie sich nie geirrt …«) Ich begreife die gefüllte Bildmitte als Allegorie des chaotischen Alltags: detailgenau, unzusammenhängend, manchmal langweilig, manchmal großartig. Ganz gleich, wie faszinierend ein Augenblick erscheint oder wie erhaben die wesentlichen Geheimnisse sind – die vielgestaltige, in sich verschachtelte Welt dreht sich weiter. Wir müssen unser Leben leben, und es hält uns in Atem.

Schließlich wechselt die Stimmung noch einmal im unteren Teil des Gemäldes. Dort nehmen sich mitfühlende Figuren der gramvollen Mutter an, die zusammengebrochen ist und am Boden liegt. Im Gegensatz zu den Betrachtern der Szene weiter oben gehen ihre Blicke und Gedanken in die gleiche Richtung, gelten eindeutig jener Person, der sie etwas Gutes tun können. Damit wird ein Beispiel vor Augen geführt, dem wir folgen sollen. In dem Leben, das vor mir liegt, werde ich gebraucht werden und selbst Bedürfnisse haben. Hoffentlich werde ich nach besten Kräften alles Notwendige leisten und von Menschen umgeben sein, die sich mir gegenüber ebenso verhalten. Ich werde meinen großen Bruder nicht zurückbekommen. Diesen Verlust fühle ich tief innen. In Anbetracht des Gemäldes weiß ich, dass er Mitglied der aufmerksamen, lobenswerten, kenntnisreichen Gruppe wäre, die sich über Maria beugt. Selbst jetzt kann ich mein inneres Porträt von ihm sehen – sein strahlendes, offenes, wie von Tizian gemaltes Gesicht – und Trost darin finden. Dies ist also ein Bild, das ich sicher aus dem Met mit mir nehmen kann.

***

Als Mr. Foster seine Push-Nachricht erhält, folge ich ihm hinaus zum oberen Ende der Großen Treppe und lasse ihm auf diesem belebten Posten seinen Ehrenplatz, während ich in gebührender Entfernung abseits stehe. Trotzdem entdecken mich Besucher und stellen Fragen. Zu ihnen gehört auch eine junge Frau, die – ich kann mein Glück kaum fassen – die *Mona Lisa* sehen möchte. Zu guter Letzt muss ich dieses Gespräch unbedingt führen.

»Die haben wir nicht«, antworte ich, es tue mir aufrichtig leid. »Sie ist in Paris.«

»Was? Sie haben nicht so was wie eine Kopie von ihr?«

»Ich fürchte nein. Es gibt keine Reproduktionen im Museum. Alles, was Sie hier sehen werden, ist echt.«

»Hm, und wo sind dann die Gemälde von da Vinci?«

»Es gibt nur eins in Amerika, und ich bedaure, Ihnen sagen zu müssen, dass es sich in Washington, D. C., befindet. Aber wir haben viele andere Maler aus der Zeit der Renaissance.«

Sie schaut mich an, als wäre sie in der Baseball Hall of Fame angekommen, nur um dann zu hören: »Nein, wir haben keinen Babe Ruth, doch vielleicht gelingt es mir, Ihr Interesse auf andere Spieler aus den 1920er-Jahren zu lenken …« Ich tue, was ich kann, um ihre Stimmung zu heben, verspreche, sie werde nicht enttäuscht sein, und vermute, dass es sich hier lediglich um ein kleines Problem handelt, dass sie aus ihrem verwirrten Staunen das Beste machen wird.

Kurz darauf sehe ich sie in der Menge verschwinden, die in den Flügel der alten Meister strömt. Es mag dort zwar nur eine halb lächelnde *Mona Lisa* geben, doch bestimmt auch hier eine ganze Reihe von Porträts, die zu betrachten sich lohnt, wohin man sich auch wendet. Ich lehne mich zurück, um Leute zu beobachten, und merke, wie ich innerlich jenen Rat wiederhole, den ich nach zehn Jahren als Wärter allen Besuchern des Met geben würde. Es ist eine Botschaft, die ich selbst beherzige und mit anderen zu teilen hoffe, nicht zuletzt mit meinen Kindern. Sie hat in etwa folgenden Wortlaut:

Ihr betretet jetzt eine Welt im Kleinen. Deren Gebiet erstreckt sich von den Schlammlandschaften Mesopotamiens bis zu den Cafés am linken Seine-Ufer in Paris und tausend anderen Orten, wo die Menschheit tatsächlich sich selbst übertroffen hat. Verliert euch als Erstes in der Weite der imposanten Architektur. Lasst euren Alltag auf der Eingangsstufe zurück und versucht, euch auf angenehme Weise so zu fühlen wie eine winzige unbedeutende Flocke, die durch ein Lagerhaus voll wunderbarer Dinge schwebt.

Kommt, wenn möglich, am Morgen, wenn das Museum am stillsten ist, und sprecht zunächst mit niemandem, nicht einmal mit einem Wärter. Betrachtet die Kunstwerke mit großen, geduldigen, empfänglichen Augen und gebt euch Zeit, ihre Details ebenso zu entdecken wie ihre allumfassende Gegenwart, ihre Ganzheit. Vielleicht fehlen euch die Worte, eure Empfindungen zu beschreiben, aber versucht, sie trotzdem wahrzunehmen. Hoffentlich werdet ihr im Schweigen und in der Stille eine ungewöhnliche oder unerwartete Erfahrung machen.

Erfahrt nach besten Kräften alles über den Schöpfer des Werkes, dessen intendierte Bedeutung, die Kultur, in der es entstanden ist. Dieser Prozess führt fast immer zu einer demütigen Haltung. Doch an einem bestimmten Punkt werdet ihr innerlich umschalten und eure Meinung zum Ausdruck bringen wollen. Das Met ist ein Ort, wo ihr mit eigenen Augen sehen könnt, wie andere fehlbare Menschen die Welt, in der ihr lebt, gestaltet haben. Ihr seid imstande, euren Anteil zu den wichtigsten Fragen beizusteuern, die Kunstwerke aufwerfen. Hegt also, da niemand die Stimmen in eurem Kopf hört, mutige und prüfende Gedanken, möglicherweise auch schmerzliche oder gar alberne – nicht, um zu »richtigen« Antworten zu gelangen, sondern um Geist und Herz des Menschen besser zu verstehen, indem ihr euch beider bedient. Findet heraus, was ihr im Met besonders liebt, welche Lehren ihr daraus zieht, und wagt euch dann zurück in die Welt. Tragt etwas mit euch, das sich nicht nahtlos in euer Denken einfügt, das auf euch lastet, während ihr weiter voranschreitet, und das euch ein wenig verändert.

***

Kurz vor Schließung des Museums bin ich noch immer auf meinem Aussichtsposten oberhalb der Treppe. In der Großen Halle unten herrscht wildes Treiben, eine riesige Menschenmenge streift Mäntel über, studiert Karten, kehrt aus einer unsagbar herrlichen Welt zurück nach draußen, um den Weg durchs Leben fortzusetzen.

Oft entsteht Kunst aus solchen Momenten, in denen wir uns wünschen, die Welt würde stillstehen. Wir bemerken etwas so Schönes oder Wahres, Erhabenes oder Trauriges, dass wir nicht ohne Mühe damit klarkommen. Künstler zeichnen diese vergänglichen Momente auf, scheinen ihre Uhren anzuhalten. Sie helfen uns, daran zu glauben, dass einige Dinge keineswegs vergänglich sind, sondern über viele Generationen schön und wahr, erhaben und traurig oder erfreulich bleiben. Und hier im Museum ist der Beweis dafür – in Öl gemalt, in Marmor gemeißelt, in Quilts genäht.

Es ist wirklich ein Geheimnis, dass die Welt so farbenprächtig und umfassend ist, wie sie ist, dass sie existiert, statt nicht zu existieren, dass Menschen dafür prädestiniert sind, mit einer derartigen Sorgfalt dermaßen wunderbare Werke zu schaffen. Kunst handelt sowohl von der Einfachheit wie vom Mysterium, sie erinnert uns an das Offensichtliche, erforscht das Übersehene. Für all die Stunden, die ich in Gegenwart der Kunst verbringen konnte, bin ich zutiefst dankbar. Und ich werde wiederkommen.

Doch als ich vor zehn Jahren meinen Posten antrat, gab es Dinge, die mir unbegreiflich waren. Manchmal geht es im Dasein eines innerlich aufgewühlten Wärters inmitten schimmernder Kunstwerke vor allem um Schlichtheit und Stille. Dann aber auch um die beschwerliche, nicht aufzuschiebende Arbeit des Lebens, das Ringen und Wachsen und Gestalten.

Um 17.30 Uhr nehme ich meine verschlissene Clip-Krawatte ab und hüpfe die Große Treppe hinunter.

DANKSAGUNG

Kennen Sie die Szene in dem Film *It's a Wonderful Life* (*Ist das Leben nicht schön?*), wo George Bailey durch himmlischen Beistand sein Leben zurückerhält, anschließend in sein zugiges altes Haus stürmt und lauthals »Mary! Mary!« ruft (im Überschwang vergisst er für einen Moment, dass er auch Kinder hat)? Genauso fühle ich mich gegenüber meiner Frau. Tara, danke für deine Liebe, deine Weisheit, deine harte Arbeit – für *alles*.

Meine Eltern Jim und Maureen haben mich in jeder Lebensphase bei all meinen Tätigkeiten ermutigt. Danke, Mama und Papa. Meine Geschwister Tom und Mia sind meine ältesten Freunde und wichtigsten Mitverschwörer. Danke, Mia; und Tom: Dieses ganze Buch ist für dich.

Dank schulde ich meinem Agenten Farley Chase und meinem Lektor Eamon Dolan. Farley gab mir eine Chance, als ich keine Ahnung hatte, ich meine, keine Ahnung, was ich da eigentlich schrieb. Als Coach und als Agent ging er weit über seine Pflichten hinaus. Eamon wiederum liebt das Met genauso sehr wie ich und las jedes Wort, das ich ihm zusandte, mit Begeisterung und feinem Gespür. »Großartig!«, sagte er immer wieder, bevor er die Kappe vom Rotstift nahm und mich hartnäckig antrieb. Farley, Eamon, ich danke euch. Ebenso Tzipora Baitch und allen anderen bei Simon & Schuster, die bei der Herstellung des Buches eine besondere Rolle spielten.

Tiefen Dank schulde ich den Wärtern im Metropolitan Museum of Art. Brüder und Schwestern von DC 37 Local 1503 – danke, dass ihr eure Geschichten und Weisheiten mit mir geteilt habt sowie für die wichtige Arbeit, die ihr leistet. Jenen unter euch, die Freunde geworden sind, werde ich immer wieder persönlich danken. Darüber hinaus gilt mein Dank den übrigen Mitarbeitern am Met – Kustoden, Kuratoren, Handwerkern, Angestellten im Museumsshop und tausend weiteren, die die Institution in Gang halten. Rembrandt könnte ohne euch nicht sein.

Meine Illustratorin Maya McMahon lieferte regelmäßig Arbeiten, die einfühlsam und lebendig sind. Danke, Maya. Dank auch an Emilie Lemakis, die Maya ihre Geburtstagstorte abzeichnen ließ. Man sollte die Webseite emilielemakis.com besuchen und ihre Kunst kaufen.

Ich schätze mich glücklich, Freunde zu haben, die mir auf unterschiedliche Weise zur Seite standen, etwa indem sie einwilligten, Abschnitte aus dem Manuskript zu lesen. Mary Hiebert, Alex Ross, Vincent Kitimepe, Winston Moriah, Louisa Lam, Owen Caliento, Cody Westphal, Tanya Erlach, Aaron Dooley, Sam Goetz, Jon Yi, Nick Crawford, Keith Meatto, Michael Haertlein, Dave Shryock, Jack Hannagan, Jason Wyche, Elly Perkins, Corey McCaffrey, Joe Gallagher, Joe Bringley, Cathy Bringley – danke. Außerdem hatte ich im Laufe der Jahre wunderbare Lehrer, darunter Tom O'Keefe, James Pyne, Jerry Sanders, Rebecca Gaz Healy und Stacy Pies. Vielen herzlichen Dank!

Sie brauchen zwar nicht meinen Beifall, aber ich kann nicht umhin, die zahlreichen antiken, klassischen und modernen Künstler zu würdigen, deren Gemälde, Skulpturen, Zeichnungen, Fotografien, Keramiken, Quilts, Mosaiken, Drucke und dekorativen Werke das Met füllen. Das war bestimmt keine leichte Aufgabe. Bravo!

Schließlich danke ich meinen Kindern. Oliver und Louise, ihr seid eine Quelle der Freude, und ich liebe euch. Ich freue mich so sehr darauf, ein Vater zu sein, der sein Buch beendet hat.

KUNSTWERKE, AUF DIE IM TEXT VERWIESEN WIRD

Die Kunstwerke befinden sich im Metropolitan Museum of Art, sofern nicht anders angegeben. Für weitere Informationen (einschließlich des Standorts in den Galerien) und hochauflösende Bilder der meisten Werke besuchen Sie bitte metmuseum.org. In der Regel lässt sich ein Objekt am besten anhand seiner spezifischen Zugangsnummer suchen, zum Beispiel 29.100.6, die unter dem jeweiligen Werk genannt wird, oder unter patrickbringley.com/art, wo Sie dieselbe Liste mit Links zu allen Kunstwerken finden, auch zu denen, die sich nicht in der Sammlung des Met befinden.

1 Die Große Treppe

Ansicht von Toledo
ca. 1599–1600
El Greco (Domínikos Theotokópoulos)
Spanien
29.100.6

Madonna und Kind inthronisiert mit Heiligen
ca. 1504

Raffael (Raffaello Sanzio)
Italien
16.30ab

Madonna mit Kind
ca. 1290–1300
Duccio di Buoninsegna
Italien
2004.442

Die kleine vierzehnjährige Tänzerin
1922 (Abguss)
Edgar Degas
Frankreich
29.100.370

Marmorstatue eines verwundeten Kriegers
ca. 138–181
Römisch, Kopie einer griechischen Bronzestatue, ca. 460-450 v. Chr.
25.116

Mastaba-Grab von Perneb
ca. 2381–2323 v. Chr.
Ägypten, Altes Reich
13.183.3

Der Triumph des Marius
1729
Giovanni Battista Tiepolo
Italien
65.183.1

Totempfähle
ca. 1960
Fanipdas
Volk der Asmat, Neuguinea
1978.412.1250

Die Kornernte
1565
Pieter Bruegel d. Ä.
Niederlande
19.164

2 Fenster

Madonna mit Kind
ca. 1230
Berlinghiero Berlinghieri
Italien
60.173

Tiburcio Pérez y Cuervo, der Architekt
1820
Goya (Francisco de Goya y Lucientes)
Spanien
30.95.242

María Teresa, Infantin von Spanien
ca. 1651–1654
Velázquez (Diego Rodríguez de Silva y Velázquez)
Spanien
49.7.43

Porträt eines Mädchens mit Perlenohrring
ca. 1665–1667
Johannes Vermeer
Niederlande
1979.396.1

Schlafende junge Frau
ca. 1656–1657
Johannes Vermeer
Niederlande
14.40.611

Venus und Adonis
ca. 1550
Tizian (Tiziano Vecellio)
Italien
49.7.16

Porträt eines Mannes
ca. 1515
Tizian
Italien
14.40.640

Die Kreuzigung Christi
ca. 1325–1330
Bernardo Daddi
Italien
1999.532

3 Eine Pietà

Madonna mit dem Stieglitz
ca. 1506
Raffael
Italien
Uffizien, Florenz

Diana
1892–1893
Augustus Saint-Gaudens
Vereinigte Staaten von Amerika
Philadelphia Museum of Art
Es gibt davon eine kleinere Version im Met.
28.101

Geburt und Anbetung des Christuskindes
ca. 1290–1300
Italien
Philadelphia Museum of Art

Christus am Grab mit der Jungfrau
ca. 1377
Niccolò di Pietro Gerini
Italien
Philadelphia Museum of Art

4 Von Millionen von Jahren

Wassergottheit (Chalchiuhtlicue)
15. bis frühes 16. Jahrhundert
Aztekisch
00.5.72

Schale mit Äpfeln
ca. 1876–1877
Paul Cézanne
Frankreich
1997.60.1

Bronzestatue eines nackten Mannes
ca. 200 v. Chr.- 200 n. Chr.
Griechisch oder römisch
Privatsammlung, Leihgabe an das Met

Marmorsäule aus dem Artemistempel in Sardis
ca. 300 v. Chr.
Griechenland
26.59.1

Mastaba-Grab von Perneb
ca. 2381–2323 v. Chr.
Ägypten, Altes Reich
13.183.3

Liegender Granitlöwe
ca. 2575–2450 v. Chr.
Ägypten, Altes Reich
2000.485

Faustkeil oder Handaxt
ca. 300 000–90 000 v. Chr.
Ägypten, Altpaläolithikum
06.322.4

Hohlboden-Projektilspitze
ca. 6900–3900 v. Chr.
Ägypten, Neolithikum
26. 10. 68

Modell eines geruderten Reiseboots aus dem Grab von Meketre
ca. 1981–1975 v. Chr.
Ägypten, Mittleres Reich
20.3.1

Modell einer Bäckerei und Brauerei aus dem Grab von Meketre
ca. 1981–1975 v. Chr.
Ägypten, Mittleres Reich
20. 3. 12

Modell einer Veranda mit Garten aus dem Grab von Meketre
ca. 1981–1975 v. Chr.
Ägypten, Mittleres Reich
20. 3. 13

Modell eines Kornspeichers mit Schreibern aus dem Grab von Meketre
ca. 1981–1975 v. Chr.
Ägypten, Mittleres Reich
20. 3. 11

Sitzstatue der Hatschepsut
ca. 1479–1458 v. Chr.
Ägypten, Neues Reich
29.3.2

Große kniende Statue der Hatschepsut
ca. 1479–1458 v. Chr.
Ägypten, Neues Reich
29.3.1

Mumie des Ukhhotep
ca. 1981–1802 v. Chr.
Ägypten, Mittleres Reich
12.182.132c

Kanopenkrug der Nephthys
ca. 1981–1802 v. Chr.
Ägypten, Mittleres Reich
11.150.17b

Der Tempel von Dendur
ca. 10 v. Chr.
Ägypten, Römische Periode
68.154 5

5 Fernere Ufer

The Astor Chinese Garden Court
1981 angelegt im chinesischen Stil des 17. Jahrhunderts
China
Galerie 217

Alte Bäume, auf gleicher Höhe
ca. 1080
Guo Xi
China
1981.276

Brücke über einen Teich mit Wasserlilien
1899
Claude Monet
Frankreich
29.100.113

Heuhaufen (Effekt von Schnee und Sonne)
ca. 1891
Claude Monet
Frankreich
29.100.109

Vétheuil im Sommer
1880
Claude Monet
Frankreich
51.30.3

Hängemaske der Idia, Königinmutter
16. Jahrhundert
Volk der Edo
Nigeria
1978.412.323

Fetischfigur (nkisi)
19.–20. Jahrhundert
Volk der Bassonge
Demokratische Republik Kongo
1978.409

6 Fleisch und Blut

Selbstporträt, Yo, Picasso
1900
Pablo Picasso
Frankreich
1982.179.18

347 Suite
1968
Pablo Picasso
Frankreich
Verschiedene Zugangsnummern,
zum Beispiel 1985.1165.38

Der Schauspieler
1904–1905
Pablo Picasso

Frankreich
52.175

Frau in Weiß
1923
Pablo Picasso
Frankreich
53.140.4

Marmorkopf des Hermes
Spätes 5. Jahrhundert v. Chr.
Griechenland
59.11.24

Elektrotyp-Kopie eines gestohlenen zypriotischen Armbands
Kopie angefertigt von Tiffany & Co. Das Armband stammt aus dem 6.– 5. Jahrhundert v. Chr.
Zypern
74.51.3552

Statuette der Neith
664-380 v. Chr.
Ägypten, Spätzeit
26.7.846

Der heilige Thomas
ca. 1317–1319
Werkstatt von Simone Martini
Italien
43.98.9

Anne Elizabeth Cholmley,
später Lady Mulgrave
ca. 1788
Gainsborough Dupont
England
49.7.56

Ansicht von Vétheuil
1880
Claude Monet
Frankreich
56.135.1

Sarpedon-Krater
ca. 520-510 v. Chr.
Euphronios
Griechenland
Museo Nazionale Cerite, Cerveteri, Italien

Siegelring von Ramses VI.
ca. 1143–1136 v. Chr.
Ägypten, Neues Reich
26.7.768

Goldmünze der Veneti oder Namneti
Mitte 2. Jahrhundert v. Chr.
Keltisch
17.191.120

Goldmünze der Parisii
Spätes 2. Jahrhundert v. Chr.

Keltisch
17.191.121

Schmuckstücke, vielleicht Gewand- oder Ärmelverschlüsse
ca. 800 v. Chr.
Irland
47.100.9 und 47.100.10

Tänzerin in der Rolle des Harlekin
1920 (Abguss)
Edgar Degas
Frankreich
29.100.411

Arabesque Devant
1920 (Abguss)
Edgar Degas
Frankreich
29.100.385

Marmorstatue einer hockenden Aphrodite
1. oder 2. Jahrhundert n. Chr.
Römisch, Kopie einer griechischen Statue aus dem
3. Jahrhundert v. Chr.
09.221.1

Madonna mit Kind
ca. 1290–1300
Duccio di Buoninsegna
Italien
2004.442

Heart of the Andes
1859
Frederic Edwin Church
Vereinigte Staaten von Amerika
09.95

View from Mount Holyoke, Northampton, Massachusetts, after a Thunderstorm – The Oxbow
1836
Thomas Cole
Vereinigte Staaten von Amerika
08.228

Winter, Central Park, New York
1913–1914
Paul Strand
Vereinigte Staaten von Amerika
2005.100.117

The Flatiron
1904
Edward J. Steichen
Vereinigte Staaten von Amerika
33.43.39

Old and New New York
1910
Alfred Stieglitz
Vereinigte Staaten von Amerika
58.577.2

Georgia O'Keeffe – Hands
1919
Alfred Stieglitz
Vereinigte Staaten von Amerika
1997.61.18

Georgia O'Keeffe – Feet
1918
Alfred Stieglitz
Vereinigte Staaten von Amerika
1997.61.55

Georgia O'Keeffe – Torso
1918
Alfred Stieglitz
Vereinigte Staaten von Amerika
28.130.2

Georgia O'Keeffe – Breasts
1919
Alfred Stieglitz
Vereinigte Staaten von Amerika
1997.61.23

Georgia O'Keeffe
1922
Alfred Stieglitz
Vereinigte Staaten von Amerika
1997.61.66

Georgia O'Keeffe
1918

Alfred Stieglitz
Vereinigte Staaten von Amerika
1997.61.25

Georgia O'Keeffe
1918
Alfred Stieglitz
Vereinigte Staaten von Amerika
28.127.1

7 The Cloisters

Kapelle aus Notre-Dame-du-Bourg in Langon
ca. 1126
Frankreich
34.115.1-.269

Kreuzgang aus der Abtei Saint-Michel-de-Cuxa bei Perpignan
ca. 1130–1140
Katalanisch
25.120.398-.954

Das Mérode-Triptychon
ca. 1427–1432
Werkstatt von Robert Campin
Niederlande
56.70a-c

The Cloisters Cross (Kreuz aus der Benediktinerabtei St Edmunds in Suffolk)
ca. 1150–1160
Meister Hugo
England
63.12

Kreuzgang aus Bonnefont-en-Comminges bei Saint-Gaudens
Ende 13. bis Anfang 14. Jahrhundert
Frankreich
25.120.531-.1052

Die Kornernte
1565
Pieter Bruegel d. Ä.
Niederlande
19.164

8 Wächter

Fassade der Second Branch Bank of the United States
1822–1824
Martin Euclid Thompson
Vereinigte Staaten von Amerika
Galerie 700

Meeting House Gallery, gestaltet nach der Old Ship Church in Hingham, Massachusetts
1924, gemäß dem Original von 1681

Vereinigte Staaten von Amerika
Galerie 713

Zimmer aus dem Hart House
1680
Vereinigte Staaten von Amerika
36.127
Galerie 709

Ballsaal aus der Gadsby's Tavern
(der sogenannte »Alexandria Ballroom«)
1792
Vereinigte Staaten von Amerika
Galerie 719

George Washington
ca. 1795
Gilbert Stuart
Vereinigte Staaten von Amerika
07.160

Washington Crossing the Delaware
1851
Emanuel Leutze
Vereinigte Staaten von Amerika
97.34

Chippendale-Stuhl aus Mahagoni
ca. 1760–1790
Vereinigte Staaten von Amerika
32.57.4

Birthday Thing Number 50
2015
Emilie Lemakis
Vereinigte Staaten von Amerika
Aus der Sammlung der Künstlerin

9 Kouros

Marmorstatue eines jugendlichen Kouros
ca. 590-580 v. Chr.
Griechenland
32.11.1

Halsamphora aus Terrakotta mit Ajax, der Achills Leichnam trägt
ca. 530 v. Chr.
Einem attischen Vasenmaler (Maler von London B 76) zugeschrieben
Griechenland
26.60.20

Marmorkopf der Athene (»Athena Medici«)
ca. 138–192
Das Original wird Phidias zugeschrieben.
Römisch, Kopie einer griechischen Statue von ca. 430 v. Chr.
2007.293

Folio aus dem »Blauen Koran«
ca. 850–950

Tunesien
2004.88

Tragbare Handschrift aus dem Koran
17. Jahrhundert
Iran oder Türkei
89.2.2156

Folio aus dem Koran von Umar Aqta
ca. 1400
Umar al-Aqta
Zentralasien, angefertigt im heutigen Usbekistan
18.17.1, .2, und 21.26.12

Weihrauchgefäß von Amir Saif al-Dunya wa'l-Din ibn Muhammad al-Mawardi
1181–1182
Ja'far ibn Mohammad ibn ›Ali
Iran
51.56

Schachspiel
12. Jahrhundert
Iran
1971.193a-ff

Die Miradsch oder Mohammads nächtliche Reise und Himmelfahrt auf seinem Reittier Buraq
ca. 1525–1535
Sultan Mohammad Nur
Iran
1974.294.2

Helm mit Kettenbrünne im Stil einer turkmenischen Rüstung
Ende 15. bis 16. Jahrhundert
Türkei
50.87

Marokkanischer Innenhof
2011 erbaut im Stil des 14. Jahrhunderts
Marokko
Galerie 456

Mihrāb (Gebetsnische)
1354–1355
Iran
39.20

Der »Simonetti«-Teppich
ca. 1500
Ägypten
1970.105

Porträt eines Derwischs
16. Jahrhundert
Zentralasien, wahrscheinlich angefertigt im heutigen Usbekistan
57.51.27

10 Der Veteran

Der Raub der Sabinerinnen
ca. 1633–1634

Nicolas Poussin
Frankreich
46.160

Washington Crossing the Delaware
1851
Emanuel Leutze
Vereinigte Staaten von Amerika
97.34

Mrs. Sylvanus Bourne
1766
John Singleton Copley
Vereinigte Staaten von Amerika
24.79

Esstisch der Shaker, Anhänger einer christlichen Freikirche
1800–1825
Vereinigte Staaten von Amerika
66.10.1

Teetisch aus Walnussholz
1740–1790
Vereinigte Staaten von Amerika
25.115.32

Arbeitstisch aus Mahagoni
1815–1820
Vereinigte Staaten von Amerika
65.156

Kartentisch aus Palisander und Mahagoni
ca. 1825
Der Werkstatt von Duncan Phyfe zugeschrieben
Vereinigte Staaten von Amerika
68.94.2

Klapptisch aus Ahorn
1700–1730
Vereinigte Staaten von Amerika
10.125.673

Teetisch mit Kippplatte aus Ahorn und Mahagoni
ca. 1800
Vereinigte Staaten von Amerika
10.125.159

Konsolentisch aus Satinholz, Mahagoni und Weymouthskiefer
ca. 1815
Vereinigte Staaten von Amerika
1970.126.1

Auf Böcken stehender Tisch aus Gelbkiefer und Eiche
1640–1690
Vereinigte Staaten von Amerika
10.125.701

Beistelltisch aus Eiche, Kiefer und Ahorn
1650–1700
Vereinigte Staaten von Amerika
49.155.2

Standuhr aus Walnuss, Tulpenbaum und Weymouthskiefer
1750–1760
John Wood und John Wood Jr.
Vereinigte Staaten von Amerika
41.160.369

Regaluhr aus Mahagoni und Weymouthskiefer
1805–1809
Aaron Willard und Aaron Willard Jr.
Vereinigte Staaten von Amerika
37.37.1

Wanduhr aus Mahagoni und Weymouthskiefer
1800–1810
Simon Willard
Vereinigte Staaten von Amerika
37.37.2

Eichel-Uhr aus Mahagoni
1847–1850
Forestville Manufacturing Company
Vereinigte Staaten von Amerika
1970.289.6

Leuchtturm-Uhr aus Mahagoni
1800–1848
Simon Willard
Vereinigte Staaten von Amerika
30.120.19a, b

Banjo-Uhr aus Mahagoni, Weymouthskiefer und Tulpenbaum
ca. 1825
Aaron Willard Jr.
Vereinigte Staaten von Amerika
30.120.15

Lyra-Uhr aus Mahagoni, Weymouthskiefer und Tulpenbaum
1822–1828
John Sawin
Vereinigte Staaten von Amerika
10.125.391

Lupe aus Walnuss und Weymouthskiefer
1740–1790
Vereinigte Staaten von Amerika
25.115.41

Zuckerzangen aus Stahl
18. Jahrhundert
Vereinigte Staaten von Amerika
10.125.593

Feuerwehrhelm aus Leder
1800–1850
Vereinigte Staaten von Amerika
10.125.609

Ledernes Brustschild eines Feuerwehrmanns
1839–1850

Vereinigte Staaten von Amerika
10.125.608

Job Perit
1790
Reuben Moulthrop
Vereinigte Staaten von Amerika
65.254.1

Mrs. Thomas Brewster Coolidge
ca. 1827
Chester (Charles) Harding
Vereinigte Staaten von Amerika
20.75

Henry La Tourette de Groot
1825–1830
Samuel Lovett Waldo und William Jewett
Vereinigte Staaten von Amerika
36.114

Sunset on the Sea
1872
John Frederick Kensett
Vereinigte Staaten von Amerika
74.3

Wagenheber für Conestoga-Wagen
1784
Vereinigte Staaten von Amerika
53.205

Silbertablett
1879
Tiffany & Co.
Vereinigte Staaten von Amerika
66.52.1

Willie Mays, Kartennummer 244, aus der »Topps Dugout Quiz«-Serie (R414-7)
1953
Topps Chewing Gum Company
Vereinigte Staaten von Amerika
Burdick 328, R414-7.244

Hank Aaron, aus der Bazooka-Kaugummi-Serie »Blank Back« (R414-15)
1959
Topps Chewing Gum Company
Vereinigte Staaten von Amerika
63.350.329.414–15.14

Honus Wagner, aus der Serie »White Border« (T206)
1909–1911
American Tobacco Company
Vereinigte Staaten von Amerika
63.350.246.206.378

Mike »King« Kelly, aus »World's Champions«, Serie 1 (N28)
1887
Allen & Ginter's Cigarettes
Vereinigte Staaten von Amerika
63.350.201.28.3

Jack M'Geachy, aus der Serie von Gold Coin (N284)
1887
Gold Coin Chewing Tobacco
Vereinigte Staaten von Amerika
63.350.222.284.62

Gitarre
1937
Hermann Hauser
Deutschland
1986.353.1

Kamantsche
ca. 1869
Iran
89.4.325

Koto
20. Jahrhundert
Japan
1986.470.3

Indianerflöte (siyotanka)
ca. 1850–1900
Sioux
89.4.3371

Cembalo
ca. 1670
Michele Todini (Baumeister), Basilio Onofri
(Vergoldung) und Jacob Reiff (Schnitzereien)

Italien
89.4.2929a-e

»The Gould«-Violine, benannt nach George Gould, einem ihrer Besitzer
1693
Antonio Stradivari
Italien
55.86a-c

Rassel aus einer Schnappschildkröte (Kanyáhte' ká'nowa')
19. Jahrhundert
Irokesen
06.1258

Banjo
ca. 1850–1900
Vereinigte Staaten von Amerika
89.4.3296

Kora
ca. 1960
Mamadou Kouyaté und Djimo Kouyaté
Senegal
1975.59

Fußkampfhelm von Sir Giles Capel
ca. 1510
möglicherweise England
04.3.274

Colt Paerson Percussion Revolver, Nr. 3, Belt Model, Seriennummer 156
ca. 1838
Colt's Manufacturing Company
Vereinigte Staaten von Amerika
59.143.1a-h

Colt Model 1851 Navy Percussion Revolver, Seriennummer 2
1850
Colt's Manufacturing Company
Vereinigte Staaten von Amerika
68.157.2

»Peacemaker«-Colt Single-Action Army Revolver, Seriennummer 4519
1874
Colt's Manufacturing Company
Vereinigte Staaten von Amerika
59.143.4

Madame X (Madame Pierre Gautreau)
1883–1884
John Singer Sargent
Vereinigte Staaten von Amerika
16.53

Northeaster
1895, bearbeitet 1901
Winslow Homer
Vereinigte Staaten von Amerika
10.64.5

Mother and Child (Baby Getting Up from His Nap)
ca. 1899
Mary Cassatt
Vereinigte Staaten von Amerika
09.27

11 Unvollendet

Die Kornernte
1565
Pieter Bruegel d. Ä.
Niederlande
19.164

Heilige Barbara
1437
Jan van Eyck
Niederlande
Königliches Museum der Schönen Künste, Antwerpen

Untitled
2009
Kerry James Marshall
Vereinigte Staaten von Amerika
Yale University Art Gallery, New Haven

Black Draftee (James Hunter)
1965
Alice Neel
Vereinigte Staaten von Amerika
COMMA Foundation, Damme, Belgien

»Untitled« (Portrait of Ross in L. A.)
1991
Félix González-Torres
Vereinigte Staaten von Amerika / Kuba
Art Institute of Chicago

Die schmutzige Braut oder Die Hochzeit von Mopsus und Nisa
ca. 1566
Pieter Bruegel d. Ä.
Niederlande
32.63

12 Tagesarbeit

Studie zum Heiligen Petrus (nach Masaccio) mit Armstudien (recto); Skelett einer Hand mit Unterarm, männlicher Torso und rechter Unterarm (verso)
ca. 1493–1494
Michelangelo Buonarroti
Italien
Staatliche Graphische Sammlung, München

Sonett »A Giovanni da Pistoia« und Karikatur auf seinem Gemälde in der Sixtinischen Kapelle
ca. 1509–1510
Michelangelo Buonarroti
Italien
Casa Buonarroti, Florenz

Studien zur »Libyschen Sibylle« (recto)
ca. 1510–1511
Michelangelo Buonarroti
Italien
24.197.2

Skizzen zur Gestaltung der Pietà und der Grablegung Christi
ca. 1555–1560
Michelangelo Buonarroti
Italien
Ashmolean Museum, Oxford

Studien zum Petersdom (recto)
ca. 1551–1564
Michelangelo Buonarroti
Italien
Palais des Beaux-Arts, Lille

Studien zu den Festungsanlagen von Florenz: Torre della Serpe al Prato di Ognissanti (recto)
ca. 1530
Michelangelo Buonarroti
Italien
Casa Buonarroti, Florenz

Pietà Rondanini
1552–1564
Michelangelo Buonarroti
Italien
Castello Sforzesco, Mailand

Housetop and Bricklayer with Bars Quilt
ca. 1955
Lucy T. Pettway
Vereinigte Staaten von Amerika
2014.548.52

Log Cabin Quilt
ca. 1935
Mary Elizabeth Kennedy
Vereinigte Staaten von Amerika
2014.548.44

Lazy Gal Bars Quilt
ca. 1965
Loretta Pettway
Vereinigte Staaten von Amerika
2014.548.50

13 So viel ich tragen kann

Der Triumph des Marius
1729
Giovanni Battista Tiepolo
Italien
65.183.1

Halsamphora aus Terrakotta. Vorderseite: Apollo zwischen Hermes und Göttin; Rückseite: Memnon zwischen seinen äthiopischen Getreuen
ca. 530 v. Chr.

Griechenland
98.8.13

Marmorsäule aus dem Artemistempel in Sardis
ca. 300 v. Chr.
Griechenland
26.59.1

Marmorbüste eines Mannes
Mitte 1. Jahrhundert
Römisch
12.233

Schlitztrommel (Atingting kon)
Mitte bis Ende 1960er-Jahre
Tin Mweleun
Volk auf Ambrym, Vanuatu
1975.93

Kanu
1961
Häuptling Chinasapitch
Volk der Asmat, Indonesien
1978.412.1134

Totempfähle
ca. 1960
Jewer
Volk der Asmat, Indonesien
1978.412.1248

Rolle mit roten Federn als Zahlungsmittel (Tevau)
Spätes 19. bis frühes 20. Jahrhundert
Salomon-Inseln
2010.326

Perseus mit dem Kopf der Medusa
1804–1806
Antonio Canova
Italien
67.110.1

Boiserie aus dem Hôtel de Varengeville
ca. 1736–1752, mit späteren Zusätzen
Frankreich
63.228.1

Sonnenblumen
1887
Vincent van Gogh
Niederlande
49.41

Oleander mit Büchern
1888
Vincent van Gogh
Niederlande
62.24

Schwertlilien
1890
Vincent van Gogh

Niederlande
58.187

Der Kartoffelschäler
(Rückseite des Selbstporträts mit Strohhut)
1885
Vincent van Gogh
Niederlande
67.187.70b

L'Arlésienne: Madame Joseph-Michel Ginoux
1888–1889
Vincent van Gogh
Niederlande
51.112.3

Erste Schritte, nach Millet
1890
Vincent van Gogh
Niederlande
64.165.2

Selbstporträt mit Strohhut
(Vorderseite von Der Kartoffelschäler)
1887
Vincent van Gogh
Niederlande
67.187.70a

Isaak und Rebekka, bekannt als »Die Judenbraut«
ca. 1665–1669

Rembrandt van Rijn
Niederlande
Rijksmuseum, Amsterdam

The Gulf Stream
1899, bearbeitet 1906
Winslow Homer
Vereinigte Staaten von Amerika
06.1234

Die Kreuzigung
ca. 1420–1423
Fra Angelico (Guido di Pietro)
Italien
43.98.5

BIBLIOGRAFIE

Die Sachinformationen über die im vorliegenden Buch besprochenen Kunstwerke wurden größtenteils auf metmuseum.org gefunden. Dort gibt es auf der Seite des jeweiligen Objekts einen Katalogeintrag, technische Hinweise sowie eine Zusammenfassung der wichtigen Publikationen. In den meisten Fällen sind die offiziellen Publikationen des Met kostenlos einzusehen unter metmuseum.org/art/metpublications.

Die folgenden Bücher und Artikel sind nach Themen geordnet und alphabetisch aufgelistet.

Afrikanische Kunst

Ezra, Kate, *Royal Art of Benin: The Perls Collection in the Metropolitan Museum of Art.* New York: Metropolitan Museum of Art 1992. Veröffentlicht in Verbindung mit einer Ausstellung im Metropolitan Museum of Art vom 16. Januar bis 13. September 1992.

LaGamma, Alisa (Hrsg.), *Kongo: Power and Majesty.* New York: Metropolitan Museum of Art 2015. Veröffentlicht in Verbindung mit einer Ausstellung im Metropolitan Museum of Art vom 18. September 2015 bis 3. Januar 2016.

Neyt, François, Songye, *The Formidable Statuary of Central Africa.* Ins Amerikanische übersetzt von Mike Goulding, Sylvia Goulding und Jan Salomon. New York: Prestel 2009.

Ägyptische Kunst

Arnold, Dieter, *Temples of the Last Pharaohs.* New York: Oxford University Press 1999.

Assmann, Jan, *Ägypten: Eine Sinngeschichte.* München: Hanser 1996.

Roehrig, Catharine H., *Life Along the Nile: Three Egyptians of Ancient Thebes. Metropolitan Museum of Art Bulletin 60 (Sommer 2002).*

Roehrig, Catharine H., Dreyfus, Renée und Keller, Cathleen A. (Hrsg.), *Hatshepsut: From Queen to Pharaoh.* New York: Metropolitan Museum of Art; New Haven: Yale University Press 2005. Veröffentlicht in Verbindung mit einer Ausstellung im Fine Arts Museum San Francisco / de Young vom 15. Oktober 2005 bis 5. Februar 2006; im Metropolitan Museum of Art vom 28. März bis 9. Juli 2006; sowie im Kimbell Art Museum, Fort Worth, vom 27. August bis 31. Dezember 2006.

Amerikanische Kunst

Belson, Ken, »*A Hobby to Many, Card Collecting Was Life's Work for One Man*«. *New York Times*, 22. Mai 2012.

Flexner, James Thomas, *First Flowers of Our Wilderness*. Band 1 von *American Painting*. Boston: Houghton Mifflin 1947.

Garrett, Wendell D., »The First Score for American Paintings and Sculpture, 1870–1890«. *Metropolitan Museum Journal* 3 (1970): 307–35. https://doi.org/10.2307/1512609.

O'Neill, John P., Holt, Joan und Tuckers, Dale (Hrsg.), *A Walk Through the American Wing*. New York: Metropolitan Museum of Art; New Haven: Yale University Press 2001.

Asiatische Kunst

Bush, Susan und Hsio-yen Shih (Hrsg.), *Early Chinese Texts on Painting*. Cambridge, MA: Harvard-Yenching Institute, Harvard University Press 1985.

Fong, Wen C., *Beyond Representation: Chinese Painting and Calligraphy 8th-14th Century*. New York: Metropolitan Museum of Art; New Haven: Yale University Press 1992.

Foong, Ping, »Guo Xi's Intimate Landscapes and the Case of *Old Trees, Level Distance*«, *Metropolitan Museum Journal* 35 (2000): 87–115. https://doi.org/10.2307/1513027.

Hammer, Elizabeth, *Nature Within Walls: The Chinese Garden Court at the Metropolitan Museum of Art. A Resource for Educators.* New York: Metropolitan Museum of Art 2003.

Europäische Kunst

Ainsworth, Maryan W. und Christiansen, Keith (Hrsg.), *From Van Eyck to Bruegel: Early Netherlandish Painting in the Metropolitan Museum of Art.* New York: Metropolitan Museum of Art 1998. Der Katalog mit Schlüsselwörtern zur Sammlung im Metropolitan Museum of Art begleitete die Ausstellung der betreffenden Werke vom 22. September 1998 bis 3. Januar 1999.

Bayer, Andrea, »North of the Apennines: Sixteenth-Century Italian Painting in Venice and the Veneto«. *Metropolitan Museum of Art Bulletin* 63 (Sommer 2005).

Christiansen, Keith, *Duccio and the Origins of Western Painting.* New York: Metropolitan Museum of Art; New Haven: Yale University Press 2008.

Freedberg, Sydney Joseph, *Painting of the High Renaissance in Rome and Florence.* New York: Harper & Row 1972.

Gogh, Vincent van, *Van Gogh: A Self-Portrait. Letters Revealing His Life as a Painter*. Ausgewählt von W. H. Auden. Greenwich, CT: New York Graphic Society 1961.

Kanter, Laurence und Palladino, Pia, *Fra Angelico*. New York: Metropolitan Museum of Art; New Haven: Yale University Press 2005. Veröffentlicht in Verbindung mit einer Ausstellung im Metropolitan Museum of Art vom 26. Oktober 2005 bis 29. Januar 2006.

Kerssemakers, Anton, Brief an den Herausgeber *De Groene*, 14. April 1912. In *Van Gogh's Letters: Unabridged and Annotated*, hrsg. von Robert Harrison. Ins Amerikanische übersetzt von Johanna van Gogh-Bonger, Rockville, MD: Institute for Dynamic Educational Advancement. http://www.webexhibits.org/vangogh/letter/15/etc-435c.htm.

Orenstein, Nadine M. (Hrsg.), *Pieter Bruegel the Elder: Drawings and Prints*. New York: Metropolitan Museum of Art; New Haven: Yale University Press 2001. Veröffentlicht in Verbindung mit einer Ausstellung im Museum Boijmans Van Beuningen, Rotterdam, vom 24. Mai bis 5. August 2001 sowie im Metropolitan Museum of Art vom 25. September bis 2. Dezember 2001.

Strehlke, Carl Brandon, *Italian Paintings 1250–1450 in the John G. Johnson Collection and the Philadelphia Museum of Art*. Philadelphia: Philadelphia Museum of Art; University Park, PA: Penn State University Press 2004.

Fotografie

Daniel, Malcolm, *Stieglitz, Steichen, Strand: Masterworks from the Metropolitan Museum of Art*. New York: Metropolitan Museum of Art 2010. Veröffentlicht in Verbindung mit einer Ausstellung im Metropolitan Museum of Art vom 10. November 2010 bis 10. April 2011.

Gee's Bend

Beardsley, John, Arnett, William, Arnett, Paul und Livingston, Jane, *The Quilts of Gee's Bend*. Atlanta: Tinwood Books 2002.

Finley, Cheryl, Griffey, Randall R., Peck, Amelia und Pinckney, Darryl, *My Soul Has Grown Deep: Black Art from the American South*. New York: Metropolitan Museum of Art 2018. Veröffentlicht in Verbindung mit der Ausstellung *History Refused to Die: Highlights from the Souls Grown Deep Foundation Gift* im Metropolitan Museum of Art vom 22. Mai bis 23. September 2018.

Holley, Donald, »The Negro in the New Deal Resettlement Program«. *Agricultural History* 45 (Juli 1971): 179–93.

Griechische Kunst

Bremmer, Jan, *The Early Greek Concept of the Soul*. Princeton, NJ: Princeton University Press 1983.

Estrin, Seth, »Cold Comfort: Empathy and Memory in an Archaic Funerary Monument from Akraiphia«. *Classical Antiquity* 35 (Oktober 2016): 189–214. https://doi.org/10.1525/ca.2016.35.2.189.

Griffin, Jasper, *Homer on Life and Death.* Oxford: Clarendon Press 1980.

Homer, *Ilias*. Ditzingen: Reclam 1986.

Homer, *Odyssee*. Ditzingen: Reclam 1986.

Kirk, G. S. und Raven, J. E., *The Presocratic Philosophers: A Critical History with a Selection of Texts.* Cambridge: Cambridge University Press 1957.

Otto, Walter F., *Theophania. Der Geist der altgriechischen Religion*. Hamburg: Rowohlt 1956.

Sourvinou-Inwood, Christiane, *»Reading« Greek Death: To the End of the Classical Period.* Oxford: Clarendon Press 1995.

Vermeule, Emily, *Aspects of Death in Early Greek Art and Poetry.* Berkeley: University of California Press 1979.

Islamische Kunst

Chittick, William C., *Ibn ›Arabi: Heir to the Prophets.* Oxford: Oneworld 2005.

Chittick, William C., *Science of the Cosmos, Science of the Soul: The Pertinence of Islamic Cosmology in the Modern World.* Oxford: Oneworld 2007.

Ekhtiar, Maryam D., Soucek, Priscilla P., Canby, Sheila R. und Najat Haidar, Navina (Hrsg.), *Masterpieces from the Department of Islamic Art in the Metropolitan Museum of Art.* New York: Metropolitan Museum of Art 2011. Veröffentlicht in Verbindung mit der Wiedereröffnung der Galerien für die Kunst der arabischen Länder, Türkei, Iran, Zentralasien und das spätere Südasien am 1. November 2011.

Kennedy, Randy, »History's Hands«. *New York Times,* 17. März 2011.

Muslu, Cihan Yüksel, *The Ottomans and the Mamluks: Imperial Diplomacy and Warfare in the Islamic World.* New York: I. B. Tauris 2014.

Nicolle, David, *The Mamluks: 1250–1517.* London: Osprey 1993.

Sutton, Daud, *Faszination orientalischer Ornamente.* Düsseldorf: Artemis & Winkler 2011.

Metropolitan Museum of Art (Geschichte)

»Art Stolen in 1944 Mailed to Museum; 14th Century Painting on Wood Returned to Metropolitan with No

Explanation. Panel Broken in Transit. Package Carelessly Wrapped-Expert Believes Damage Can Be Repaired«. *New York Times*, 19. Januar 1949.

Barelli, John mit Schisgal, Zachary, *Stealing the Show: A History of Art and Crime in Six Thefts*. Guilford, CT: Lyons Press 2019.

Bayer, Andrea und Corey, Laura D. (Hrsg.), *Making the Met: 1870–2020*. New York: Metropolitan Museum of Art 2020. Veröffentlicht in Verbindung mit einer Ausstellung im Metropolitan Museum of Art vom 30. März bis 2. August 2020.

»The Cesnola Discussion; More About the Patched-up Cypriote Statues«. *New York Times*, 10. April 1882.

Daniels, Lee A., »3 Held in Theft of Gold Ring from Met«. *New York Times*, 16. Februar 1980.

»Five 17th Century Miniatures Are Stolen from Locked Case in Metropolitan Museum«. *New York Times*, 26. Juli 1927.

Gage, Nicholas, »How the Metropolitan Acquired ›The Finest Greek Vase There Is‹«. *New York Times*, 19. Februar 1973.

Gupte, Pranay, »$ 150,000 Art Theft is Reported by Met«. *New York Times*, 11. Februar 1979.

Hoving, Thomas, *Making the Mummies Dance: Inside the Metropolitan Museum of Art.* New York: Simon & Schuster 1993.

»Lost to the Art Museum; A Pair of Gold Bracelets Missing from the Collection«. *New York Times*, 18. September 1887.

»Lost Goddess Neith Found in Pawnshop; Rare Idol of Ancient Egypt Stolen from Metropolitan Museum Pledged for 50 Cents«. *New York Times*, 24. April 1910.

McFadden, Robert D., »Met Museum Becomes Lost and Found Dept. for 2 Degas Sculptures«. *New York Times*, 10. Februar 1980.

»Metropolitan Art Thief Balked, but a Gang in France Succeeds«. *New York Times*, 23. April 1966.

»Metropolitan Museum Employee Is Held in Theft of Ancient Jewels«. *New York Times*, 25. Januar 1981.

»Museum Exhibits Come to Life Outdoors as Artful Guards Picket for Wage Rise«. *New York Times*, 3. Juli 1953.

»Museum Is Robbed of a Statuette of Pitt Between Rounds of Guards«. *New York Times*, 5. Februar 1953.

»On (Surprisingly Quiet) Parisian Night, a Picasso and a Matisse Go Out the Window«. *New York Times*, 20. Mai 2010.

Phillips, McCandlish, »Hole Poked in $ 250,000 Monet at Metropolitan, Suspect Seized«. *New York Times*, 17. Juni 1966.

»Thief Takes a 14th Century Painting from Wall at Metropolitan Museum«. *New York Times*, 23. März 1944.

»$ 3,000 Prayer Rug Is Stolen in Museum but Guard Finds It Hidden Under Man's Coat«. *New York Times*, 16. Dezember 1946.

Tomkins, Calvin, *Merchants and Masterpieces: The Story of the Metropolitan Museum of Art.* New York: Dutton 1970.

Michelangelo (Ausstellung)

Bambach, Carmen C. (Hrsg.), *Michelangelo: Divine Draftsman & Designer.* New York: Metropolitan Museum of Art 2018. Veröffentlicht in Verbindung mit einer Ausstellung im Metropolitan Museum of Art vom 13. November 2017 bis 2. Februar 2018.

Buonarroti, Michelangelo, *Michelangelo's Notebooks: The Poetry, Letters, and Art of the Great Master.* Carolyn Vaughan (Hrsg.). New York: Black Dog & Leventhal 2016.

Gayford, Martin, *Michelangelo: Sein langes abenteuerliches Leben.* Bern: Meyer 2019.

King, Ross, *Michelangelo und die Fresken des Papstes*. München: Knaus 2003.

Moderne und Zeitgenössische Kunst

Sw!pe Magazine, Frühjahr 2010.

Sw!pe Magazine, Frühjahr 2011.

Sw!pe Magazine, Frühjahr 2012.

Tinterow, Gary und Stein, Susan Alyson (Hrsg.), *Picasso in the Metropolitan Museum of Art*. New York: Metropolitan Museum of Art; New Haven: Yale University Press 2010. Veröffentlicht in Verbindung mit einer Ausstellung im Metropolitan Museum of Art vom 27. April bis 1. August 2010.

Musikinstrumente

Morris, Frances, *Catalogue of the Crosby Brown Collection of Musical Instruments*, Bd. II, *Oceania and America*. New York: Metropolitan Museum of Art 1914.

Winans, Robert B. (Hrsg.), *Banjo Roots and Branches*. Champaign: University of Patterson Illinois Press 2018.

The Cloisters

Barnet, Peter und Wu, Nancy, *The Cloisters: Medieval Art and Architecture.* New York: Metropolitan Museum of Art 2005.

Unvollendet (Ausstellung)

Baum, Kelly, Bayer, Andrea und Wagstaff, Sheena, *Unfinished: Thoughts Left Visible.* New York: Metropolitan Museum of Art 2016. Veröffentlicht in Verbindung mit einer Ausstellung im Met Breuer vom 18. März bis 4. September 2016.

Waffen und Rüstungen

Rasenberger, Jim, *Revolver: Sam Colt and the Six-Shooter That Changed America.* New York: Scribner 2020.